北京文化书系
古都文化丛书

会馆——桑梓之情

中共北京市委宣传部
北京市社会科学院　组织编写

袁家方　著

北京出版集团
北京出版社

图书在版编目（CIP）数据

会馆——桑梓之情 / 中共北京市委宣传部，北京市社会科学院组织编写；袁家方著. — 北京：北京出版社，2024.4（2024.12重印）
（北京文化书系. 古都文化丛书）
ISBN 978-7-200-18154-8

Ⅰ. ①会… Ⅱ. ①中… ②北… ③袁… Ⅲ. ①会馆公所—介绍—北京 Ⅳ. ①K928.71

中国国家版本馆CIP数据核字（2023）第150298号

北京文化书系　古都文化丛书
会馆
——桑梓之情
HUIGUAN
中共北京市委宣传部
北京市社会科学院　组织编写
袁家方　著

*

北　京　出　版　集　团
北　京　出　版　社　出版
（北京北三环中路6号）
邮政编码：100120

网　　址：www.bph.com.cn
北京出版集团总发行
新　华　书　店　经　销
北京建宏印刷有限公司印刷

*

787毫米×1092毫米　16开本　18.75印张　260千字
2024年4月第1版　2024年12月第2次印刷
ISBN 978-7-200-18154-8
定价：80.00元
如有印装质量问题，由本社负责调换
质量监督电话：010-58572393；发行部电话：010-58572371

"北京文化书系"编委会

主　　　任　莫高义　杜飞进

副 主 任　赵卫东

顾　　　问　（按姓氏笔画排序）
　　　　　　于　丹　刘铁梁　李忠杰　张妙弟　张颐武
　　　　　　陈平原　陈先达　赵　书　宫辉力　阎崇年
　　　　　　熊澄宇

委　　　员　（按姓氏笔画排序）
　　　　　　王杰群　王学勤　许　强　李　良　李春良
　　　　　　杨　烁　余俊生　宋　宇　张　际　张　维
　　　　　　张　淼　张劲林　张爱军　陈　冬　陈　宁
　　　　　　陈名杰　赵靖云　钟百利　唐立军　康　伟
　　　　　　韩　昱　程　勇　舒小峰　谢　辉　翟立新
　　　　　　翟德罡　穆　鹏

"古都文化丛书"编委会

主　　编：阎崇年

执行主编：王学勤　唐立军　谢　辉

编　　委：朱柏成　鲁　亚　田淑芳　赵　弘
　　　　　杨　奎　谭日辉　袁振龙　王　岗
　　　　　孙冬虎　吴文涛　刘仲华　王建伟
　　　　　郑永华　章永俊　李　诚　王洪波

学术秘书：高福美

"北京文化书系"
序言

文化是一个国家、一个民族的灵魂。中华民族生生不息绵延发展、饱受挫折又不断浴火重生，都离不开中华文化的有力支撑。北京有着三千多年建城史、八百多年建都史，历史悠久、底蕴深厚，是中华文明源远流长的伟大见证。数千年风雨的洗礼，北京城市依旧辉煌；数千年历史的沉淀，北京文化历久弥新。研究北京文化、挖掘北京文化、传承北京文化、弘扬北京文化，让全市人民对博大精深的中华文化有高度的文化自信，从中华文化宝库中萃取精华、汲取能量，保持对文化理想、文化价值的高度信心，保持对文化生命力、创造力的高度信心，是历史交给我们的光荣职责，是新时代赋予我们的崇高使命。

党的十八大以来，以习近平同志为核心的党中央十分关心北京文化建设。习近平总书记作出重要指示，明确把全国文化中心建设作为首都城市战略定位之一，强调要抓实抓好文化中心建设，精心保护好历史文化金名片，提升文化软实力和国际影响力，凸显北京历史文化的整体价值，强化"首都风范、古都风韵、时代风貌"的城市特色。习近平总书记的重要论述和重要指示精神，深刻阐明了文化在首都的重要地位和作用，为建设全国文化中心、弘扬中华文化指明了方向。

2017年9月，党中央、国务院正式批复了《北京城市总体规划（2016年—2035年）》。新版北京城市总体规划明确了全国文化中心建设的时间表、路线图。这就是：到2035年成为彰显文化自信与多元包容魅力的世界文化名城；到2050年成为弘扬中华文明和引领时代潮流的世界文脉标志。这既需要修缮保护好故宫、长城、颐和园等享誉中外的名胜古迹，也需要传承利用好四合院、胡同、京腔京韵等具有老北京地域特色的文化遗产，还需要深入挖掘文物、遗迹、设施、景点、语言等背后蕴含的文化价值。

组织编撰"北京文化书系"，是贯彻落实中央关于全国文化中心建设决策部署的重要体现，是对北京文化进行深层次整理和内涵式挖掘的必然要求，恰逢其时、意义重大。在形式上，"北京文化书系"表现为"一个书系、四套丛书"，分别从古都、红色、京味和创新四个不同的角度全方位诠释北京文化这个内核。丛书共计47部。其中，"古都文化丛书"由20部书组成，着重系统梳理北京悠久灿烂的古都文脉，阐释古都文化的深刻内涵，整理皇城坛庙、历史街区等众多物质文化遗产，传承丰富的非物质文化遗产，彰显北京历史文化名城的独特韵味。"红色文化丛书"由12部书组成，主要以标志性的地理、人物、建筑、事件等为载体，提炼红色文化内涵，梳理北京波澜壮阔的革命历史，讲述京华大地的革命故事，阐释本地红色文化的历史内涵和政治意义，发扬无产阶级革命精神。"京味文化丛书"由10部书组成，内容涉及语言、戏剧、礼俗、工艺、节庆、服饰、饮食等百姓生活各个方面，以百姓生活为载体，从百姓日常生活习俗和衣食住行中提炼老北京文化的独特内涵，整理老北京文化的历史记忆，着重系统梳理具有地域特色的风土习俗文化。"创新文化丛书"由5部书组成，内容涉及科技、文化、教育、城市规划建设等领域，着重记述新中国成立以来特别是改革开放以来北京日新月异的社会变化，描写北京新时期科技创新和文化创新成就，展现北京人民勇于创新、开拓进取的时代风貌。

为加强对"北京文化书系"编撰工作的统筹协调，成立了以"北京文化书系"编委会为领导、四个子丛书编委会具体负责的运行架构。"北京文化书系"编委会由中共北京市委常委、宣传部部长莫高义同志和市人大常委会党组副书记、副主任杜飞进同志担任主任，市委宣传部分管日常工作的副部长赵卫东同志担任副主任，由相关文化领域权威专家担任顾问，相关单位主要领导担任编委会委员。原中共中央党史研究室副主任李忠杰、北京市社会科学院研究员阎崇年、北京师范大学教授刘铁梁、北京市社会科学院原副院长赵弘分别担任"红色文化""古都文化""京味文化""创新文化"丛书编委会主编。

在组织编撰出版过程中，我们始终坚持最高要求、最严标准，突出精品意识，把"非精品不出版"的理念贯穿在作者邀请、书稿创作、编辑出版各个方面各个环节，确保编撰成涵盖全面、内容权威的书系，体现首善标准、首都水准和首都贡献。

我们希望，"北京文化书系"能够为读者展示北京文化的根和魂，温润读者心灵，展现城市魅力，也希望能吸引更多北京文化的研究者、参与者、支持者，为共同推动全国文化中心建设贡献力量。

"北京文化书系"编委会
2021年12月

"古都文化丛书"
序言

北京不仅是中国著名的历史文化古都，而且是世界闻名的历史文化古都。当今北京是中华人民共和国首都，是中国的政治中心、文化中心、国际交往中心、科技创新中心。北京历史文化具有原生性、悠久性、连续性、多元性、融合性、中心性、国际性和日新性等特点。党的十八大以来，习近平总书记十分关心首都的文化建设，指出北京丰富的历史文化遗产是一张金名片，传承保护好这份宝贵的历史文化遗产是首都的职责。

作为中华文明的重要文化中心，北京的历史文化地位和重要文化价值，是由中华民族数千年文化史演变而逐步形成的必然结果。约70万年前，已知最早先民"北京人"升腾起一缕远古北京文明之光。北京在旧石器时代早期、中期、晚期，新石器时代早期、中期、晚期，经考古发掘，都有其代表性的文化遗存。自有文字记载以来，距今3000多年以前，商末周初的蓟、燕，特别是西周初的燕侯，其城池遗址、铭文青铜器、巨型墓葬等，经考古发掘，资料丰富。在两汉，通州路（潞）城遗址，文字记载，考古遗迹，相互印证。从三国到隋唐，北京是北方的军事重镇与文化重心。在辽、金时期，北京成为北中国的政治中心、文化中心。元朝大都、明朝北京、清朝京师，北京是全中国的政治中心、文化中心。民国初期，首都在北京，后都城虽然迁到南京，但北京作为全国文化中心，既是历史事实，也是人们共识。北京历史之悠久、文化之丰厚、布局之有序、建筑之壮丽、文物之辉煌、影响之远播，已经得到证明，并获得国际认同。

从历史与现实的跨度看,北京文化发展面临着非常难得的机遇。上古"三皇五帝"、汉"文景之治"、唐"贞观之治"、明"永宣之治"、清"康乾之治"等,中国从来没有实现人人吃饱饭的愿望,现在全面建成小康社会,历史性告别绝对贫困,这是亘古未有的大事。中华民族迎来了从站起来、富起来到强起来的伟大飞跃,迎来了实现伟大复兴的光明前景。

"建首善自京师始",面向未来的首都文化发展,北京应做出无愧于时代、无愧于全国文化中心地位的贡献。一方面整体推进文化发展,另一方面要出文化精品,出传世之作,出标识时代的成果。近年来,北京市委宣传部、市社科院组织首都历史文化领域的专家学者,以前人研究为基础,反映当代学术研究水平,特别是新中国成立70多年来的成果,撰著"北京文化书系·古都文化丛书",深入贯彻落实习近平总书记关于文化建设的重要论述,坚决扛起建设全国文化中心的职责使命,扎实做好首都文化建设这篇大文章。

这套丛书的学术与文化价值在于:

其一,在金、元、明、清、民国(民初)时,北京古都历史文化,留下大量个人著述,清朱彝尊《日下旧闻》为其成果之尤。但是,目录学表明,从辽金经元明清到民国,盱古观今,没有留下一部关于古都文化的系列丛书。历代北京人,都希望有一套"古都文化丛书",既反映当代研究成果,也是以文化惠及读者,更充实中华文化宝库。

其二,"古都文化丛书"由各个领域深具文化造诣的专家学者主笔。著者分别是:(1)《古都——首善之地》(王岗研究员),(2)《中轴线——古都脊梁》(王岗研究员),(3)《文脉——传承有序》(王建伟研究员),(4)《坛庙——敬天爱人》(龙霄飞研究馆员),(5)《建筑——和谐之美》(周乾研究馆员),(6)《会馆——桑梓之情》(袁家方教授),(7)《园林——自然天成》(贾珺教授、黄晓副教授),(8)《胡同——守望相助》(王越高级工程师),(9)《四合院——修身齐家》(李卫伟副研究员),(10)《古村落——乡愁所寄》(吴文涛副研究员),(11)《地名——时代印记》(孙冬虎研究员),(12)《宗教——和谐共生》(郑永华研究员),(13)《民族——多元一体》(王卫华教授),(14)《教育——兼济天下》(梁燕副研究员),(15)《商业——崇德守信》(倪玉平教授),(16)《手工业——工匠精神》(章永俊研究员),(17)《对外交流——中国气派》(何岩巍助理研究员),(18)《长城——文化纽带》(董耀会教授),(19)《大运河——都城命脉》(蔡蕃研究员),(20)《西山永定河——血脉根基》(吴文涛副研究员)等。署名著者分属于市社科院、清华大学、中央民族大学、首都经济贸易大学、北京教育科学研究院、北京古代建筑研究所、故宫博物院、首都博物馆、中国长城学会、北京地理学会等高校和学术单位。

其三,学术研究是个过程,总不完美,却在前进。"古都文化丛书"是北京文化史上第一套研究性的、学术性的、较大型的文化丛书。这本身是一项学术创新,也是一项文化成果。由于时间较紧,资料繁杂,难免疏误,期待再版时订正。

本丛书由市社科院原院长王学勤研究员担任执行主编,负责全面工作;市社科院历史研究所所长刘仲华研究员全面提调、统协联络;北京出版集团给予大力支持;至于我,忝列本丛书主编,才疏学浅,年迈体弱,内心不安,实感惭愧。本书是在市委宣传部、市社科院的组织协调下,大家集思广益、合力共著的文化之果。书中疏失不当之处,我都在在有责。敬请大家批评,也请更多谅解。

是为"古都文化丛书"序言。

阎崇年

目　录

前　言 ... 1

第一章　会馆的缘起、发展与变迁 ... 1
　　一、什么是会馆 ... 3
　　二、会馆的缘起 ... 11

第二章　会馆的数量与分布 ... 45
　　一、古籍记述中的会馆数量 ... 47
　　二、北京会馆的分布 ... 69

第三章　此会馆非彼会馆 ... 125
　　一、会馆的分类 ... 127
　　二、此会馆非彼会馆 ... 138

第四章　从乡约到馆约 ... 169
　　一、乡约 ... 171
　　二、会馆与乡约 ... 176

第五章　建筑形象与环境氛围 ... 191
　　一、胡同名中的会馆 ... 193

二、会馆的建筑形象与氛围　　202

第六章　会馆与北京的故事　　**229**
　　一、与会馆相依的日子　　231
　　二、诗书画里说韶年　　242
　　三、皇都烟景，福地人文　　249
　　四、会馆里边唱大戏　　256
　　五、家园鱼笋评乡味　　263

参考书目　　**271**

后　记　　**278**

前 言

确认北京曾经有近千座会馆，这是近年北京历史文化研究的重要成果。

在北京的历史地图上，能看到南城很多用小圆点标示的会馆，密密麻麻，从东到西，拥簇向内城，蔚为壮观。

今天，走在南城的胡同里，不时地，还会偶然看到会馆遗存的标识牌，有时候一连几个。可能是个大门洞的院子，也或者就是个小门小院，但院落深深。

明清时，全国各地的省郡州县真的是竭尽所能，他们在京城建起了那么多的会馆，大大小小，若是做个北京会馆分布的大沙盘，再加上士林名人居所，会是什么景象？说北京城五方杂居、人才荟萃，会馆是丰富多彩的证明。这是北京独有的、唯一的。

士人会馆肇始于京师，"会馆"一词也由此而生。其后，有工商行业会馆的产生，也用了会馆做名称。虽然二者都叫"会馆"，但同名不同姓，同姓不同宗，士人会馆（包括试子会馆）是封建王朝科举制度，从而封建吏治制度的产物，属于政治领域；工商会馆和行业会馆，则是社会经济发展的产物，属于经济领域。二者不能混为一谈。

如果按北京历史文化分为皇家文化、士人文化和平民文化三大类的说法，北京的会馆文化属于士人文化范畴，工商行业会馆属于平民文化范畴。其文化的内涵与外延，明显不同。

北京近千个会馆中，工商行业会馆有60余个，所占比例，只在近7%。士人会馆在封建帝都的社会生活中，影响无疑是巨大且占主流的。在老北京人的语境中，谈及会馆，总是指向士人会馆。如果涉及工商行业会馆，默契中有不言而喻。

基于此，本书以发掘、梳理北京的士人会馆文化为任务，并为写作的主要内容。

士人会馆产生于明代初年，至清代灭亡而终，历500年。在这期间，会馆里的生活是什么样，是本书所想探究和寻索的。

全书写了六章：第一章是会馆的缘起、发展与变迁，第二章是会馆的数量与分布，第三章是此会馆非彼会馆，第四章从乡约到馆约，第五章是建筑形象与环境氛围，第六章是会馆与北京的故事。

在力所能及收集到的历史资料中"爬罗剔抉"，尽可能客观地梳理出发展的脉络和真实的场景，让前人讲述他们自己的故事。沿着这样的思路，本书做了三件事：一是把士人会馆从所有所谓会馆中"剥离"出来，做专门研究；二是从史料中发掘出会馆的管理与"乡约"的内在联系；三是尝试还原会馆中士人们（包括试子）的生活景象。那是一个与今天完全不同的时代，但当年的士人文化，在北京传统文化中留下深深的印迹，并汇入北京城市文化之中，成为珍贵的历史财富。今天，保护会馆的遗址、遗迹，保护会馆文化，总是为学界乃至民间特别关注的热点。不作或少作长篇大套的论说，尽可能地把认识、思索的空间，留给读者。史料自己会说话。

至于入民国后会馆转变为同乡会馆，以及其间在会馆发生的诸多近代史上的故实，已经有多种著作讲述，并为公众所熟知，本书尽可能不做重复，除非必要。

会馆文化，涉及的学术及文化等领域、门类，至为繁多，囿于学识、见闻及能力所限，在学习与研究中，深感力所不逮。本书会有错讹，诚望各界方家批评指正。

作　者

2019年8月于北京

2011年1月，有一本书问世，《北京宣南会馆拾遗》，当称之为北京城历史文化研究领域中的大消息！黄宗汉先生在为该书所撰"序"中说：作者白继增先生"通过三十余年的走访调查、史料考辨，确认宣南地区有据可考、相继存废的各省会馆馆产共计996座，其中主产722座，附产274座，是目前对北京宣南会馆最为翔实的'普查'，可称北京宣南会馆史的资料总汇，较之现已出版的北京会馆资料更独具特色，实属难得之作"[①]。三年后的2014年12月，白继增、白杰父子的《北京会馆基础信息研究》问世，又推出了一个新的大消息，即北京曾经拥有的各省（自治区、直辖市）会馆908座（其中商业会馆61座），加上附产，总数1231处[②]。

908、1231，这是一组非同小可的数字！这数字指向的是——明清北京的会馆文化，曾经有着至为庞大的规模和纷繁复杂的内容，对北京城市生活与文化发展有过巨大的影响，做出过巨大的贡献。而且，这贡献和影响，一定是绵延至今的。北京的会馆，在全国是独一无二的，就是在世界上，也是让人震惊的历史文化景观。

还有一个令人沮丧的数字，截至2014年12月，也就是《北京会馆基础信息研究》一书出版之时，北京现存会馆遗址252个，占会馆总数的27.7%。只是不知道，越到后来，会馆的遗存数量是不是更少了。

就明清的北京而言，会馆作为同乡士人客居都城的一种社会组织，萌生于明永乐年间，兴起于嘉隆，繁盛于清，余绪于民国，终结于20世纪50年代，历500余年。它们以"敦乡谊，崇信义"为根本，

---

① 《北京宣南会馆拾遗》，白继增，中国档案出版社2011年1月第1版，"序"第2页。
② 参见《北京会馆基础信息研究》，白继增、白杰，中国商业出版社2014年12月第1版，第542—543页。

讲求"通情愫,达音问,疾厄相扶,有无相资,为义甚大"[①],成为漂泊京师的人们的生涯依傍,乡愁所系。后来,还有了工商业者会馆的出现。

这些会馆绝大多数坐落在南城的胡同街巷,会馆里的"老北漂",连同那些散居于民居、寺庙等处的"外地人",实实在在地构成了北京城"五方杂居""人才荟萃"的局面。他们带来的全国各地的地方文化,也就在所有这些地方"细致入微"地,展开了与京师不同类别文化的碰撞、融汇,陶冶出北京这座城市独有的"京味儿文化",流传至今。

908、1231,可能还不是最终确认,但就这两个数字,就足以唤起我们特别的关注,要我们赶快去寻找、了解、梳理和研究北京会馆的历史和文化,那里蕴含着丰厚的文化遗产,是北京传统文化的重要组成部分。

---

① 《闽中会馆志》,李景铭,1943年,"龙溪会馆",第2页。

第一章

会馆的缘起、发展与变迁

什么是会馆，它是怎么兴起的，历经了怎样的发展历程，又衰落、消逝于何时？

一、什么是会馆

一词多义，在汉语中是常见的现象。会馆这个词也是这样。今天一说到会馆，可能指的是餐馆、酒店，或者住宅区里的供人们聚会的会所等。

明清时期的"会馆"一词，不但和今天的意思大相径庭，可称古今异义，便是当年，也是所指不一。

从史料记载中可以看出，肇始于明代北京的会馆，是指同乡士人在京城建立，为宦游京师的同乡聚会，以及乡里进京赶考的举子居停的馆舍，还有的则是专门为举子服务的试子会馆。后来，又出现了工商业者成立的行业会馆，虽然也用了"会馆"一词，但与士人会馆，却有着诸多不同。

对于什么是会馆，明清时期的说法，按照在历史上出现的先后，可见：

（一）明代的"士绅是主"

明人沈德符所撰《万历野获编》的卷二十四"会馆"条云："京师五方所聚，其乡各有会馆，为初至居停，相沿甚便。唯吾乡无之，先人在史局时首议兴创，会假归未成。予再入都，则巍然华构矣，然往往为同乡贵游所据，薄宦及士人辈不得一庇宇下，大失初意[1]。"

这段话的大意是：京师的士人来自全国各地，他们各自的家乡都在京城建有会馆，为初来乍到者的落脚住居，一直提供着方便。会馆创建的初意，是为士人，不仅贵游，还及于下层官员及举子们，大家都得以"一庇宇下"，没想到万历年间的会馆，为达官贵人所占据，失去了初创时的用意。

---

[1]《万历野获编》，[明]沈德符，杨万里校点，上海古籍出版社2012年11月第1版，第510—511页。

据该书"校点说明"介绍，沈德符先生（1578—1642），"……浙江嘉兴人。万历四十六年（1618）举人。自幼随祖及父居京师，习闻朝家故事，且及见嘉靖以来名人耆老。博闻强记，于两宋以来史乘别集故家旧事，多能明其本末。中年南返，撰《万历野获编》，备述闻见，分门别类，举凡典章制度之沿革、政教礼仪之兴替，以及朝廷政事、后宫秘闻、文人交游、灾异祥瑞、仙释鬼怪、民间风俗、异族大略，等等。靡不记之，堪称有明一朝百科大全，向为治史者所倚重"。这是说沈德符先生所撰，有百科全书的特点，向为史学界学人看重。

另外，《万历野获编》有正、续两编，正编二十卷，成书于万历三十四年（1606）；续编十卷成书于万历四十七年（1619）。据沈先生在书中"小引"说，"编中强半述近事，故以'万历'冠之"。可见沈先生写的，大多是万历年间（1573—1619）的事。如此说来，沈先生所说，也可折射到万历时人们对会馆的认识。

崇祯八年（1635）刊印的《帝京景物略》之卷四"嵇山会馆唐大士像"条称："尝考会馆之设于都中，古未有也，始嘉、隆间。……唯是四方日至，不可以户编而数凡之也，用建会馆，士绅是主……继自今，内城馆者绅是主，外城馆者公车岁贡士是寓。"[①]

这段话中说，会馆设于京城，古时是没有的，始自嘉靖、隆庆年间。居停其间的，"士绅是主"。延续到崇祯时，就发展成内外城会馆的不同，即"内城馆者绅是主，外城馆者公车岁贡士是寓"，即内城的会馆，多是为同乡官员聚会所用；外城的会馆，就是为进京会试的举子们居停的了。

（二）清代的"试子为先"

镌刻于乾隆三十七年（1772）的《吴阊钱江会馆碑记》云："会馆之设，肇于京师，遍及都会，而吴阊最盛。京师群萃州处，远宦

---

① 《帝京景物略》，[明]刘侗、于奕正，北京古籍出版社1983年12月第1版，第180—181页。

无家累者，或依凭焉。诸计偕以是为发楎（gé，大车轭）弩（diào，深远）鞍之地，利其便也。他都会则不然。"①该碑的撰文者为杭世骏（1695—1773），仁和（今浙江杭州）人，清代经学家、史学家、文学家、藏书家，乾隆元年（1736）丙辰博学宏词科名列一等第五，授翰林院编修，曾经在广东、福建、台湾等省地任职。因而，多年往来于京师及岭南、东南，对会馆之设及分布，有亲身经验。所以他说，"会馆之设，肇于京师，遍及都会"，是独在异乡为异客的宦游人和试子们的港湾。

天涯海角的海南岛，在北京也曾建有会馆。乾隆四十七年（1782），琼州会馆改扩建竣工，立碑为记。其碑文中说："琼州去京师九千余里，士人之至止者稀，以故他郡多有邸舍而琼独阙如。公车之上南宫，选人之赴吏部，往往寄寓全省行馆，屋少人众或不能容。有力者僦屋以居，否则投诸逆旅，湫隘杂沓，要挟苛索，不可终日。乾隆乙丑（1745）典官京师，始与郡人谋建会馆。壬辰春买宅于正阳门外灵中坊，大外郎营北口内，其屋三重，围以旁屋，计十七间。又买左隙地，纵十二丈，横五丈五尺，共用白金五百六十两。壬寅仲秋乃改造焉。……通为屋三十二间有半，其东北隅尚余隙地一段，以俟他时补屋，计用白金一千七百有奇。先是，己丑岁（乾隆三十四年，1769）定议，建馆郡人共捐白金九百六十两，买屋有余则以逐年生息，至壬寅而得八百金。郡人又续捐九百金共一千七百金，以充改造用事，不劳而工举，于是乎基广而势完，升堂内寝，绕以杂室，庖湢厩楲，纡曲有容。琼人万里而来者，息肩投足，至若家居，乡语喧哗，忘其为客，不复有湫隘杂沓之虞，与夫要挟苛索之患矣。"②

从碑文可见，乾隆十年（1745），琼州人、翰林院编修、《四库全书》纂修官吴典，在京与郡人谋划筹建会馆。乾隆三十七年（1772），

---

① 《明清苏州工商业碑刻集》，苏州博物馆、江苏师范学院历史系、南京大学明清史研究室合编，江苏人民出版社1981年2月第1版，第19页。

② 《北京会馆档案史料》，北京市档案馆编，北京出版社1997年12月第1版，第1376页。

以白金五百六十两，在前门外大外郎营购屋，创建了琼州会馆。十年之后，乾隆四十七年（1782），才得以一千七百金改扩建。由此，京师九千余里外的琼州，"公车之上南宫①，选人之赴吏部"也和其他郡县一样，有了在京的"邸舍"，再不用租住房屋或寄寓旅舍，"不复有湫隘杂沓之虞，与夫要挟苛索之患矣"。如果从最初的乾隆十年（1745）《四库全书》纂修官吴典在京与郡人谋建会馆算起，琼州会馆历37年落成。

琼州会馆的碑文中，用了"行馆""邸舍"等词以状"会馆"，并区别于"逆旅"（旅馆），可见当时人对"会馆"一词的认识，是在强调会馆是为"公车之上南宫，选人之赴吏部"而设，即会馆为当年宦游京师的士人，且首先为会试举子服务的。

乾隆二十五年（1760），《河间会馆住会馆客寓规条》写得就更直截了当："今会馆内外房屋俱已告竣，宾至如归。唯是公所，必立章程，历久方免弛废。今取之旧馆录所定规条，斟酌其间，敬告同人共期恪守。会馆原为乡、会试寒士及候补、候选职员而设，此外别有事故者，概不留寓，即京官未补者，已补未任事者，俱准住，既任事，一月之内外即移出。永不得携住家眷，遇乡、会试临期，补选者俱宜移让。"②据《北京会馆基础信息研究》，河间会馆系河北省府馆，"建于清乾隆二十四年（1759），由舒成龙捐建。位于今西城区中信城北片，原为果子巷69号（旧为驴驹胡同路北六号），占地3.26亩，有房110间。民国初期，此馆址曾一度作为冯国璋的公馆。1949年之后，该馆址一直由政府有关部门使用，后长期作为宣武区房地产管理局办公场所，改造为楼房。2002年，房、地分离，国土局迁出，该址遂为宣武区房产管理协会使用。2010年动迁，作为'中信城'开发项

---

① 进士考试多在礼部举行，故指六部中的礼部为南宫。《宋史·欧阳修传》："举进士，试南宫第一，擢甲科，调西京推官。"

② 《北京会馆档案史料》，北京市档案馆编，北京出版社1997年12月第1版，第71页。

目，现已拆除"。①

撰文于嘉庆二十四年（1819）的《泾县新馆记》云："吾泾自前明时，乡先辈之在京师者即惓惓于邑馆不置。盖在嘉隆间已有新旧两馆，一在内城，一在外城。建置条约既勤且备，盛心也。清初内城之馆失业所。存者长巷胡同一区，当日所称新馆者也。百余年来，虽迭经修葺，而邑中人文鼎盛，每间岁应京兆及礼部试者肩接而踵集，馆屋至不能容，则往往寓于他所。于是同人慨然有更置之意。嘉庆辛未会试后，公车诸君归而遍谂邑中，邑中诸族姓莫不慷慨乐输。得白金以两计者万有奇。遂邮书京师，购得南横街屋三所六十余间为馆屋；又于馆东及兵马司后街各买屋一所，取其岁赁所入为公事费。于是称今之所置为新馆，而曩所有者为旧馆。吾泾遂复有新旧两馆矣。"②

从文中可见，泾县自明代嘉隆年间就在京师有两所会馆了。清初，内城会馆不再，以至于"每间岁应京兆及礼部试者肩接而踵集，馆屋至不能容，则往往寓于他所。于是同人慨然有更置之意"。嘉庆辛未年（1811）会试后，举子们返乡呼吁，得到诸族姓捐资白银万余两，泾县才得购置南横街房屋，建立新的会馆。由此，泾县再度拥有两所会馆，以使本县"每间岁应京兆及礼部试者"既到京城，便能税驾如归。

同治十一年（1872），李鸿章在所撰《新建安徽会馆记》中云："京邑四方之极，英俊鳞萃，绂冕所兴，士之试京兆礼部者，各郡县类有行馆为之栖止，而中朝士大夫休沐盍簪，又必择爽垲，建馆宇，相与燕饮为乐，若直隶、关中、湖广、江右、全浙之属，难以偻数……"③

---

① 《北京会馆基础信息研究》，白继增、白杰，中国商业出版社2014年12月第1版，第71页。

② 《北平泾县会馆录汇辑》，周向华、张翔点校，安徽师范大学出版社2014年12月第1版，第29页。

③ 《北京会馆碑刻文录》，王汝丰点校，北京燕山出版社2017年12月第1版，第286页。

光绪十六年（1890），火灾后重修安徽会馆工程告竣后，李鸿章撰《重修安徽会馆碑记》："会馆之设于京师，以为宦游宴聚栖止之地，所以聚洽乡谊也。"①

从这两个碑记的有关文字亦可见，李鸿章所说的会馆，也是所谓"宦游宴聚栖止之地"，并为"士之试京兆礼部者，各郡县类有行馆为之栖止"，尽管安徽会馆不是为举子所建的"试馆"。

安徽会馆在同治年间初建，始议于清同治五年（1866）。同治七年（1868），用银三千两，购得后孙公园房产80间；同年底，又用银二千二百两再购得其东院落，计房72.5间。同治八年（1869），购兴胜寺口内路西房屋一所，计25.5间，经修建后作会馆车厂。同治八年，对后孙公园所购宅院"廓而新之"，历时一年半，于同治十年（1871）八月落成，"共糜白金二万八千有奇"。其后，同治十一年（1872）、光绪十年（1884）两次扩建，形成了"地处后孙公园中间，北八角琉璃井，南通前孙公园，以东达厂甸，以西出十间房"的四至大略。光绪十五年（1889）五月五日，西邻泉郡会馆燃放鞭炮，引发火灾，安徽会馆被焚毁十之六七。光绪十六年，历时一年，费银二万余两，会馆重修竣工，以"工坚料实，气象整齐，雕梁画栋，焕然一新"，又成为京城各直省会馆之冠②。

如果将安徽会馆的创建时的集资，乃至火灾后的重建靡费，与琼州会馆相比较，二者堪称天渊之别。安徽会馆从最初决议到落成，历时3年，"共糜白金二万八千有奇"。光绪十五年（1889）遭火灾后仅一年就复建如初，费银二万余两。琼州会馆历37年，投入两千二百金，才得建成。二者有十倍之差。所以，徐珂先生曾说：会馆的建筑设置"大都视各地京官之多寡贫富而建设之"③。

---

① 《北京安徽会馆志稿》，北京市宣武区档案馆编，王灿炽纂，北京燕山出版社2001年3月第1版，第134页。

② 资料来源：《北京安徽会馆志稿》，北京市宣武区档案馆编，王灿炽纂，北京燕山出版社2001年3月第1版，"卷一·沿革"。

③ 《清稗类钞》，徐珂编纂，中华书局2010年1月第1版，第185页。

谈及什么是会馆，应该说还是问世于1944年的《闽中会馆志》说得直截了当。

《闽中会馆志》中，陈宗藩先生在为之所作的"序"称："会馆之设，始自明代，或曰会馆，或曰试馆，盖平时则以聚乡人，联旧谊。大比之岁，则为乡中试子来京假馆之所，恤寒畯而启后进也。"程树德先生的"序"则称："京师之有会馆，肇自有明。其始专为便于公车而设，为士子会试之用，故称会馆。自清季科举停罢，遂专为乡人旅京者杂居之地。其制已稍异于前矣。"[①]

陈宗藩先生的"序"中所说的会馆平时以聚的"乡人"，指的是在京城的同乡官员，即如《帝京景物略》中所称的"绅是主"，大比之年则成为专门为本乡试子提供的居停。

陈宗藩先生的"序"中还有一段话："犹忆甲辰（1904）莅京时，福州两馆皆为乡人仕京者所栖止。张师贞午方司馆事，告于众曰，京曹官平时居此可也。遇有试期，当先以让试子。明日，朝官俱迁去。盖当时馆政严肃，人皆知所以自处，故一言之效如此。"[②]这是他的亲身经历，说明会馆在平时住的是在京为官的同乡，及试期，都自动地让与试子。所以，1904年的福州、新老两馆，当主事人告诉大家试期在即，第二天，会馆里居住的乡人京官，就都搬走了。这段故事，可说是对"会馆"概念的佐证[③]。

程树德先生"序"中则直接指出，会馆从出现之始就是"专为便于公车而设"，"为士子会试之用"的馆舍，才是所谓会馆。程先生的说法，似有可商榷之处。旅美史学家何炳棣先生在所著《中国会馆史论》中便说道："近人有谓会馆专为同乡参加会试之人而设，或曰会馆之说，亦欠正确。"[④]

如果将《闽中会馆志》中陈宗藩与程树德两位先生所撰序言对

---

① 《闽中会馆志》，李景铭，1943年。
② 《闽中会馆志》，李景铭，1943年。
③ 《闽中会馆志》，李景铭，1943年。
④ 《中国会馆史论》，何炳棣，中华书局2017年7月第1版，第17页。

照，陈先生称会馆是"平时则以聚乡人，联旧谊。大比之岁，则为乡中试子来京假馆之所，恤寒畯而启后进"，依此再读程先生所说"其始专为便于公车而设，为士子会试之用，故称会馆"，二者的共同点都在会馆是为"恤寒畯而启后进"而设。所以，程先生所言，是有他的道理，或许他是在强调，尽管平常时候，会馆可以为同乡京官居住，但只要到了会试之期，就都得另寻住处，腾空会馆，把方便让给举子们。无论陈先生还是程先生，他们对会馆的"说法"，都为《闽中会馆志》编撰者李景铭先生所认可。

二、会馆的缘起

唐代诗人王勃有名篇《送杜少府之任蜀川》：

城阙辅三秦，风烟望五津。
与君离别意，同是宦游人。
海内存知己，天涯若比邻。
无为在歧路，儿女共沾巾。

杜甫的祖父杜审言有《和晋陵陆丞早春游望》一诗：

独有宦游人，偏惊物候新。
云霞出海曙，梅柳渡江春。
淑气催黄鸟，晴光转绿蘋。
忽闻歌古调，归思欲沾巾。

陆游的词作《渔家傲·寄仲高》中没有"宦游"二字，但写的是宦游人的乡思之苦：

东望山阴何处是？往来一万三千里。写得家书空满纸。
流清泪，书回已是明年事。
寄词红桥桥下水，扁舟何日寻兄弟？行遍天涯真老矣。
愁无寐，鬓丝几缕茶烟里。

在唐宋诗词里，"宦游"一词时常得见。有的诗词并没有"宦游"一词，但反映的是宦游人漂泊生涯中复杂的心路历程。

在朝为官的士人，多自称"宦游人"。正是"宦游"二字，才引发会馆的产生与发展。所以，谈及会馆的缘起，还得从封建社会官僚

11

制度说起。

(一)宦游催生会馆

封建王朝的官僚制度，从一个官员的任用角度，大略是起始于科举，继而任用，再及调动、升迁，终止于致仕（退休）。其中，科举、回避和致仕的告老还乡，就使古时的做官与漂泊异乡联系起来。这就产生了"宦游"一词。

1. 科举

科举制度创始于隋，成型于唐，完备于宋，鼎盛于明清，终结于清末[①]，历1300余年。

明代科举，分乡试、会试和殿试三级进行。

乡试，是在各省的考试，又称乡闱，每三年一次，于子、卯、午、酉年举行。《周礼·地官·乡大夫》有"三年则大比，考其德行道艺而兴贤者能者"的记载，所以，人们称乡试为大比之年。

乡试分三场，分别在八月九日、十二日和十五日进行，因为在秋天，又称"秋闱"。考场在南、北直隶和各布政司驻地。合格者为举人。乡试第一名为"解元"，第二至十名称"亚元"。

会试是由礼部主持的全国考试，又称礼闱，在乡试的第二年，也就是在丑、辰、未、戌年于京师举行，也分三场，分别在二月九日、十二日、十五日举行，因考期在春天，又称"春闱"。会试中式（又称中试）者统称"贡士"，第一名称"会元"，第二至五名为"经元"。

殿试，是明代科举最高一级的考试，因考场在奉天殿或文华殿而得名，会试中试者方可参加。殿试是"天子亲策于廷"，所以又称廷试。殿试的时间在三月一日，成化八年（1472）起，改为三月十五日。殿试合格者，名次分一、二、三甲。一甲三人，第一名为状元，其后为榜眼、探花，赐进士及第。二甲若干人，赐进士出身。三甲若干

[①] 光绪三十一年八月四日（1905年9月2日），清朝政府发表上谕宣布停废科举。

人，赐同进士出身。二、三甲第一名为传胪。

　　清代乡试，沿袭了明代的制度，每三年一科，也是在子、卯、午、酉年举行，称为正科。遇登极、万寿等庆典特诏举行的，称为恩科。庆典适逢正科之年，则以正科为恩科，而正科或于前一年预行，或于后一年补行，清代后期，还有恩科、正科合并举行的事例。乡试在各省省城和顺天府分别举行。顺天府考场在今建国门里的贡院（今中国社科院一带，贡院东街、西街及贡院头条、二条等为其胡同名遗存）。

　　"乡试共分三场，考期于八月举行，以初九为第一场正场，十二日为第二场正场，十五日为第三场正场。先一日（初八、十一、十四）点名发给试卷入场，后一日（初十、十三、十六）交卷出场，是为定例。"①

　　乡试录取的名额，根据各省文风高下、人口数量、丁赋的轻重来确定。清代乡试中式有正、副榜之分，按规定名额录取的称为正榜，正榜之外超额录取的称为副榜。康熙十一年（1672）后，各省每正榜五名取中、副榜一名，称为副贡，并成为定例。副榜与正榜虽然同时发布，但考中副榜若要想取得举人的资格，还必须在以后的乡试中考取正榜。

　　放榜日期，清初规定：大省于九月五日前，中、小省于八月末。后因考试人数增加，为保证考试官阅卷质量，康熙五十年（1711），将各省乡试放榜日期改为大省九月十五日以内，中省九月十日内，小省九月五日内。光绪十三年（1887），更放宽江南于九月二十五日内放榜。因发榜日期多定在寅日或辰日，而寅属虎，辰属龙，于是得"龙虎榜"之称。放榜正值桂花盛开时节，人们又称乡试发榜为"桂榜"。

　　清代的会试同样是全国性的考试，由礼部主持，称为"礼闱"。

---

①《清代科举考试述录及有关著作》，商衍鎏，百花文艺出版社2004年7月第1版，第72页。

参加考试的人，必须是各直省乡试中试的举人。但这些举人在会试之前，还必须经过磨勘和复试，才能最终获得进入会试的资格。

清代会试，也有正科、恩科之分。在乡试正科次年举行的，称会试正科，在乡试恩科次年举行的称会试恩科。考场也在京师贡院。会试的时间，清初定于二月。雍正五年（1727），春季闰月，因天气寒冷，会试之期改为三月。乾隆二年（1737）的恩科会试，因秋季逢闰，也改在三月。乾隆十年（1745），因二月，"天气尚未和暖"，和"各省俱须复试"，将会试日期改为三月，此后成为定例。

"会试共试三场，每场三日。以九日为第一场，十二日为第二场，十五日为第三场。先一日领卷入场，后一日交卷出场。"①

会试放榜日期，清初没有具体规定，由主考官共同制定，移送礼部奏闻。康熙二十六年（1687），定为三月五日，康熙五十年（1711），推迟至三月十五日内。乾隆十年（1745），因会试改期三月，于是，放榜的日期顺延到四月十五日内。这时，正值杏花开放，故称"杏榜"。亦称甲科甲榜。会试被录取的名为"中式某某科贡士"，会试的第一名称为"会元"。

清代的殿试，也是由皇帝亲自主持的国家最高级的考试。但在具体做法上，不仅与明代有许多不同，清代的前期、中期和后期，也有所变化。清初，二月会试，三月发榜，四月初殿试。雍正五年（1727）和乾隆二年（1737），都因为闰月的缘故，改于三月会试，四月发榜，五月殿试。乾隆十年（1745），将三月会试着为定例，而五月的北京，"天气渐热"，不宜考试，将殿试日期定于四月二十六日。乾隆二十六年（1761），又提前为四月二十一日，从此成为定制。在其他时间举行殿试，属于例外。

殿试，自顺治元年（1644）以来，会试举人俱在天安门外考试，顺治十五年（1658），礼部以"临轩策士，大典攸关"，奏准"于太和

---

① 《清代科举考试述录及有关著作》，商衍鎏，百花文艺出版社2004年7月第1版，第126页。

殿前丹墀考试"。雍正元年（1723）恩科，于十月二十七日殿试。这时的北京，天气转寒，在丹墀对策，"恐砚池结冰，难以书写"，临时改在太和殿内两旁，并命总管太监，"多置火炉，使殿内和暖"。从乾隆五十四年（1789）开始，改在保和殿内考试。

据《大清会典》记载，顺治十五年（1658）规定：殿试后第三天的早晨，皇帝要在中和殿听读卷官读卷，并亲定第一甲前三名。后来，读卷典礼不再举行。康熙二十四年（1685），以前十卷进呈，由皇帝亲自定名次。次日，在太和殿举行传胪典礼，皇帝召见新科进士，并依次唱名公布名序，即所谓"金殿传胪"[①]。随后，金榜张挂东长安门外。

一甲三名在殿试揭晓后，立即授职，状元授翰林院修撰，榜眼、探花授翰林院编修。其他进士，则按复试、殿试、朝考三次所得等第，分别授以庶吉士、中书及知州、知县等职。进士，对于举人而言，是他们的科举的终点，也是他们仕途生涯的起点。

明清的北京城，乡试为直隶的考生，人数较之会试要少。明清的乡试都是三场九天，从八月初八至十六日进行。依清代乡试发榜在九月初十左右计算，考生在京时间，要至少一个月。会试就不一样了。

会试前，按礼部的要求，全国各地的举子们要在二月初十前到京参加复试，然后是会试（四月十五日内发榜）、殿试（四月二十一日举行）、金殿传胪（四月二十五日），传胪后三日的保和殿朝考，最后，是朝考后授官，前列者用为庶吉士，等第次者分别用为主事、中书、行人、评事、博士、推官、知州、知县等。至授官，时间至少是五月了。粗略估算，从二月初抵达京师到走完会试全过程，至少3个月。实际上举子们的在京时间，四五个月，甚至更长的时间。落脚之处就是个大问题，如果是住旅馆，那可就是一笔很大的开销。

就像夏仁虎先生在所撰《旧京琐记》中所说："举子应考，则场前之筹备，场后之候榜，中式之应官谒师，落第之留京过夏，远省士

[①] 上传语告下曰胪，即胪唱传名之谓。

子以省行李之劳，往往住京多年，至于释褐。故其时各省会馆以及寺庙客店莫不坑谷皆满，而市肆各铺，凡以应朝夕之求馈遗之品者，值考举之年，莫不利市三倍。"[1]

最初，来自全国各地的举子进京，可能最先想到的，是投奔在京城为官的乡亲。没有这种关系的，只好寻客店、寺庙以为栖身之处，但那是要有相当的经济实力才能支应，寒门弟子只能望而却步。家乡来的举子多了，京官家宅无法容纳，或就引发他们集资建立接待举子的馆舍，也就顺理成章。假如在京城已经有同乡士绅聚会的会馆，值考举之年，腾出来以供举子，也是自然而然的事。

从碑记文字也能印证乡会试的历时时段。

上湖南会馆光绪八年（1882）议定的《新议章程》中称：

"会馆之设肇自先达，凡衡、永、郴、桂四属，乡会试选拔优贡，朝考恩、副岁贡，别项考试，以及新用京官，现充教习，并候补、候选与外任，陛见奉差到京者，可居住。其有虽系生监，并不入场，名为需次，并不投供，以及工商医卜星相并入都京控之人，概不准居住。

"乡试年分尽乡试者居住，会试年分尽会试者居住，乡会试并在一年内者，按试期先后居住。

"每逢会试年份，京外各官有家眷者，限于先年冬间搬出，乡试年分限于本年五月搬出，不应试者亦一律退让搬出，如人数至多不敷居住，京官应试者亦宜退让。"[2]

这章程：一是明确了会馆允住人员的范围，二是明确了会试在先年冬间，乡试在本年五月，会馆要为乡会试士子入住做好准备。

江西会馆的条规就更直截了当：

《江西会馆公立条规及登瀛条规》（1907）则有规定："逢次年会试，本年冬月将房屋尽行空出，以待公车之至。文会试自正月起至五

---

[1] 《枝巢四述·旧京琐记》，夏仁虎，辽宁教育出版社1998年12月第1版，第108页。
[2] 《北京会馆档案史料》，北京市档案馆编，北京出版社1997年12月第1版，第544页。

月止，武会试自七月起至十一月止，乡试自七月起至九月止，不算房租。如过期每屋一间出租银三钱。"[1]这就是说，参加会试的举子，至少要在京城盘桓半年的时间（参加武会试的，几乎要历时一年），参加乡试的秀才，则至少3个月。

2．回避

对官员任用及公务行为做出禁止和限制的明确规定并付诸实施，具体表现在回避制度上。所谓回避是历代政府为肃清吏治而实行的制度，旨在防止官吏因同宗、同乡、同年、同门等关系而徇私，有碍公务。它是我国传统行政法的特色之一，是历代政府人事制度的特色之一。

从秦汉以来，历代都有对地方各级官员"回避"的法令确立与实施。至明清，则较之前代更为严密。尤其是清代，构建并实施系统、严格的回避制度。这包括科举考试中的回避制度，官员任用中的籍贯回避、亲族回避、师生回避，涉及游幕地方及经商省份等的其他回避，以及审案回避制度。

（1）科举考试的回避

清代科举考试方面的回避，涉及亲属回避、籍贯回避、阅卷回避、磨勘官回避及命题回避五个方面。作为会馆文化的背景，有必要重点了解亲属回避与籍贯回避。

亲属回避，包括考官亲属、执事官员亲属回避。

考官亲属的回避，参加乡会试的考生，如涉及与考官有子弟、翁婿甥舅、本族（同姓五服）、姻亲郎舅、外姻、妻侄、姑夫、孙女婿、本身儿女姻亲、未成婚之儿女姻亲及妻姊妹之子等关系的，应回避。

执事官员亲属，包括内场监试等官子弟，考场执事之子弟姻戚的例应回避。乾隆二十一年（1756），回避范围再扩大，覆准"受卷、

---

[1]《北京会馆档案史料》，北京市档案馆编，北京出版社1997年12月第1版，第378页。

弥封、誊录、对读、供给所及顺天府委员等，其子弟姻亲，均应一体回避"。鉴于外帘①各官在考场内外工作性质的不同，乾隆四十二年（1777），定副都统、参领等官不回避例："若两翼副都统、参领、章京不过入场弹压，事毕即行出闱，与考试文字毫无干涉；至供给等所，不与士子相见，顺天府所委之巡绰等官，止于号外巡查，不能进号关照；又如砖门御史，点名后例不入场，亦可毋庸防范。所有副都统、参领、章京、砖门御史及供给、巡绰等官，嗣后俱不必回避，即自今年为始，着为令。"②此外，对于宗室、觉罗另有规定。

再有，执事官与考官之间，如有亲属关系，执事官亦须回避考官。

乾隆元年（1736）六月初一颁发的《乡试回避则例》中便有相关规定，要求入场官员将应行回避之子弟、亲族的姓名自行开出，并上报。如有不报者，官员将被革职，回避生虽中举，也得除名。

《清稗类钞》"考试类"有"会闱别试回避"条称："道光丁未会试，山东孔庆瑚为同考官，孔氏宗族应回避者数十人。盖圣裔散处各省者，皆依衍圣公辈行，不紊昭穆。故每遇孔氏子孙有主考同考之役，以同宗例须回避，不论籍贯。"③

据《清代之回避制度》一书汇辑：

"康熙三十六年（1697），礼部尚书张英为会试正考官，其次子张廷玉回避未入场。五十四年（1715），翰林院检讨张廷玉充会试同考官，其三弟廷璐回避不与试。"

"乾隆二十六年（1761），吏部尚书刘统勋为会试正考官，其胞弟胞侄二人回避不入场，兵部侍郎于敏中充会试副考官，其堂侄回避不入场。"

"嘉庆六年（1801），御史梁上国为会试内帘同考官，其侄梁章钜

---

① 乡试会试的考官统称帘官，有内、外帘官之分。内帘官为主考官、同考官之谓，负责考务总管及阅卷等，外帘官在考场担任提调、监试等事务。
② 《清高宗实录》卷一千三十五，"乾隆四十二年六月壬戌日"。
③ 《清稗类钞》，徐珂编撰，中华书局2010年1月第1版，第671页。

回避未入场。"

"咸丰九年（1859），张之万任会试同考官，其族弟张之洞循例回避。次年，张之万再充会试同考官，张之洞二度回避不入考。"

"同治元年（1862），翰林院修撰翁同龢充会试同考官，其侄曾源（同书子）、曾翰（同爵子）二人回避。"

"光绪九年（1883），翰林院修撰陆润庠充会试同考官，其未成婚之兄女亲家孙承鉴回避不入场。"

"光绪十四年（1888），宗室溥良充顺天会试同考官，其舅之子森良、妻之姊妹之子宝震、宝临等均回避不入场。"

也有依规未回避而受处分的。"乾隆二十二年四月十四日（1757年5月31日）内监试御史德宁奏，'伊族弟举人富升额今科中式。查系例应回避之人，未经开出，实属错误。请旨交部察议'等语。乾隆帝认为，'科场回避载在条例，承办场务之员，自宜详悉检点，何得有致错误。若仅照德宁所请交部察议，不过拚一降罚处分。而举子得违例幸获，殊非祛弊之道。富升额着革去中式之名，听其下科另行会试，德宁仍着交部照例察议具奏'。"

为了免得亲属因回避而失去科考机会，预知自己可能被派任考官或承办科举事务，也有官员托病告假。这种情况，一旦被察觉，该官员要受到议处，其亲属仍然照例回避。[①]

籍贯回避，这是专指乡试，不包括会试。

各省乡试的正副考官都要回避自己籍贯所在地。

由于江苏、安徽合闱，陕西、甘肃合闱，又顺天乡试情况特殊，在籍贯回避则另有官员回避、子弟回避等规定。

在官员回避方面，江南乡试内外帘官不得调取安徽籍贯人员；顺天乡试除了也有类似规定外，还特设审音御史，从口音上核对，判断是否为本州县人，以贯彻籍贯回避。

[①] 《清代之回避制度》，魏秀梅，台北中研院近代史研究所1992年出版，第184—187页。

子弟回避，有规定如：籍贯为江苏、安徽，且现任两省司道以上，及经理考场事务的江宁省城首府首县的官员之子弟亲族，概不准应江南乡试。

陕甘乡试的回避规定，比照江南乡试办理。光绪元年（1875）陕甘乡试分闱，转为照直省乡试回避规定。

还有阅卷回避、磨勘官回避等，其有关条律，基本原则同于上述回避。

（2）官员任用的回避

回避几乎贯穿了官员为官生涯的始终。

最初的童生试，因为"为士子进身之始"，即有一系列应试资格的要求。这包括：

一是本县（府属之州、厅同）人。因为府州县学有固定名额，称学额。学额依据州县文教发展、人口多寡、丁赋轻重等状况确定，所以童生试在报考时有籍贯必须为本州县人的要求，严禁"冒籍跨考"（即异地报考）。对于籍贯的确定，还有一系列规定。

其二是身家清白。本人没有刑伤过犯，品行端正；祖、父三代非贱民（如倡优、丐户、蜑户、屠户、厨行、轿夫等）贱役（如粮差、隶卒）身份，家世清白的，才能报考。对于改业的，须自报官改业人起始，下逮四世，查系身家清白的，才能报考。

其三是无匿丧之举。凡遇父母或祖父母之丧，子与长房长孙须谢绝人事，为官者须解除职务，在家守孝（亦称守制）二十七个月，称丁忧。士子应试，不论童生试、乡试、会试、殿试，不论文、武科，乃至宗室科目、翻译科，遇守丧之期，例不准考。

其四是具结保证。据《中国考试制度史》记述：县考是由知县主持，凡县属考生，名为"童生"，须具备三种保结，即由当地乡约地保具备保结；由邻居各具保结，证明该生身家清白，并非娼优隶卒的子孙，亦无冒报籍贯和冒名顶替的事情；由考生自书亲供，填写祖宗三代姓名，并另请廪生一人作保，名曰"认保"。更为防范认保与考生通同作弊起见，再由儒学老师指派廪生一人加以监视，名曰

"派保"。考生必须办妥这3种手续，才准许下场应考[①]。报名时，还需"五人为一结，取行优廪生亲笔花押保结"，如有违反规定者，"五人连坐，廪生黜革"。所谓廪生，是廪膳生员的简称，指府州县学岁、科两试中考列一等，获得官方所发廪粮的生员。

从童生在试期公布后去县署礼房报名，履行必需的手续，取本县同考五人互结，并指认本县之廪生保结开始，直至乡试、会试、殿试，一路的规矩严格不苟。

假如说科举考试是一个士子为官生涯的预演、前导，到了被任命，真正走上为官之路，还要遵守例禁严格的回避制度规范。这其中，最主要的是籍贯回避及亲族回避。这两种回避，始于汉代，至明代已经很周密详尽，及至清代，堪称愈加细密严格。

籍贯回避

自秦汉至明清，除东汉末年及魏晋南北朝时期，地方豪族与割据势力兴起，无法贯彻地方官员的籍贯禁限之外，籍贯回避一直是历代官员铨选除资格外的重点。

籍贯回避，简言之，就是易地为官。

明代初年，吏部铨选中，南北更调已成常制。清代则更严密，其籍贯禁限不但分为文官、武官两类，在文官类中，又分为京官和地方官。

京官的籍贯回避，并不是覆盖所有京官，而是对涉及财政、司法、治安的官吏，有籍贯的禁限。这主要涉及户部、刑部及五城兵马司等部门。例如，户部、刑部在京官员，回避所在省份。涉及首都治安的五城兵马司正副指挥、佐理刑狱并管理文书的官员，顺天府籍贯的人员都要回避。

地方官的原籍回避，在《钦定大清会典则例》中，顺治二十年（1663年）即有规定称"在外督抚以下，杂职以上，均各回避本省"。其后，有回避距离500里的要求，即官员原籍与现在出任地方在500

[①] 《中国考试制度史》，沈兼士，中国和平出版社2014年5月第1版，第185页。

里以内的，应均行回避。再后，又进一步明确规定中的"五百里"，包括乡僻小路与原籍的距离。换言之，不管是官塘大路还是乡僻小路，只要有道路与原籍在500里内，都属回避范围。对于应回避人员，还有详请回避的规定。乾隆十八年（1753），议准"嗣后凡本籍乡僻小径与任所在五百里以内，例应回避人员，于到任三月以内，详请回避者免议，三月以外详请者，照例议处。"①

寄籍人员，《大清会典则例》中，在乾隆七年（1742）记有："寄籍人员，凡寄籍、原籍地方，均令回避。（原注：如浙江人寄籍顺天，则直隶浙江两省均应回避之类）"②

为防止利用地缘、血缘关系而相互勾结、结党营私，清廷对地方官员的籍贯回避，制定了严密的条例规章和详尽的实施细则、核查、处分办法等。

官员从童生试起始，就有了明确的籍贯观念。及至经科举取得任官资格，从任命、调遣到升迁，且每有职务变动，都必须履行籍贯回避有关制度的要求。换言之，既为官，就是踏上了"易地为官"之路，至少要离开家乡500里以外。

亲族回避

所谓"亲族"，是指亲属和同族，即血亲关系、姻亲关系、同族关系之总称。

官员的亲族回避，是指同地同机关的官员，遇有亲族，官职低的必须回避。

《吕氏春秋》开篇的"孟春纪第一"中，我们能看到：

"尧有子十人，不与其子而授舜，舜有子九人，不与其子而授禹，至公也。"

"晋平公问于祁黄羊曰：'南阳无令，其谁可而为之？'祁黄羊曰：'解狐可。'平公曰：'解狐非子之仇邪？'对曰：'君问可，非

---

① 《大清会典则例》卷四十七。
② 《大清会典则例》（光绪）。

问臣之仇也。'平公曰：'善。'遂用之，国人称善焉。居有间，平公又问祁黄羊曰：'国无尉，其谁可而为之？'对曰：'午可。'平公曰：'午非子之子邪？'对曰：'君问可，非问臣之子也。'平公曰：'善。'又遂用之，国人称善焉。孔子闻之曰：'善哉，祁黄羊之论也！外举不避仇，内举不避子，祁黄羊可谓公矣。'"①于此可见较早的亲族回避的观念和做法了。

据《清代之回避制度》介绍，汉代已有任官亲族回避的制度；唐代相关规定已相当具体完备；宋沿用唐代制度，但吸取唐末藩镇割据的教训，采取了一些加强中央集权的措施，在亲族回避的范围上，又进一步扩大，即从直系亲属、姻亲关系，扩展到较广泛的旁系亲属；元代有所松弛；明代较之元，则禁限严格；逮至清代，则为比任何朝代都更严密。②

清代"京官之回避无论满洲、汉员，其回避律系由血亲逐渐扩大为姻亲，但以血亲关系回避之规定较严，同衙门者不但官小者要回避，即使同官，亦要回避。祖孙、父子如系同官，无论品秩及任职之先后，均令子孙回避。显示中国重视伦理之传统。而外姻亲属中，母之父及兄弟、妻之父及兄弟，己之女婿、嫡甥，先是凡同衙厅官小者须回避，后扩及非同衙门官小者亦须回避。同衙门同官者，以后补者回避。"③

清廷对地方官的回避规定，较京官为严，除京官应回避者，地方官同样要回避外，地方官的姑丈、妻之姊妹之夫（连襟）、妻之亲侄，母之姊妹之夫（姨丈）、妻之姊妹之子、中表兄弟（父亲的姐妹之子与母亲的兄弟姐妹之子统称）、子婿之亲兄弟等皆须回避④。

---

① 《吕氏春秋》，陆玖译注，中华书局2011年第1版，第27—29页。
② 参见《清代之回避制度》，魏秀梅，台北"中央研究院"近代史研究所1992年版。
③ 《清代之回避制度》，魏秀梅，台北"中央研究院"近代史研究所1992年版，第67页。
④ 《清代之回避制度》，魏秀梅，台北"中央研究院"近代史研究所1992年版，第72页。

换言之，地方官的亲族回避，包括：父子回避、兄弟回避、堂兄弟回避、再从兄弟回避、族兄弟回避、叔侄回避、堂叔侄回避、族叔侄、族叔侄孙回避、同族回避、舅甥回避、中表兄弟回避、翁婿回避、郎舅回避、妻侄回避、子妇之亲兄弟回避、连襟回避、本身儿女姻亲回避及其他回避等项。

其中，以父子回避，兄弟、堂兄弟回避及儿女姻亲（并由儿女姻亲延伸出的郎舅）回避三大类为重点。

当年婚龄低，得子早，故多有父子同任官职的。父子回避一则防止弊端，二可避免公务中亲亲冲突。

家族中兄弟、堂兄弟年龄相近，同时任官，可能产生相互迁就甚至袒护，故应回避。

至于儿女姻亲，最易导致政治势力的结合，因此是清廷格外警惕，且厉行回避的。

雍乾以后，有关亲族回避的规定愈加严密，且执行严格。对于应回避而不行申报回避的官员，依其情节，有降一级或降二级调用乃至革职的处分。

除籍贯回避、亲族回避外，还有师生回避以及经商省份、游幕省份等的回避制度。

所有这些"回避"，都指向"易地为官"，也有写为"异地为官"的，其"异"字所强调的，即不是自己家乡所在地。

正是这一系列的回避制度，使"宦游人"成为官员的代名词。于是，便有了王维的诗句："独在异乡为异客，每逢佳节倍思亲。"一个"倍"字，道出了平常日子对家乡的思念，及到年节，看人家全家团圆，自己茕茕孑立、形影相吊，更增加了乡愁之苦。

写于嘉庆二十四年（1819）的《泾县新馆记》中引了一段《庄子·杂篇·徐无鬼第二十四》，借以阐发会馆之功能，"庄子曰：'去国数日，见其所知而喜；去国旬月，见所尝见于国中而喜；及期年也，见似人者而喜矣。'然则会馆者，聚一乡之人于千里之人，饮食居处言语相近，有无缓急相通，其在外也不啻其在家焉。京师冠盖相望，交游多天下豪杰，而所以讲信修睦敦行谊而厚风俗者，其必由是始矣"①。

借庄子之言，写游子之情思。那意思是说：离开家乡几天，见到相知的故人就格外高兴；离开家乡十天到一个月，见到在家乡曾经见过的人，尽管彼此很不熟悉，就都喜出望外；及至在异乡熬过一年，见到好像是同乡的人，就会欣喜若狂。在京城，能有会馆使同乡士人聚会在千里之外，还能一起吃上家乡口味的饭菜，说起熟悉的家乡话，大家住在一起，互相帮助，就和在家一模一样了。京师冠盖如云，天下英才云聚，《礼记》中所说，"大道之行也，天下为公，选贤与能，讲信修睦"②，重品行，崇道义，淳善民风，必是从这里开始。

（二）会馆肇始于明代的京师

《闽中会馆志·程树德序》说会馆"肇自有明"。乾隆三十七年（1772）立于苏州桃花坞大街钱江会馆的"吴阊钱江会馆碑"碑文中说："会馆之设，肇于京师。"③

会馆在明代肇始于京城，在记载中没有见到异议。倒是《帝京景物略》所说，"会馆之设于都中，古未有也，始嘉（靖）隆（庆）间"④，后世有不同说法。例如，有记载把会馆出现的时间前移到明永乐年间（1403—1424）。

民国《芜湖县志》卷十三《建置志》载："京都芜湖会馆在前门

---

① 《北平泾县会馆录汇辑》，周向华、张翔点校，安徽师范大学出版社2014年12月第1版，第30页。《庄子集释》（中华国学文库），[清]郭庆藩撰，王孝鱼点校，中华书局2013年3月第1版，第724页。

② 《礼记今注今译》，王梦鸥注释，新世界出版社2011年8月第1版，第192页。

③ "吴阊钱江会馆碑记"，《明清苏州工商业碑刻集》，苏州博物馆、江苏师范学院历史系、南京大学明清史研究室合编，江苏人民出版社1981年2月第1版，第19页。原碑现藏苏州博物馆。碑文是仁和杭世骏撰，钱塘梁同书书。

④ 《帝京景物略》，[明]刘侗、于奕正，北京古籍出版社1983年12月第1版，第180页。

外长巷上三条胡同。明永乐间邑人俞谟捐资，购屋数椽并基地一块创建。正统间，谟子日升复为清理。馆内旧有明泰昌（1620）土地位，东西院有大椿树各一株，正厅、西厢房墙外有鲍姓捐免江夫碑一座。咸丰后馆为京民侵占。光绪年间邑人经康杰等禀官清理。癸丑鲍世期等住京监修。民国六年（1917），洪镕等倡捐，就后院增建正厅五间，拆去西首灰棚一间，隔以垣墙，以别内外。"①

同书卷四十八《人物志·宦绩》中记载："俞谟字克端，永乐元年（1403）选贡，任南京户部主事，转北京工部主事。在京师前门外置旅舍数椽并基地一块，买自路姓者。归里时付同邑京官晋俭等为芜湖会馆。正统年间（1436—1449），路姓后人搆讼争地，谟子日升持契入质，断归芜湖会馆。至今公车谒选，胥攸赖焉。"②

这是说永乐年间，芜湖人俞谟在京为官时，从路姓人处买得前门外长巷上三条的一所院落。退休归里时，他把房子交给同乡的京官晋俭等人创建了芜湖会馆。据此可知芜湖会馆创立于15世纪20年代。至余谊密1919年修《芜湖县志》，这个会馆已经存世近500年。

同治七年（1868）的《重修广东旧义园记》称："京师广渠门内卧佛寺以东，粤东旧义园在焉。岁久园无隙地，复购新义园，故此园以旧称园，故明时会馆，永乐间王大宗伯忠铭、黎铨部岱与杨版曹胪山所倡建，颜其堂曰嘉会。"③这是说在广渠门内卧佛寺以东，有粤东旧义园，因为年岁久，园内已经没有空地可用，便购置了新的义园，所以，这里被称为"旧园"，它是明代时的广东会馆，建于永乐年间。

除上述两个会馆外，还有江西浮梁会馆和南昌会馆也有史料记载出现于明永乐年间。这四个会馆，粤东会馆是省馆，其他为县馆。

---

① 《芜湖县志》（1919年版，安徽历代方志丛书），余谊密主修，鲍实总纂，芜湖县旧志整理办公室点校，黄山书社2008年12月第1版，第80页。

② 《芜湖县志》（1919年版，安徽历代方志丛书），余谊密主修，鲍实总纂，芜湖县旧志整理办公室点校，黄山书社2008年12月第1版，第526页。

③ 《北京会馆档案史料》，北京市档案馆编，北京出版社1997年12月第1版，第1386页。

《北京会馆基础信息研究》一书中称:"四座会馆以外,在明前期建馆的还有江西余干会馆,其与南昌会馆都位于前门地区的长巷四条胡同。这些既指明了北京最早会馆的相对集中地——前门及其以东地区,也指出了最早来京建馆的省份——江西、安徽和广东,且江西有其三。当然,如果可以论证会馆起于北京的话,那么会馆史的起点便可追溯到明朝永乐年间[①]。"

及至明武宗、世宗时,则有关于京师"福州会馆"的记载。据《闽中会馆志》"福州会馆·逸闻遗事"载:

> 栎下周亮工栎园《闽小记》云:"明武宗时,闽金宪林公文缵赴京谒补。舟抵潞河,适武宗巡幸至,突入舫。文缵俯伏船头,上鞭指之曰:汝何从知,随入舟。时文缵家咸匿舱下,止一婢抱缵六岁儿立舱中。上问曰:此何人。缵奏曰:臣子。上抱置膝曰:相好,当与朕为子。缵奏曰:恐臣子无福。上又指婢曰:仍命此女抱携之。时护跸人至,跟跄促去。儿入宫,思父母,日夜啼,百计诱之终弗止。文缵亦入都,与素识大珰谋,欲出儿,珰乘机奏曰:此儿诚薄福,啼既弗止,不如舍之,且收留寄养,祖宗有禁。上曰:林某浼汝作说客耶?日再啼,当弃之水。珰惧,亟与文缵谋,觅善泅者伏河侧,儿啼不止,上果弃之河中,泅者故拉儿入水。伺上回,急出之,儿僵矣。文缵抱哭不已,久之始苏。文缵补官岭南,亟携儿去,不久,又休致归。杜门课子,二十一岁举于乡,又四年成进士,名璧。世宗出武宗朝宫人,前婢亦在列。婢无归,问闽绅姓名,人谓须至福州会馆。询乃得,婢至馆,问有林绅否,时璧适在寓,以为询己也,急出应,及见,婢曰:非公,我所询者老年人,问何

[①]《北京会馆基础信息研究》,白继增、白杰著,中国商业出版社2014年12月第1版,第8页。

名，曰：林文缵。璧大惊曰，此我父也，汝何从知之。婢语之故。璧又问曰：所抱之子何名，婢言乳名并所生时日。璧泣曰：我也，遂与婢抱首哭。养之寓中，携归乡，文缵见之，亦泣，从其志，奉佛茹素，终其天年。文缵至九十五岁，无疾而殁。璧性慷直，与时不合，屡言屡蹶，文缵与分宜为同年，璧体父志，终不附分宜，官亦止佥宪，居无一椽，家于祠堂，小童共炊爨，亦世之所仅见者。廉介详于郡志。公曾孙惠州太守崇孚面语予如此。"

记录下这个故实后，李景铭专门写了如下一段话："栎园得闻其语于璧之曾孙，则其事之确可知。此时所谓福州会馆者，非今南下洼之福州老馆，乃郭文安所谓在东城之福州会馆，亦即八旗未没收以前之福州会馆也。可见各省之设会馆，在明武宗、世宗时，早已有之，林璧已成进士，仍寓馆中，则会馆非仅为试子暂居之地，且可为官绅侨寓之所。璧闻婢语，遂抱首哭，养之寓中，是同寓福州会馆，则明代旧制，会馆可以住女眷，亦可推知矣。璧父子不附权贵，居京则寓会馆，归乡则家祠堂，此守廉介家风，不唯一郡之光，抑亦一馆之荣也。"[1]

从周亮工的《闽小记》所载及《闽中会馆志》李景铭所言可见：

一、林璧成为进士，是在嘉靖八年（1529）。会试前在京城，应是住在福州会馆，尽管《闽小记》中未言及此。从"婢至馆，问有林绅否，时璧适在寓，以为询己也，急出应"句，一个"绅"字，可见林璧是以官员身份，寓居福州馆。所以，李景铭先生说："林璧已成进士，仍寓馆中，则会馆非仅为试子暂居之地，且可为官绅侨寓之所。"

二、"璧父子不附权贵，居京则寓会馆，归乡则家祠堂，此守廉介家风，不唯一郡之光，抑亦一馆之荣"，正是林璧父子两代，在京

---

[1]《闽中会馆志》，李景铭，1943年，"府馆·福州会馆（即福州老馆）"，第27页。

为官则寓居会馆，致仕归家则住居祠堂，李景铭先生才将其全文载入《闽中会馆志》，而且，特别强调：这不单是其家乡的光荣，也是福州会馆的荣耀。至于林璧父子对婢女的照顾，从其志并终其天年，又彰显出他们对乡情的珍重。这，也是"会馆文化"的内核。

三、李景铭先生的这段话中，还有一句值得注意，即"各省之设会馆，在明武宗世宗时，早已有之"。联想到芜湖会馆、广东会馆、浮梁会馆和南昌会馆的建于明永乐间，再加上福州会馆等，李先生所说，是有其依据的。换言之，逮至嘉隆年间，各省在京会馆的建立，应该说已经成了气候。

（三）会馆兴起与发展的历史脉络

《帝京景物略》说，"会馆之设于都中，古未有也，始嘉、隆间"。[①]这是说在明以前，京城没有会馆。会馆始自嘉、隆年间。由于有芜湖会馆建于永乐年间等的记载，使后人对其所说的会馆"始嘉、隆间"有了疑问。尽管如此，《帝京景物略》还是给我们提出了两个问题，或者说是斟酌会馆缘起的两个思路，即：其一，如果说会馆在京师的出现是"古未有之"，那么，明以前，官员进京公干及士子会试，又在哪儿落脚？其二，为什么会馆这种士人组建的同乡自治组织从明永乐间出现，至嘉、隆间形成气候？

1．从"郡邸"到"会馆"

据写于嘉庆二十四年（1819）的《泾县新馆记》说："尝考今之会馆，盖犹古者郡国朝宿之舍，汉郡国邸属大鸿胪，唐贞观间建诸州邸于京城，皆官为掌之。今之会馆则皆各州县人之自为营置。夫唯其自为营置，则其兴若废必视其人文之盛衰与其乡人士之好义与否。"[②]

[①]《帝京景物略》，[明]刘侗、于奕正，北京古籍出版社1983年12月第1版，第180页。

[②]《北平泾县会馆录汇辑》，周向华、张翔点校，安徽师范大学出版社2014年12月第1版，第29—30页。

这是说：如今的会馆，就像古时郡国在京城为朝觐而设的馆舍，汉代有郡国邸，属大鸿胪管辖，唐代贞观年间在京城建有诸州的邸舍，但它们都是官方设置、管理的。今天的会馆都是各州县人自己购置、建造的，这是与古时截然不同的。但唯其"自为营置"，那会馆的兴旺还是衰颓或者被荒废，就能看出所在地方人文的盛衰，还有那里人们是否崇尚仁义。

汉代郡国邸的有关情况，从《汉书·朱买臣传》中能有所了解：

> 初，买臣免，待诏，常从会稽守邸者寄居饭食。拜为太守，买臣衣故衣，怀其印绶，步归郡邸。直上计时，会稽吏方相与群饮，不视买臣。买臣入室中，守邸与共食，食且饱，少见其绶，守邸怪之，前引其绶，视其印，会稽太守章也。守邸惊，出语上计掾吏。皆醉，大呼曰："妄诞耳！"守邸曰："试来视之。"其故人素轻买臣者入内视之，还走，疾呼曰："实然！"坐中惊骇，白守丞，相推排陈列中庭拜谒。①

文中所谓"上计"，是指"战国、秦、汉时地方官于年终将境内户口、赋税、盗贼、狱讼等项编造计簿，遣吏逐级上报，奏呈朝廷，借资考绩"之谓，《后汉书·百官志五》，"（州郡属官）本注曰：皆掌治民，显善劝义，禁奸罚恶，理讼平贼，恤民时务，秋冬集课，上计于所属郡国。"刘昭注引胡广曰："秋冬岁尽，各计县户口垦田，钱谷入出，盗贼多少，上其集簿。"②掾吏，即官府中佐助官吏的通称。佐理上计事务的官员称之为上计掾或计吏。

从《朱买臣传》的上述记载可见，会稽在国都有郡邸，且有守邸

---

① 《庄子集释》，[清]郭庆藩撰，王孝鱼点校，中华书局2013年3月第1版，第724页。

② 《汉语大词典》第一卷，汉语大词典编辑委员会、汉语大词典编纂处编纂，汉语大词典出版社1990年12月第1版，第280页。

官员。朱买臣是吴地人，在等待任命期间，寄居在会稽郡邸，守邸官还得负责他的饭食。及朱买臣拜为会稽太守，正值上计时，守邸与来自会稽的上计掾吏等人宴饮于郡邸，这才有了地方官员们发现他的太守印绶，而"坐中惊骇"，赶忙"列中庭拜谒"等事情。由此看来，郡邸即如地方政府在京城的办事机构，有常驻官员管理，负责安排上计吏及其他赴京公干的官员食宿等，并对他们的工作有所协助。郡邸及上计吏还要接受大鸿胪的管理。在有关记载中，我们没有看到郡邸有接待、安排进京应选的"贤良"住宿的内容。但由朱买臣待诏期间能在郡邸借居并寄食推想，郡邸可能也会接纳同乡贤士。

郡邸的形式延续至隋唐初期，并在唐中期以后演变为进奏院。宋代则变化为都进奏院。元代没有采用郡邸的机构设置，而是由中央统一设置会同馆和廪给司承担藩属政治区域和行省官员的入京（大都）接待事务。

明代前期，有专门的驿传系统和会同馆、廪给司分别负责传递官方文书（由通政使司系统管理）和接待公务活动的宾客。大致在明中期以后至清末，驻京提塘机构又在中央与地方的政务文书传递上，发挥了重要的作用。清代延续了明代的做法。所以，明清两代没有"郡邸"之类的设置。

2．从太学、邸第到会馆

从《帝京景物略》中所说"唯是四方日至，不可以户编而数凡之也，用建会馆，士绅是主……继自今，内城馆者绅是主，外城馆者公车岁贡士是寓"[①]可见，最初的会馆，是以为士绅服务为主，发展到"内城馆者绅是主，外城馆者公车岁贡士是寓"。也就是说，到《帝京景物略》问世的明崇祯年间，京城内外城的会馆已有明显的区别，即内城的会馆是为在京官员聚会，也会接待来京公干的官员；外

---

① 《帝京景物略》，[明]刘侗、于奕正，北京古籍出版社1983年12月第1版，第180—181页。

城的会馆，为科考试子服务。

从京师的城市管理方面，《帝京景物略》中特别说到会馆的建立在治安方面的补苴罅漏，即其文中所说，"盖都中流寓十土著，游闲屣士绅，爰隶城坊而五之，台五差，卫五缉，兵马五司，所听治详焉。唯是四方日至，不可以户编而数凡之也，用建会馆，士绅是主，凡入出都门者，籍有稽，游有业，困有归也，不至作奸"，"继自今，内城馆者绅是主，外城馆者公车岁贡士是寓。其各申饬乡籍，以密五城之治"。这是说在都城的城市安全的管理中，已经有了都察院、厂卫及兵马司的各负其责，但唯有来自全国各地的士人，无法及时纳入城坊户籍管理；城市治安方面，也由此出现问题。用建立会馆的方式，通过士绅们的同乡自治组织，恰恰可以补苴这方面的漏洞，完善五城之治。

清道光丙戌年（1826）的《山阴会稽两邑会馆记》则从会馆为试子服务的角度说得较为具体："古者征举至都，国中有馆舍以处之，厥后名存实更，诸馆皆系于学，其入馆也有常数。明时，乡贡士及庠生之优者，皆令居太学，学舍不能尽容，多馆于其乡在朝者之邸第，未闻立馆以萃试子者。自举人不隶太学，而乡贡额加广，于是朝官各辟一馆，以止居其乡人，始有省馆，既而扩以郡，分以邑，筑室几遍都市，是不徒夸科目之盛，竞闾里之荣，特虑就试之士离群废学，有以聚而振之也。"[①]

这段记文说：古时候对举子进京会试，都城是有馆舍安排的。后来邸舍的名字虽在，但实际却发生了变化，即都隶属于太学了。明代时，乡贡士和庠生中优秀者，可以居住在太学的学舍。其他人就借居在同乡在京官员的家里，没有听说专门设立会馆容纳试子的。自从举子不隶属太学，而乡贡额增加，朝中官员专门创立会馆，以为同乡举子居处，于是开始有了省馆，再拓展出郡馆、邑馆，会馆由此遍及京

[①] 《北京会馆档案史料》，北京市档案馆编，北京出版社出版1997年12月第1版，第1322—1323页。

城。单独或者二三人散居在京城，不利于试子们备考。创建会馆，不是在于在京城炫耀自己省份郡县举子的数量之众多，于其他各省地争竞闾里的荣光，而是特别从试子们的角度考虑，以会馆使他们聚集在一起，以造成激励、振奋的环境和氛围。

从上引《帝京景物略》与《山阴会稽两邑会馆记》所言，可见二者各有侧重。放到一起，恰恰能使我们看到，朝廷官员倡导以民间自治的组织形式创建同乡会馆，使举子们能在本乡在京成功人士的接纳与管理下，在远离家乡的京城，得到乡情的呵护，并有家乡荣誉感的督促，如同赶考进京，先期进入一个老乡亲创办的特殊学校，而得集聚在一起，安心备考。这样的民间自治组织的出现，特别是其发起者、组织者和管理者，又是朝中官员，是京城城市管理方面的同道，可以信任，同时，他们又熟悉京师的规矩门道及家乡的民俗风情，就在既非本职工作又在政务之余，解决了京城城市管理方面的难题。就这样，在明清两朝的都城里，就有了民间自治的会馆，并得以迅速发展。

还要看到地方对于科举的积极性。记文里说的各地在京兴建会馆，筑室几遍都市，"是不徒夸科目之盛，竞闾里之荣"，正反映出省郡县乡围绕科举，也展开了竞争，于是，"乡贡额加广，于是朝官各辟一馆，以止居其乡人，始有省馆，既而扩以郡，分以邑，特虑就试之士离群废学，有以聚而振之"。

3．会馆的兴盛

"臭沟开，举子来"，是北京老民谚。《清稗类钞·第四册·讥讽类》有"臭沟"条云，"京师街市沟渠，以管理沟渠河道大臣总辖之，而街道御史实董其事。每年一开，例在二、三月间，四月而毕，正举人会试期之前后也。时人为之语曰：'臭沟开，举子来。闱墨出，臭沟塞。'"[1]

---

[1]《清稗类钞》，徐珂编著，中华书局2010年1月第1版，第1656页。

明永乐年间，修北京城，大道通衢都修了下水道，北京俗话叫阴沟。每年春季二、三月，打开阴沟，清积疏浚，以利排污、防汛。这种暗沟，打开后臭气熏天，挖出的淤泥又一时不能运走，堆积路边，又黑又臭，让人步履艰难。《燕京杂记》记载说，"京城二月淘沟，道路不通车马，臭气四达，人多佩大黄、苍术以避之。正阳门外鲜鱼口，其臭尤不可向迩，触之甚有病亡者。此处为屠宰市，经年积秽，郁深沟中，一朝泄发。故不可当也"[1]。一至夜晚，行路更加艰难。

"二月开沟"是当年北京人难熬的日月，逢会试之年，恰恰这时，又是举子们进京时候。如果举子人数少，大约不为北京人所注意，正是因为行旅接踵，车马络绎，来自全国各地的举子们北调南腔，往来不绝，成为京城，特别是南城一大盛况，所以才被编入"臭沟开，举子来"的民间谚语。

难得的是，清道光年间之后，乐平泉先生执掌的同仁堂，派人在四面城门及街头路口，悬挂印有"同仁堂"字号的红灯笼，为人们照明指路。举子们长途跋涉，风尘仆仆，终于赶到京城，已是人疲马乏，刚刚进京，就遇到开沟带来的道路阻断和臭气熏天。恰好，同仁堂的灯笼就在晚上为他们照明、指路。及至到了会馆，又会得到同仁堂送来的"平安药"，克服水土不服和小病小灾[2]。"一沟一臭"带来的最后的艰难，大约就在"一灯一药"，京城最初的问候中，释然了。

据光绪《钦定科场条例》，"顺天乡试号房七千二百五十余号，乙酉科（康熙四十四年，1705）举子进场者七千有奇，恐后来进场者多而号房少，应于戊子科乡试，令顺天府先期查明，题请酌量增置等因，奉旨科场事务，系礼部专管，着礼部尚书以下官员，与顺天府官员公同料理"。嘉庆十二年（1807），顺天乡试监临玉麟、刘环等奏

---

[1] 《旧京遗事·旧京琐记·燕京杂记》，[明]史玄、[清]夏仁虎、[清]阙名，北京古籍出版社1986年7月出版，第115页。

[2] 《北京同仁堂史》，中国北京同仁堂集团公司北京同仁堂史编委会编，人民日报出版社1993年4月出版，第34页；《三百年国药世家》，乐民成，中国中医药出版社2012年4月第1版，第182—183页。

称，贡院东西号舍共9200余间，本年乡试士子，计有9700余名。顺天府因坐号不敷，援照上届章程，于隙地措盖席棚，设桌分号。但临时搭建席棚具有易引起火灾、难以遮蔽风雨的弊端，故添号舍800多间。请增添贡院号舍一折，工部堂官遵旨先行详细履勘贡院中隙地，又调顺天府衙门原拟底册逐一履勘，嗣经查估大臣奏准，除东西都统房前拟盖号舍163间暂停添盖外，实增添号舍729间。[1]

至道光二年（1822），据《天咫偶闻》称：壬午科入闱者，至万六千人，遂不得不议及添号矣。[2]

从康熙到道光的百余年间，会试举子人数不断攀高，贡院不断地添盖考棚号舍，可见科举之盛。

尤其要看到的是，进京赶考的举子数，还并不是会试前后进京的总人数。进京举子们随行的，还有他们的童仆。即便是三分之一的举子带有书童，其人数也得在五千人左右。换言之，这就有两万甚至更多的人在同一时间进入京师，住——就成了首先碰到的大问题。

有的举子住进了状元吉寓。据清《天咫偶闻》卷三中记载："每春秋二试之年，去棘闱最近诸巷，西则观音寺、水磨胡同、福建寺营、顶银胡同，南则裱褙胡同，东则牌坊胡同，北则总捕胡同，家家出赁考寓，谓之'状元吉寓'，每房三五金或十金，辄遣妻子归宁以避。东单牌楼左近，百货麇集，其直则昂于平日十之三。负戴往来者，至夜不息。当此时，人数骤增至数万。市侩行商，欣欣喜色。或有终年冷落，借此数日补苴者。"[3]

这是说每逢春秋二试之年，贡院附近的胡同，家家都把妻子儿女送回娘家，腾空房屋，出租给举子们，美其名为"状元吉寓"。这种离考场近在咫尺的"民宿"，自然租金也一定很是可观。这或可说是老年间京城里依托科举考试而生的"瓦片经济"了。

因为举子们租住贡院左近的房屋，他们的日常消费，也促使东单

---

[1] 光绪《钦定科场条例》卷二十八《关防·贡院·例案》。
[2] 《天咫偶闻》，[清]震钧，北京古籍出版社1982年9月出版，第47页。
[3] 《天咫偶闻》，[清]震钧，北京古籍出版社1982年9月第1版，第53页。

牌楼一带百货麇集，物价比平日要贵30%。从早到晚，在街上都能看到肩挑手提匆忙往来的人们。当时，贡院左近，人数骤增至数万。市侩行商，欣欣然喜形于色。有的店铺或摊贩，生意整年冷清，就靠这两三个月的进项才得谋生。东单商业街的形成与兴旺，科举考试居然是一个重要的促成因素。这倒是写北京商业空间变迁的书中，或者讲述东单商业缘起的书中，几乎都没有提到的。

《天咫偶闻》一书为震钧（1857—1920）撰，最初刊刻于清光绪三十三年（1907）。作者在《天咫偶闻》中提到自己的家世背景，"吾宗之入本朝，盖二百八十年于兹矣。其始居陪京者三十年，居京师者二百五十年。吾族居京师者十二世"。他的一生又经历了咸丰、同治、光绪、宣统4朝，"世居京师，习闻琐事"，步《梦华》《梦粱》二录之后尘，"自乙未（1895）以来，信手条记"，积累了8年后，才于光绪二十九年（1903）"依类条次，都为一编"，将《天咫偶闻》成书。由作者的"自叙"及他的生卒年，可知书中记述的"状元吉寓"，至少是同治、光绪年间，他所见识过的。但由此可以推想，地近贡院考场的状元吉寓，其存在可以上溯更早的时候。

"状元吉寓"的房租昂贵，一般举子负担不起。有人会退而求其次，去租住较偏远的民居。但人地生疏，语言不同，风俗各异，诸多不便。

还有的去住旅馆。但旅店里人来人往，终日嘈杂，客房狭窄，再加上店主"要挟苛索，不可终日"，但凡有些办法，是绝不会住店备考的。

还有人借寓寺庙，环境清静，但总得要付香火钱。更何况地近考场的庙宇也毕竟有限。

为了"恤寒畯而启后进"，专门服务于科举的会馆便应运而生，且随着清代科举在内容上的丰富，制度上的规范、完备，"乡贡额加广"，参加科举的人数不断增加，会馆进入了鼎盛发展时期。

从清兵入关至乾隆间，据《宸垣识略》"卷九·外城一"和"卷十·外城二"记载，至乾隆五十三年（1788），京城的会馆已有182

处,其中:外城东城82座,外城西城100座。①乾隆嘉庆时人汪启淑在《水曹清暇录》中说,"数十年来,各省争建会馆,甚至大县亦建一馆,以至外城房屋基地价值腾贵"②。有记载说:"仕者唯士是取,或贡举期集,或谒选需次,皆必于京师。于是,有会馆以为群萃州处之地。往代方域析为州部道路,今制沿行省之名,扩十三省布政司,为省十八。十有八省之会馆,或一省之属为一区,或一府之属为一区,或一州一县为一区。盖士之至京师者多,则设会馆不能俭。(乐山集)"③由于各地来北京的考生多,为保证试子们参加考试,省郡州县争相设置会馆。

4. 会馆的衰落与终结

鸦片战争后,清王朝处于内忧外患之中。列强用坚船利炮打开中国的大门的同时,也把西方资本主义的发展,展示在中国人的面前,引发朝野上下广泛的关注与痛苦的思考。在这样的背景下,科举制度的改革,自然被提上了议事日程。

罢停科举,试馆终结

从最早的道光二十年(1840)第一次鸦片战争起始,直到光绪二十六年(1900)八国联军大举侵华,京师沦陷,清廷的统治危机进一步加深,不得不推行"新政"。其间,对科举的改革,历经曲折和反复,直到光绪三十一年(1905)八月初二,直隶总督袁世凯、盛京将军赵尔巽,湖广总督张之洞、两江总督周馥、两广总督岑春煊和湖南巡抚端方等六大臣会奏废科举折,请立停科举,以广学校,以挽危迫,补救时艰。奏文中称:"臣等默观大局,熟察时趋,觉现在危迫

---

① 《宸垣识略》,[清]吴长元辑,北京古籍出版社1983年12月第1版,第180—181页、第213—214页。

② 《水曹清暇录》,汪启淑,杨辉君点校,北京古籍出版社1998年6月第1版,第156页。

③ 《北平风俗类徵》,李家瑞编,李诚、董洁整理,北京出版社2010年9月第1版,第605页。

情形,更甚曩日,竭力振作,实同一刻千金。……就目前而论,纵使科举立停,学堂遍设,亦必须十数年后人才始盛。如再迟十年甫停科举,学堂有迁延之势,人才非急切可成,又必须二十余年后,始得多士之用。强邻环伺,岂能我待?……科举不停,学校不广,士心既莫能坚定,民智复无由大开,求其进化日新也难矣。故欲补救时艰,必自推广学校始。而欲推广学校,必自先停科举始。拟请宸衷独断,雷厉风行,立沛纶音,停罢科举。"[1]

两天后,八月初四(1905年9月2日)清廷发布上谕"着即自丙午科(1906)为始,所有乡、会试一律停止,各省岁考亦即停止",中国历史上历1300余年之久的科举制度被终止了。

6年后,辛亥革命爆发,清王朝覆灭。

为士人服务的会馆,其历史使命也由此结束。

同乡会,柳暗花明

民国初,定都北京,诸多政府官员和各界人士云集。会馆的住户也换了人,北上的政界人士,再加上来京求学的大中学生,一时间,会馆成了来京同乡政、学界人士的聚集地。由于科举的停罢,带来会馆的前途难卜,但在鼎革之后,似乎又让人们看到新的转机。

依据京师警察厅颁布的"管理会馆规则",会馆有了新的定义,即"在京城建有馆舍,用各省及各郡县名义,为旅京同乡集合之所,均为会馆"[2]。转眼之间,会馆演变为"同乡会"。

吉州十属旅京同乡会制定的章程(1918年)中称,"本会定名为吉州十属旅京同乡会","本会以前外鲜鱼口抄手胡同吉州二忠祠为会址","本会以联络乡谊管理财产并促进公益为宗旨","凡吉州十属

---

[1] 《奏为补救时艰妥筹办法拟请立停科举推广学校事》,录副奏折03-7214-097,光绪三十一年八月初四日袁世凯等折,转引自《中国科举制度通史·清代卷》,张希清、毛佩琦、李世愉主编,李世愉、胡平,上海人民出版社2017年4月第1版,第748页。

[2] "京师警察厅颁布管理会馆规则"(1915年4月15日),《北京会馆档案史料》,北京市档案馆编,北京出版社1997年12月第1版,第1页。

旅京同乡，不分男女与职业，均得为本会会员"。①

《北京湖南会馆志略》所载旅京湖南同乡会章程（1922年）中称，"本会定名为旅京湖南同乡会"，"本会以联络乡谊图谋公益为宗旨"，"本会以烂缦胡同湖南会馆为事务所"，"凡本籍旅京各界人士皆得为本会会员"。在志略文本中，还有湖南会馆大门的照片。从中可见，除悬挂湖南会馆的匾额外，还在左侧门柱上挂有"旅京湖南同乡会"的竖匾②。

广西旅平同乡会章程（1936年5月28日）说："本会定名为广西旅平同乡会。""本会以联络旅平同乡感情并办理有关公益事业为宗旨。""本会会址设于北平銮庆胡同粤西会馆。""凡广西旅平同乡均得为本会会员。但出席会员大会以年达成年者为限。"这个章程中还特别规定："广西全省馆产并非本会财产，虽由本会代负保管及整理之责，其不动产永远不得提议处分。并无论何人因何事项不能将其牵涉及动摇。"③

仅从这几个例子，就能看到当时会馆们的众口一词。人们希冀保管好会馆这一家乡在京的"公产"，延续会馆的文化，开拓出会馆历史新的篇章。民国初年，会馆似乎又有了新的生命力。时人潘节文在为邵武会馆志所作的跋中写出了自己振奋的心境：

> 迨至东西风化渐及神州，欧美文明行于大陆。燕赵乃兴文之地，京师乃首善之区，学堂林立，艺厂云兴。有志者不甘蛰伏，于是负笈担簦，跋山涉水，离乡里，入都城。或志于政治，冀造福于人民；或学在陆军，期振威于世界。休暇

---

① 《北京会馆档案史料》，北京市档案馆编，北京出版社1997年12月第1版，第386页。

② 《湖湘文库：湖南会馆史料九种》，袁德宣著，曾主陶校点，岳麓书社2012年11月第1版，第218—219页。

③ 《北京会馆档案史料》，北京市档案馆编，北京出版社1997年12月第1版，第624页。

日也,均聚首谈心于一室。设立学校后,会馆之盛有如此者。满人不德,汉室中兴,爱国奇男,热心志士,以黑铁之血,铸自由之花。废专制为共和,竞民权于帝纲,国会既然成立,议员由是诞生,而为郡属所最信仰之诸公,遂联袂翩翩来京,肩监督政府之职权,尽保护人民之义务,名儒硕士,聚于一堂,光复后会馆之盛有如此者。[①]

他说到,从清末废科举,立学校始,北京就兴办了不少学校,及入民国,又有了大的发展,不但有大中小学,还有专科、职业学校。来自各地的学生,让会馆又有了往日的生机勃发。他又说到国会的成立,各省议员来京,同乡的名儒硕士济济一堂,让会馆再度兴盛起来。这一切,都使会馆的前景一片光明。

急转直下的衰落

1928年国民政府迁都南京,大批政府人员南下,北京更名为北平,市面萧条,会馆自然不能幸免。不但会馆里一片冷落,便是附产的出租房屋,也无人问津。街头常常可见"吉屋招租"的小广告。连原来住在会馆里的学生们,也多是搬到学校附近的公寓去了。

石继昌先生《闲话西城二龙坑》一文称:"二龙坑今名二龙路,其地在西单牌楼之西,……本世纪二三十年代曾是大、中学校荟萃之地,其时北京城区学校的分布,西城最密,西城中又以二龙坑一带最为集中。……二龙坑一带学校林立,大、中学生多半是外地人,北京没有家,学校限于条件,难以解决他们的食宿,于是专供外地学生食宿的小型公寓,遂如雨后春笋,应时而生。二龙坑附近的中京畿道、新京畿道、丁字街、王爷佛堂、梯子胡同等街巷,一些小四合院的房主,留出自住的房屋,把余下的空房隔成单间,出赁给外地学生或单身教职工,并由房主供应他们的三餐伙食,虽是家常便饭,谈不上美食,但却经济实惠,每月大洋十元已绰绰有余。客人来访,还可另加

[①] 《闽中会馆志》,李景铭,1943年,"邵武会馆·永春潘节文邵武馆志跋"。

客饭，月底结账，十分方便。"①

接踵而来的是，九一八事变，卢沟桥事变，北京沦陷。1945年日本投降，但国民党政府又开内战。就在这样的背景下，北京的会馆每况愈下。不单是多有破损倾圮，还有被侵占、盗卖等。尽管不同时期有关方面都曾经发布对会馆的整顿规则、要纲之类，却都没能落到实处。

会馆的终结

北平和平解放后，1949年3月25日，北平市军管会发出布告，会馆须作为社会团体进行登记，由市民政局办理。4月，市民政局通告施行。1950年9月，北京市人民政府制定并颁行了《北京市会馆财产管理暂行办法》。该暂行办法规定："各种会馆财产，应由各该地旅京同乡组织会馆财产管理委员会负责保管经理，管委会得以省为单位，联合各该省之郡县等会馆，组成之。""管委会负有清理保管所属会馆财产、修建房屋、举办公益事业及纳税之责。""管委会对会馆财产不得出卖、转赠、典当、抵押及其他变相的处分。"②

1954年8月，北京市民政局颁行《修正北京市会馆财产管理暂行办法》（以下简称《办法》）。《办法》规定："各省会馆所有财产，在各该省未进行处理前，得由会馆财产管理委员会或筹备委员会（以下简称管委会）负责保管，并进行纳税、修房、议租、收租等工作。""市民政局为管委会的领导机关，并由民政局委托中国人民救济总会北京市分会，具体领导管委会的业务。""管委会对会馆所有财产，不得出卖、转借、赠予、典当、抵押及其他处分。"③

据《北京会馆档案史料》一书的"前言"记述："经当时市人民

---

① 《春明旧事》，石继昌，北京市政协文史资料委员会编，北京出版社1996年12月第1版，第87—88页。

② 《北京会馆档案史料》，北京市档案馆编，北京出版社1997年12月第1版，第46—47页。

③ 《北京会馆档案史料》，北京市档案馆编，北京出版社1997年12月第1版，第64—65页。

委员会同各省人民委员会协商，征求意见，各省人委先后表态，各会馆财产由北京市人委接收。到1956年6月，市民政局经请示市人委批准，在北京的各省市县会馆房屋14430间，全部移交市房地产管理局。会馆工作人员也做了妥善的安置处理。至此，存在四百多年的北京会馆宣告终结。"①

1984年5月，北京市政府将湖广会馆、平阳会馆戏楼、福建汀州会馆北馆、安徽会馆戏楼、湖南会馆、中山会馆、顺德会馆（朱彝尊故居）列为文物保护单位。

1985年12月，全国政协和北京市政协的部分委员视察了湖广会馆，提出修复并利用此馆建北京戏曲博物馆的建议。建议随即被北京市采纳。1996年4月，湖广会馆的修复工程竣工。同年5月8日，湖广会馆大戏楼正式对外开放。1997年9月6日，北京市第一百座博物馆——北京戏曲博物馆在湖广会馆成立并对外开放。

1985年12月，根据1982年政协北京市第五届委员五次会议上的一项提案，坐落于东城区大江胡同的原台湾会馆房产，经报市房地产管理局同意后撤管。1986年1月，台湾民主自治同盟正式接管台湾会馆房产。②1993年台湾会馆修缮、扩建。1994年，台湾会馆重新成为台胞交流聚会的场所，1996年举办了隆重的百年纪念活动。

除此之外，关于会馆建筑遗存的保护与利用的文章时见报端。

从20世纪80年代初至今，有关会馆的历史资料和会馆历史文化的专著不断问世。依据出版日期，有：《明清以来北京工商会馆碑刻选编》③、《北京湖广会馆志稿》④《北京的会馆》、⑤《会馆》（北京地方

---

① 《北京会馆档案史料》，北京市档案馆编，北京出版社1997年12月第1版，"前言"第13页。
② 《会馆》，王熹、杨帆，北京出版社2006年4月第1版，第157页。
③ 李华编，文物出版社1980年第1版。
④ 王灿炽主编，北京市对外文化交流协会、北京市宣武区地方志编纂委员会编，北京燕山出版社1994年5月第1版。
⑤ 《北京的会馆》，汤锦程，中国轻工业出版社1994年4月第1版；《北京的会馆》，胡春焕、白鹤群，中国经济出版社1994年5月第1版。

志·风物图志丛书）[1]、《中国会馆志》[2]、《中国会馆史》[3]、《北京宣南会馆拾遗》[4]、《湖湘文库：湖南会馆史料九种》[5]、《宣南——清代京师士人聚居区研究》[6]、《北平泾县会馆录汇辑》[7]、《北京会馆基础信息研究》[8]、《中国会馆史论》[9]等。还有国外学者关于会馆研究的学术著作如："文化理论译丛·北京文化研究译丛"中的《地方在中央（晚期帝都内的同乡会馆空间和权力）》[10]，国家清史编纂委员会的"编译丛刊"中的《北京：公共空间和城市生活（1400—1900）》[11]等。

从上述著作的书名和出版时间可见，自20世纪80年代至今，北京的会馆，受到中外多学科、领域学者的关注，且相关研究不断拓展、深入。会馆，作为北京历史文化的重要内容，日益受到学术界及社会各界的重视。

---

[1] 王熹、杨帆，北京出版社2006年4月第1版。
[2] 中国会馆史编纂委员会编，方志出版社2002年11月第1版。
[3] 王日根，东方出版中心2007年7月第1版。
[4] 白继增，中国档案出版社2011年1月第1版。
[5] 袁德宣，岳麓书社2012年11月第1版。
[6] 岳升阳、黄宗汉、魏泉，北京燕山出版社2012年3月第1版。
[7] 周向华、张翔点校，安徽师范大学出版社2014年12月第1版。
[8] 白继增、白杰，中国商业出版社2014年12月第1版。
[9] 何炳棣，中华书局2017年7月第1版。
[10] 白思奇，中国社会科学出版社2019年3月第1版。
[11] ［美］韩书瑞（Susan Naquin），孔祥文译，孙昉审校，中国人民大学出版社2019年3月第1版。

第二章

会馆的数量与分布

一、古籍记述中的会馆数量

（一）古籍记述中的会馆数量

记载会馆目录及地点位置，从而能反映会馆数量的古籍，依出版时间先后，大略有《宸垣识略》、《京师坊巷志稿》、《都门纪略》、《朝市丛载》、《老北京实用指南》[①]、《老北京旅行指南》[②]等。

1.《宸垣识略》 乾隆戊申年（1788） 182

《宸垣识略》，是一部记载北京史地沿革和名胜古迹的著作，最早的刻本问世于乾隆戊申年（1788）。

该书"卷九·外城一"和"卷十·外城二"分别记载当时北京外城东、西城著名的会馆，如"东城会馆之著者，东河沿曰奉新、浮梁、句容，打磨厂曰粤东、临汾、宁浦，鲜鱼口曰南康，孝顺胡同曰长沙，长巷头条胡同曰武林、南昌、汀州、江右，长巷二条胡同曰广丰、浦城、泾县，长巷三条胡同曰金溪、元宁、临江、南城，长巷四条胡同曰岳阳、贵池、上新、德兴、新城、南雄、乐平、休宁……""西城会馆之著者，西河沿排子胡同曰江夏，三眼井曰婺源，延寿寺街曰潮州、长元，吴柴儿胡同曰邵阳，杨梅竹斜街曰含和，廊房三条胡同曰浮梁，施家胡同曰青阳，煤市街曰漳郡，干井儿胡同曰赣宁，百顺胡同曰晋太平，王广福街曰汾阳、新建，留守卫曰高安，石头胡同曰黄岩，西猪市口曰潞安、赣宁、奉天、九江、平定、仁钱、翼城、浙绍，……"（见附件一）。其中，外城东城82座，外城西城100座，总计182个著名的会馆[③]。按照作者所用"东城会馆之著者"和

[①] 原名《增订实用北京指南》。
[②] 原名《北平旅行指南》。
[③] 《宸垣识略》，[清]吴长元辑，北京古籍出版社1983年12月第1版，第180—181页、第213—214页。

"西城会馆之著者"的文字，可见书中记载的，还不是当时北京会馆的全部，而只是"著名的会馆"。其所谓"著名"，或当是"有一定名声""知名度较高"之意。

从该书记载的会馆的情况看：

外城东城会馆最多的是长巷四条，有8座会馆。

外城西城会馆最多的是顺城门大街，有10座会馆，其次为西猪市口，有会馆8座。

外城东城有省馆4座，即打磨厂的粤东会馆、长巷头条胡同的江右会馆、大蒋家胡同的贵州会馆、崇文大街的山东会馆。

西城则有省馆17座，依次是：西猪市口的奉天会馆、韩家潭的广东会馆、樱桃斜街的贵州会馆、青厂的广西会馆、四川营的四川会馆、骡马市的三晋会馆、骡马市的直隶新馆、顺城门大街的关中会馆、彰义门大街的河东会馆、顺城门大街的直隶老馆、将军教场头条的云南会馆、将军教场头条的山左会馆、土地庙斜街的全浙会馆、彰义门大街的贵州会馆、延旺庙街的云南会馆、横街的全浙会馆、下洼子的福州会馆。

由书中的"序"及"例言"可知，这本《宸垣识略》是根据作者久居京师，多有实地考察，并结合古籍和碑碣，对康熙年间朱彝尊编辑的《日下旧闻》和乾隆帝敕编的《日下旧闻考》两书的记载，做考证并增删而重写的。

谈及关于会馆的记载，在"例言"中，作者特别写道："外城各省会馆，近年创建日繁，此正邦畿民止，于以壮皇都、敦梓谊，意良厚焉。汇录卷末，庶征车庋止，不迷于所往。"结合记述会馆时，文中所用的"会馆之著者"，再读"外城各省会馆，近年创建日繁"句，或可体味到各地会馆在京城不断兴建，作者的记录跟不上变化，所以，只能写下已有的会馆之著者。同时，用"例言"告诉读者，特别是"征车"，即各地来京的人们，尤其是举子们，读到"会馆之著者"的名单，已经足够了，不会"迷于所往"。

48

2.《京师坊巷志稿》 光绪十一年（1885） 416

光绪十一年（1885）朱一新所纂《京师坊巷志稿》问世。据《京师坊巷志稿》书中的"出版说明"介绍，"清光绪十一年（1885）重修《顺天府志》，朱一新、缪荃孙为它合纂《京师志·坊巷》上下卷，后经朱一新重加整理，以《京师坊巷志稿》为书名，分上下两卷刻印单行本问世"，因此，《京师坊巷志稿》"原是《顺天府志》的一部分，所以文中常有'详宫禁''详衙署'等字样"。

与《宸垣识略》只写"会馆之著者"不同的是，《京师坊巷志稿》是在写到某一街巷胡同时，其地有什么会馆，或者曾经有过某会馆，眼下被废弃，作者都具体写出。例如：

在"外城中城"，记载有：

东河沿　有奉新、浮梁、句容诸会馆

抄手胡同　西有吉安二忠祠（又名怀忠会馆），为吉安会馆

南、北孝顺胡同　有长沙会（试）馆

长巷上、下头条胡同　有泾县、南昌、汀州、江右、丰城诸会馆。旧有武林会馆，今废

上、下二条胡同　有临江、汀州、浦城、武陵诸会馆。旧有广丰会馆，今废

……

在"外城东城"，记载有：

上二条胡同　有蓟州试馆

佘家营　有广东义园

四川营　天龙寺，明万历间建，金华会馆也，今为义园

缨子胡同　有延邵会馆

……

在"外城南城",记载有:

崇文门大街　有山东会馆
北官园　旧有介休会馆
新开路　有常山、曲沃、安陆会馆
贾家花园　(陈廷敬《午亭文编》:尚书贾公治第崇文门外,作客舍以馆曲沃人,曰乔山书院,又割宅南为三晋会馆)
打磨厂　有玉皇庙、关帝庙,铁柱宫本名灵佑宫,祀许旌阳真人,萧公堂祀鄱阳湖神,均江西公所。有粤东、潮郡、临汾、宁浦、应山、钟祥诸会馆。旧有郢中会馆,今废
……

在"外城西城",记载有:

宣武门外大街(俗称顺承门大街)　全闽会馆,又有直隶、关中、翼城、天门、歙县、韩城、灵石、咸长、善化、永济、南通州诸会馆。旧有四川、永丰、建昌、抚临诸会馆,今废。西小胡同曰花枝胡同、曰堂子胡同,东小胡同曰球子巷,属北城。有太仓会馆。
上斜街　北有山右三忠祠,今为山西会馆。又有中州乡祠、番禺会馆
炸子桥　松筠庵;有河南会馆,颜曰嵩云草堂
教场上、下头条胡同　有云南、山左、宜荆、永新诸会馆
……

在"外城北城",记载有:

  大耳胡同　　有婺源会馆
  羊肉胡同　　有惠安会馆
  柴儿胡同　　有鄱阳会馆
  延寿寺街　　有平乐、潮州、长元吴诸会馆
  佘家胡同　　有襄陵会馆
  东北园　　旧有当涂会馆,今废
  樱桃斜街　　有贵州会馆二
  李铁拐斜街　　有襄陵、延定会馆,又有肇庆会馆二
  ……(见附件二)[①]

  总计《京师坊巷志稿》记载了京师内外城会馆416处,其中,内外城实存会馆353处,"今废"会馆63处;外城会馆实存346处,"今废"会馆61处。如果按总数计算,外城会馆占京师会馆总数的97.8%。如果按"实存"会馆数计算,则外城实存会馆占京师实存会馆总数的98%。

  在该书所记街巷胡同中,有会馆最多的,当数宣武门外大街(俗称顺承门大街),有会馆13处,还有4处废弃会馆,两项相加,会馆总数在17处。其次是西珠市口大街和粉房琉璃街,各有11处会馆。还有几条胡同有会馆7到10处不等。

3.《朝市丛载》　光绪十二年(1886)　384

  《朝市丛载》,光绪十二年(1886)河南大梁(今开封一带)人李虹若编著。在书中的"叙"中,他坦言:"曩有《都门纪略》一书,诚迷路之指南,然阅时已久,事多迁变,爰重加厘定,冗者删,缺者

[①] 参见《京师五城坊巷胡同集·京师坊巷志稿》,[明]张爵、[清]朱一新,北京古籍出版社1982年1月出版。

补,名曰《朝市丛载》。"[1]

《都门纪略》,是为士子客商编写的一本京师旅行指南,北京通州人杨静亭编写,于道光二十五年(1845)刊印问世。其后,有同治三年(1864)的《新增都门纪略》、光绪九年(1883)的《都门汇纂》及光绪十二年(1886)的《朝市丛载》等增补修订本出现。这些后来者大都基本沿用《都门纪略》的框架格局,不过在内容上有所增减变化。另外,这些修订版前,还都刊刻了《都门纪略》初次刊印时杨静亭所撰的序言。

辗转找到同治三年(1864)荣禄堂重镌的《新增都门纪略》复印本,其中的《新增都门会馆》,有道光二十六年(1846)杨静亭的"原序"和同治三年(1864)徐永年所作的"序"。

杨静亭《新增都门会馆》的"原序"为:

> 都中会馆为乡会士子而设,其法至良且善,一则可以啬僦居之费,二则可以联桑梓之情。然各省会馆都中不下三四百处,《日下旧闻》所载,皆系旧馆,并未分晰省馆府馆县馆之别。近年又经新葺者亦复不少。兹集复对,明确照省纲府纲条分缕晰,某为老馆某为新馆某为东馆某为西馆某为中馆,并注明坐落某街某巷与向背东西,以期其士子进京寻觅之便。其间有商贾所建会馆,为酬神议事公所,不住乡会士子者,亦载入册内,不敢遗忘。盖以重乡谊之意,庶仕商观之了然,无庸区别已。道光二十六年嘉平潞河静亭杨士安序于瓶花书屋。

徐永年所作的"序"为:

---

[1] 《朝市丛载》,[清]李虹若,杨华整理点校,北京古籍出版社1995年7月第1版,(《朝市丛载》叙)。

原夫建修馆地可为仕子之栖迟,镌刊书篇以便游人之寻觅,静亭杨老夫子作《都门会馆》一书,洵属尽善尽美矣。然自镌是书以后已十数余年,塌朽者甚多,新葺者不少,至今□未有删修而增补者。况京师会馆不下三百余处,又有各省各府及州县之区别,增补删修实属不易,非必亲历其境,不能删改此书。是以甲子端阳后,有敝友赵子明者,按街逐巷身历一番,已塌者删之,新建者增之,失其向背者详晰而注明之,二十余日阅遍寰区,倍深仔细,奔驰街巷,不惮辛勤。并将各省塘务寓所何方附订于后,庶使外省仕人以及住京商客观之了然,不至迷于所往尔。同治上元甲子年（1864）季夏中澣祁门痴生徐永年序于伴花斋之南窗下。

杨静亭先生的"原序"中称"各省会馆都中不下三四百处",徐永年"序"称"京师会馆不下三百余处"。而且,同治三年（1864）删修增补时,"有敝友赵子明者,按街逐巷身历一番,已塌者删之,新建者增之,失其向背者详晰而注明之,二十余日阅遍寰区,倍深仔细,奔驰街巷,不惮辛勤"。由此可见,《新增都门纪略》的编纂,也是经过一番田野调查,认真核实的,以保证生活指南或称旅行指南书的可靠性、实用性。

在《新增都门纪略》和《朝市丛载》中,我们能看到它们分别记载的京师会馆,即如下表所示:

《新增都门纪略·都门会馆》中所示京师会馆

	省馆	府馆	州县馆	会馆总数
直隶	2	4	3	9
山东	1	3	4	8
山西	6	5	23	34
河南	4	3	4	11

续表

	省馆	府馆	州县馆	会馆总数
江苏	3	3	19	25
安徽	2	4	24	30
浙江	2	7	14	23
江西	4	18	38	60
湖南	4	4	5	13
湖北	2	6	12	20
陕甘	3	5	16	24
广东	1	12	11	24
广西	4	1		5
四川	7			7
贵州	7			7
云南	5	1	2	8
福建	2	7	10	19
总计	59	83	185	327

各行 6家 （书行1 玉器行1 颜料行1 药行1 钱行1 广行1）

《朝市丛载》中所示京师会馆

	省馆	府馆	州县馆	工商会馆	不详	会馆总数
直隶	3	4	5	—		12
河南	6	6	2	—		14
山西	7	9	15	5		36
山东	3	3	2	—		08

续表

	省馆	府馆	州县馆	工商会馆	不详	会馆总数
陕甘	3	3	20	—		26
江苏	0	12	13	1		26
安徽	1	11	23	—		35
湖北	0	7	17	—		24
江西	4	25	31	—		60
浙江	2	16	17	—		35
四川	8	7		—		15
湖南	1	11	6	—		18
福建	0	6	12	1		19
广西	3	3	1			07
广东	2	14	15	1		32
贵州	7				1	08
云南	5	3			1	09
总计	55	140	179	8	2	384
各业 8处（书行1 玉器行1 颜料行1 药行1 钱行1 广行1 银号1 消防水会1）						

（见附件三）

《新增都门纪略》与《朝市丛载》两刻本出现时间相距22年。

《新增都门纪略》中记载了清同治三年（1864）京城会馆323处，另有各业会馆6处，总计329处。其中，各业会馆占总数的1.8%。

《朝市丛载》中记载了清光绪十二年（1886）京城会馆384处，另有各业会馆8处，总数为392处。其中，各业会馆占总数的2%。

从"《新增都门纪略·都门会馆》所示京师会馆"表中可见：江

西以60处会馆居各省首位。其次是山西，34处。安徽以30处会馆居第三位。江苏以25处居第四位。陕甘和广东以24处并列第五。

从"《朝市丛载》中所示京师会馆"表可见，江西仍旧以60处会馆居各省首位。其次是山西，36处。安徽、浙江以35处并列第三位。广东以32处居第五位。

4.《北京的社会调查》 1921年 413

美国社会学家、摄影家西德尼·D.甘博（Sidney David Gamble，1890—1968），1918年9月到1919年12月间，应基督教青年会国际委员会的邀请，担任了北京基督教青年会的义务调查干事，开展了中国首都的社会调查。1921年，《北京的社会调查》（Peking, A Social Survey）在纽约出版。这本厚538页的著述附有甘博自拍的50幅照片及38张地图和图表，第一次向世界展现了北京这个东方古都的社会、政治和文化生活的全貌，其内容涉及政府、人口、教育、商业、贫穷、慈善业、娱乐、宗教、警察和社会弊病等各个社会层面。北京的会馆也为甘博关注。在他的书中第九章"娱乐"中，他专门写了一段"会馆"，他说：

> 会馆也是北京的社交活动场所。会馆都是清朝时期陆续建成的，在北京共有413家，除6家以外都在南城。会馆起初的作用是为本省进京赶考的考生提供住宿，来到会馆的考生至少可以见到自己的同乡。如今，科举制度已经取消，会馆也随之成为同乡聚会的场所了。
>
> 北京有众多的官员、职员、学生和大量的流动人口，这些来自五湖四海的人在风俗习惯、饮食口味，甚至是语言上都千差万别，所以，作为同乡聚会场所的会馆，尽管不是专门的娱乐场所，但在人们的社会生活中仍然起着举足轻重的作用。
>
> 一些会馆建得非常不错，并且为本省同乡提供类似酒店或旅馆的服务，会馆里一共住有约25000人。

他还制作了表格，列出不同省份、地区在北京开设的会馆数目：

安徽	浙江	直隶	福建	河南	湖南	湖北	江西	江苏
27	39	38	12	24	14	23	26	69
广西	广东	贵州	山西	山东	陕西和甘肃		四川	云南
7	36	7	36	7	26		15	9
总计 415								

注：引自《北京的社会调查》，[美]西德尼·D.甘博著，陈愉秉、袁熹、齐大芝、李作钦、鞠万安、赵漫译，邢文军、柯·马凯译审，中国书店2010年1月第1版，第242—243页。

5.《老北京实用指南》 1923年 454

2017年2月，社会科学文献出版社根据1923年上海商务印书馆增订三版《增订实用北京指南》整理、出版了徐珂先生编纂的《老北京实用指南》。书中第五编"公共事业"的"各省会馆及同乡会"中，记载了当时北京的会馆及同乡会441处，另有13处各业会馆，二者总计454处[1]。13处各业会馆，占会馆总数的2.86%。（见附件五）

各省会馆中，江西以67处居首位；其次为浙江41处；广东以36处居第三位；安徽以35处居第四位；山西以33处居第五位；湖北居第六位（31处）；江苏居第七位（30处）；福建以28处居第八位。吉林、满洲、蒙古和西藏则各在京只有一处会馆（或同乡会）。

另外，《老北京实用指南》将行会列入"各团体及俱乐部"，并在其下的"职业团体（商会、农会、律师公会、银行公会、报界联合会）"中，记载了33个行会，诸如北京汽车协会（东安门内南池子北）、北京律师公会（吹帚胡同 电话南五九一）、北京茶叶商会（井儿胡同 东九九二）、北京证券经纪公会（小椿树胡同 南

---

[1]《老北京实用指南》，徐珂编纂，社会科学文献出版社2017年2月第1版，第208—225页。

二四四三)、北京银行公会(羊皮市　南三六七六)、羊行商会(德胜门外马店)、京兆农会(西安门内后库)、京师古玩商会(阎王庙前街　南九九一)、京师米面行商会(西湖营　南一二五六)、酒行商会(瓜市)、煤行商会(西河沿大沟沿　南二七七六)、当行商会(西珠市口)、炉房商会(珠宝市)等。①

《老北京实用指南》的编纂者徐珂先生在所著《清稗类钞》中曾写道："各省人士侨寓京都,设馆舍以为联络乡谊之地,谓之会馆。或省设一所,或府设一所,或县设一所,大都视各地京官之多寡贫富而建设之,大小凡四百余所。"这本书初刊于1917年,早于《老北京实用指南》6年,说明徐先生对北京会馆有关数量,已经有了把握。②

将上述古籍的有关记载排列如下:

《宸垣识略》(1788):外城东城82座,外城西城100座,总计182个著名的会馆。

《京师坊巷志稿》(1885):内外城会馆416处,其中,内外城实存会馆353处,"今废"会馆63处;外城会馆实存346处,"今废"会馆61处。

《新增都门纪略》(1864):京城会馆323处,另有各业会馆6处,总计329处。其中,各业会馆占总数的1.8%。

《朝市丛载》(1886):京城会馆384处,另有各业会馆8处,总数为392处。其中,各业会馆占总数的2%。

《北京的社会调查》(1921):北京的会馆共有413家,除6家以外都在南城。在内城的会馆,只占会馆总数的1.5%。书中指出,会馆起初的作用是为本省进京赶考的考生提供住宿,随着科举制度的取消,会馆也转变为同乡聚会的场所。

《老北京实用指南》(1923):京师会馆及同乡会441处,另有13处

---

① 《老北京实用指南》,徐珂编纂,社会科学文献出版社2017年2月第1版,第228—229页。

② 《清稗类钞》,徐珂编纂,中华书局2010年1月第1版,第185页。

各业会馆，二者总计454处[①]。13处各业会馆，占会馆总数的2.86%。

总的看来，20世纪50年代以前的有关著述中，北京会馆的数量，即如《清稗类钞》所言的"大小凡四百余所"，其中行业性会馆所占比例，最多的数据为总数的2.86%。

（二）今人记述中的会馆数量

在北京的历史文化研究中，新中国成立后，会馆一直是一个连绵不断的题目。其中，会馆的数量，必不可少，又引人注目。

北京的会馆到底有多少？一直为人们不断探究。

1.《北京档案史料》 391

谈及北京会馆的数量，被引用次数最多的，莫过于《北京档案史料》一书所载"北京市人民政府民政局会馆调查工作报告（1949年11月15日）"。"本市会馆多分布于外二、外四两区，据统计全市共有会馆三九一处。其中以明清两朝建立的为最多。按会馆的性质，分为地区性和行业性两种：地区性包括省、府、县等会馆，占百分之九十强。而行业性包括玉行、靛行、金箔行等，占百分之一强"[②]。

该书有"调查各省会馆及财产数目一览表"。从表中提取各省会馆数量，列为下表：

各省会馆数量表

	省馆	府馆	县馆	合计	备注
河北省	4	4	4	12	
河南省	7	9	2	18	

---

① 《老北京实用指南》，徐珂编纂，社会科学文献出版社2017年2月第1版，第208—225页。

② 《北京会馆档案史料》，北京市档案馆编，北京出版社出版1997年12月第1版，第1066页。该报告书中注为"选自（北京档案史料）1988年第2期"。

续表

	省馆	府馆	县馆	合计	备注
山东省	2	1		3	
山西省	4	13	21	38	
陕西省	2	7	15	24	
甘肃省	5			5	
湖南省	1	9	11	21	
湖北省	1	9	26	36	
江苏省	1	12	12	25	
安徽省	1	9	19	29	
浙江省	3	11	10	24	
江西省	1	23	32	56	
福建省	1	9	12	22	
四川省	7	4	1	12	
广东省	2	11	23	36	
广西省	3	4		7	
云南省	3			3	
贵州省	7			7	
奉天省	1			1	
吉林省	2			2	
绥远省	2			2	
台湾省	1			1	
新疆省	1			1	
湖广	1			1	湖广会馆是湖南、湖北联合的，因清朝时为湖广总督隶属之下，故名湖广
合计	63	135	188	386	

另有玉行会馆、靛行会馆、成衣行会馆、梨园会馆及金箔行会馆等5家行业会馆，书中将其另表列出。①

从上表可见，江西省在京会馆56处，居首位；其次是山西的会馆38处；湖北、广东各有36处，并列第三位；安徽29处，居第五位。行业会馆5家，占总数的1.27%。

对于会馆在明、清及民国不同时期建立的情况，该史料也列出表格显示，从中可见明清两代兴建的会馆占总数的95.7%。

会馆建立时期统计表②

前明	33处	建立最早的为江西南昌会馆，系明朝初年永乐时期
前清	341处	左列民国初年建立的为最多，如江西会馆、湖北京山会馆等。年限最近者为湖北大冶会馆（1936年成立）和潜江会馆（1930年成立）
民国	11处	
共计	385处	

2.《北京宣南会馆拾遗》 2011年 722

1949年北京市民政局会馆调查报告的62年之后，中国档案出版社出版了白继增先生的《北京宣南会馆拾遗》一书。书中确认：宣南地区有据可考、相继存废的各省会馆馆产共计996座，其中主产722座，附产274座。这里所谓"确认"，是指对每一处会馆（包括其附产）具体到会馆名称，所属地方（省地县地理历史简况）、创建时期、所在胡同（新旧门牌号数）、建筑格局、占地面积、房间数量、目前状况（包括遗存文物等），以及相关背景资料（如人物、事件、碑记、

---

① 《北京会馆档案史料》，北京市档案馆编，北京出版社出版1997年12月第1版，第1068—1069页。

② 《北京会馆档案史料》，北京市档案馆编，北京出版社出版1997年12月第1版，第1073页。

馆记、楹联、诗文等），并及附产（置办时期、胡同名与新旧门牌号、占地面积、房间数目、现状等）。例如"安徽会馆"中的"泾县会馆"条：

泾县会馆（包世臣故居）

泾县，位于安徽省东南部，青弋江流域。汉置县，今为宣城市下辖县。境内云岭有新四军军部旧址纪念馆，茂林是"皖南事变"发生地。

该馆建于清乾隆年间，位于米市胡同64号（旧为路东七十九号），一进小四合院共有房15间。清代著名书法家包世臣常住居于此，五四时期这里是《每周评论》编辑部所在地。曾为宣武区文物暂保单位，目前只存部分残房。

人物链接

包世臣（1775—1855），字慎伯，号倦翁，安徽泾县人。清嘉庆十三年（1808）中举，此后七次赴京赶考，每次均住于此馆，一住数月。道光十五年（1835）会试后，任江西新喻知县，虽政绩斐然，但因得罪权贵，一年后被排挤去职。包世臣为晚清著名书法家，其行、草、隶皆为世所珍赏。他的《倦游阁帖》《艺舟双楫》等书法名著都完成于该馆。

知识链接

《每周评论》 五四运动时期著名时政刊物，由李大钊、陈独秀于1918年12月22日创刊。该刊采用小报形式，每周日一期。主要撰稿人有高一涵、王光祈、张申府、周作人等。刊物以"主张公理、反对强权"为办刊宗旨，有国内外大事评述、社论、随感录、新文艺等轮流刊出。该刊特别重在批评时政，主要面向知识分子。后因陈独秀被捕，由胡适任主编，他在第31期发表了文章《多研究些问题，少谈些"主义"》，引起了"问题与主义"的论战。1919年8月该刊被北洋政府查封。

泾县新馆　建于清嘉庆十七年（1812），位于今迎新街87号（旧为南横东街，路北三十号）。拓宽南横东街时被拆除。

附：

泾县新馆记（1819）……

泾县会馆　建于清嘉庆年间，位于今"中信城"城内（旧为兵马司后街路北四号），早废。2010年8月上旬《北京日报》一篇关于"展览"的消息中，录下原该院大门的楹联：

世泽渊源三恪著，德门兄弟两名齐。

泾县会馆　建于清嘉庆年间，位于今潘家胡同（旧为潘家河沿），早废。

附产（三处）　均置于清代，位于今腊竹胡同南片域内（旧分别为：高庙路北一号、五至七号、路南十至十二号）。此地仍有老房，现为民居。

附产　置于清代，位于今永安路121号北京报刊零售公司域内（旧为永安路路北一号）。

附产　置于清代，位于今永安路36号友谊医院东院（旧为永安路路四十一、四十二号）。

附产（二处）　置于清代，均位于今虎坊里小区域内（旧分别为永安路南巷一号、虎坊路头条一号）。20世纪50年代中期，拆建为楼房小区。

泾县义地　置于清代，位于今永安路106号（旧为永安西路西口路南）。解放后被征用，作为光明日报社址，21世纪初转为国家档案局所属中国档案出版社等单位办公地址。

相关链接

友谊医院　全称首都医科大学附属北京友谊医院，三级甲等综合性教学医院，北京市基本医疗保险定点单位。位于永安路36号，占地9.4万平方米，建筑面积12万平方米。建于1952年，原名苏联红十字医院，1970年改友谊医院。有职工2500人，其中医务人员过千人，包括副主任医师以上300多人。设有普通内外科、泌尿、神经、妇产、口腔、皮肤、中医及儿科、骨科、综合等42个医技科室。附属检查、治疗设施齐备，中心透析室为北京最大，多项技术达到国际先进水平。从20世纪60年代开始承担临床教学任务及多项科研任务后，每年都有几十项成果。医院多年来被评为国家卫生部、北京市先进单位和首都文明单位。

对于某些尚未查证清楚的会馆，书中也专门列出，且有作者的具体说明。例如在"广东省会馆"中的"协中会馆"条，就有如下文字：

> 关于该馆，在《宣南鸿雪图志》《北京的会馆》等书中，均被辑录为广东籍会馆之列，但无论如何也查找不出其地理、历史等相关情况，只知道该馆为清代所建，位于旧棉花头条路南。目前馆址一片地域为中国联通北京市分公司大楼院内，地址是骡马市大街新9号。
>
> 笔者认为："协中"可能是两地或以上组合建馆，但查找了很多资料也未能破译。只能在此存疑，有待继续考证。[①]

从上引《北京宣南会馆拾遗》的两则片段文字，可见作者是将田野调查与多方面史料钩沉相结合，30余年的锲而不舍，做出了如黄宗汉先生所说的对宣南地区会馆"最为翔实的'普查'，可称北京宣南会馆史的资料总汇"[②]，并将北京会馆研究提升到一个新的高度，且开启了一个新的局面。

[①]《北京宣南会馆拾遗》，白继增，中国档案出版社2011年1月第1版，第212页。
[②]《北京宣南会馆拾遗》，白继增，中国档案出版社2011年1月第1版，黄宗汉先生《序》第2页。

3.《北京会馆基础信息研究》 2014年 908

3年后，2014年12月，中国商业出版社出版了白继增、白杰父子的《北京会馆基础信息研究》一书。这本书在白继增先生《北京宣南会馆拾遗》及其他有关著述的基础上，对北京会馆的基础信息进行了认真、实在、细致的收集、整理和考证，最终查实北京曾经拥有的各省（自治区、直辖市）会馆908座（其中商业会馆61座），加上附产323处，总数1231处。[①]商业会馆占会馆总数908的6.7%。

《北京会馆基础信息研究》在会馆基础信息的梳理上，继承了《北京宣南会馆拾遗》方式方法，并有所扩展和深入。正如书中的前记"为北京会馆私人定制"文中介绍的，对于每一处会馆，该书都以核心信息、扩展信息和链接信息三个层面构建基础信息的完整形态。

核心信息，是对会馆名称、建立年代、所在地点和存续状况的呈现，是对该会馆是否存在，以及是此会馆而非彼会馆的基本情况的确认。扩展信息，是指有关会馆建筑群落规模、风格、存续变迁历程和与会馆相关的碑刻、匾额、楹联、诗文等信息。链接信息，是指与会馆相关的知识、人物、故事等。这些既是会馆信息的组成，也是会馆研究的内容构成，还是该书作者与读者相互间的沟通、启发。

另外，《北京会馆基础信息研究》也有存疑信息的明示。

在该书的最后，作者用6个表格汇集全书提供的数据信息，用统计分析的方法，对全书做总结。这包括：各省（自治区、直辖市）在京会馆及其附产统计表、在京会馆建立时间统计表、在京会馆区域分布统计表，北京市各城区会馆数量统计表、会馆街巷分布表，以及清末民国北京地方商会、同业公会和公益水会一览表。

我们特别抄录了《北京会馆基础信息研究》中两个统计表，即：各省（自治区、直辖市）在京会馆区域分布统计表、在京会馆建立时间统计表，从表中的数据，对北京曾经的会馆及现状等，可以一目了然。

[①] 参见《北京会馆基础信息研究》，白继增、白杰，中国商业出版社2014年12月第1版，第542—543页。

各省（自治区、直辖市）在京会馆区域分布统计表

	东城区	西城区	朝阳区	丰台区	石景山区	门头沟区	通州区	无法确定	总计
合属馆		7（1）							7（1）
北京市	4（1）	15（1）				1			20（4）
天津市	3	2							5
河北省	6（3）	28（8）							34（11）
山西省	21（7）	43（6）		1（1）		2（1）			67（15）
内蒙古自治区	1（1）	2（1）							3（2）
辽宁省		1							1
吉林省	1	2（1）							3（1）
上海市	1	10（2）							11（2）
江苏省	10（2）	45（12）					2		57（14）
安徽省	24（6）	46（14）							70（20）
浙江省	33（1）	63（22）							96（23）
福建省	11（2）	38（12）							49（14）
江西省	41（15）	77（14）					2		120（29）
山东省	5	13（3）	1（1）				1（1）		20（5）
河南省	2（1）	34（8）							36（9）

续表

	东城区	西城区	朝阳区	丰台区	石景山区	门头沟区	通州区	无法确定	总计
湖北省	24（11）	37（14）							61（25）
湖南省	16（5）	38（8）							54（13）
广东省	13（2）	47（19）							60（21）
广西壮族自治区	1	12（2）							13（2）
海南省		2（1）							2（1）
重庆市		8（1）							8（1）
四川省		18（6）							18（6）
贵州省	1（1）	8（3）							9（4）
云南省	3	10（6）							13（6）
陕西省		51（21）						1	52（21）
甘肃省									
青海省		11（1）							11（1）
宁夏回族自治区									
新疆维吾尔自治区		1							1
台湾省	1（1）	1							2（1）

续表

	东城区	西城区	朝阳区	丰台区	石景山区	门头沟区	通州区	无法确定	总计
未破译		2							2
合计	222（59）	672（189）	1（1）	1（1）	1	2（1）	8（1）	1	908（252）

注：括号内为各省（自治区、直辖市）在京会馆建筑遗存数。[①]

会馆建立时期统计表

明代					
	前期	中期	晚期	无法确定	总计
	7（2）	12（5）	40（16）	17（7）	76（30）
清代					
	前期	中期	晚期	无法确定	总计
	129（29）	199（54）	231（68）	225（58）	784（209）
民国					
	数量	无法确定			
	47（13）	1			
总计					
	908（252）				

注：括号内为各省（自治区、直辖市）在京会馆建筑遗存数。[②]

[①] 《北京会馆基础信息研究》，白继增、白杰，中国商业出版社2014年12月第1版，第545—546页。

[②] 《北京会馆基础信息研究》，白继增、白杰，中国商业出版社2014年12月第1版，第544页。

二、北京会馆的分布

（一）从古今数据看会馆的分布

北京会馆的分布，按《宸垣识略》记载看，是基本分布在京师的外城。在总计182个著名的会馆中，外城东城82座，外城西城100座，是外城西城较多于外城东城[①]。如果从省馆的角度看，则外城东城有省馆4座，西城为17座，前者占省馆总数21处的19%，后者占81%。

从《京师坊巷志稿》记载的内外城实存会馆353处看，内城实存会馆7处，占京师实存会馆总数的1.98%；外城会馆实存346处，占98.02%。

从其对内城的记述看，会馆基本在内城的南城、中城和东城，计有实存的7处，今废的2处，总计9处。

从其记述的外城会馆看，则有实存会馆346处，今废的61处，总计353处。

总体情况如下表：

	实存会馆	今废会馆	合计
内城	7	2	9
外城中城	83	21	104
外城东城	4	4	8
外城南城	57	12	69
外城西城	46	5	51
外城北城	156	19	175
总计	353	63	416

[①]《宸垣识略》，[清]吴长元辑，北京古籍出版社1983年12月第1版，第180—181页、第213—214页。

外城是会馆主要分布区。在北京城中轴线两侧，更具体而言，即以前门大街划分，其东西两侧，在记述中，当年会馆的分布，又呈现怎样的格局？

《京师坊巷志稿》在记述北京的街巷时，按当时的行政区划，分为内城和外城。外城中又分为中、东、南、西、北城。其划分的依据，是以中轴线，即以正阳门大街及永定门大街为基准的。依此看会馆在中轴线外城段的东、西两区域的分布，反映在外城东半部的地域，包括中城的东部及东城、南城；西半部包括中城的西部并西城、北城。

外城东半部的会馆有：外城中城东部有会馆64处，其中，实存的48处，今废的16处；外城东城有会馆8处，其中实存的4处，今废的4处；外城南城有69处，其中，实存的57处，今废的12处。外城西半部的中城范围内，则有会馆40处，其中，实存的35处，今废的5处；外城西城有51处，其中，实存46处，今废5处；外城北城有175处，其中，实存156处，今废19处。用如下两个表格显示，即：

外城中轴线以东的会馆数量

	实存	今废	合计
中城部分	48	16	64
外城东城	4	4	8
外城南城	57	12	69
合计	109	32	141

外城中轴线以西的会馆数量

	实存	今废	合计
中城部分	35	5	40
外城西城	46	5	51

续表

	实存	今废	合计
外城北城	156	19	175
合计	237	29	266

从表中的数据可见，依据《京师坊巷志稿》记述的会馆做统计，外城中轴线以东的会馆有141处（其中，实存109处，记为今废的32处），占外城会馆总数407处的34.6%，占全城会馆总数416处的33.9%；外城中轴线以西的会馆有266处（其中，实存237处，记为今废的29处），占外城会馆总数407处的65.4%，占全城会馆总数416处的63.9%。

《京师坊巷志稿》是在光绪十一年（1885）问世的。所以，从该书中提取出的会馆数量，无论总数还是实存及今废数，都有当时时间点（或时间段）数据的特殊性。即便是这样，我们也能看到，光绪十一年（1885）时，北京会馆的数量分布，以中轴线为界，外城西部，即人们常说的宣南地区，其会馆数量是占当时总数的六成以上的。

《北京会馆基础信息研究》一书有"北京市各城区会馆数量统计表"：

北京市各城区会馆数量统计表

	合属馆	省馆	府馆	县馆	商业行业馆	未破译	会馆合计
东城区		23（6）	85（22）	96（24）	18（7）		222（59）
西城区	7（1）	127（39）	223（47）	281（94）	32（8）	2	672（189）
朝阳区				1（1）			1（1）
丰台区					1（1）		1（1）
石景山区					1		1

续表

	合属馆	省馆	府馆	县馆	商业行业馆	未破译	会馆合计
门头沟区					2（1）		2（1）
通州区		1（1）			7		8（1）
无法确定				1			1
总计	7（1）	151（46）	308（69）	379（119）	61（17）	2	908（252）

注：括号内为各省（自治区、直辖市）在京会馆建筑遗存数。[1]

从表中可见，按今天的行政区划，东城区曾有会馆222处，西城区曾有会馆672处，它们分别占会馆总数908的24%和74%。按照一般将合属馆视为省馆，在东城区域内的省级会馆数量23处，占省馆总数158处（合属馆与省馆合计数）的14.5%；西城区域内的省馆134处（7处合属馆、127处省馆），占省馆总数的84.8%。府馆，东城区域内85处，占府馆总数的27%，西城区域内223处，占72%。县级会馆，东城区域内96处，占县馆总数379的25%，西城区域内占74%。

将上述从《北京市各城区会馆数量统计表》提取出的有关数据及计算出的比例数列为下表，即：

	会馆总数	占比%	合属馆与省馆	占比%	府馆	占比%	县馆	占比	未破译
东城区	222	24	23	14.5	85	27	96	25	
西城区	672	74	134	84.8	223	72	281	74	2
总计	894		157		308		377		

从这个表中可见，无论是会馆的总数，还是省馆、府馆、县馆的

---

[1] 《北京会馆基础信息研究》，白继增、白杰，中国商业出版社2014年12月第1版，第546页。

数量，西城区域内所占比例都是在70%以上，而且，省馆（包括合属馆）数量，占京师省馆总数的近85%。这些数据指向的是：会馆分布在外城中轴线两厢，且主要分布在中轴线以西的宣南地区。

（二）会馆云集在宣南

晚明史玄所著《旧京遗事》中说："长安中勋戚邸第在东安门外，中官在西安门外，其余卿、寺、台、省诸郎曹在宣武门，冠盖传呼为盛也。"宣武门里"刑部街……街前后有铁匠、手帕等胡同，皆诸曹邸寓"[①]，他是说明时官员宅第多在东安门、西安门外，还有宣武门里，今西单附近，一般官员的邸寓。但也有在宣武门外建私园的。

明代官员在宣南建私家别墅

琉璃厂南，有梁家园胡同及梁家园北、西、东等胡同，在《北京历史地图集》的"人文社会卷"中的《明北京城内私园图》中，虎坊桥西北角，"梁家园"的地域范围，面积很大。[②]

《京师坊巷志稿》卷下"梁家园"条："一统志：梁家园，明时都人梁氏建，今废。春明梦余录：梁园在京城之西南废城边，引凉水河入其中，亭榭花木极一时之盛。"[③]

《日下旧闻考》卷六十一"城市"则记述为："梁家园在宛平县西南宣武门东南旧城边，明时都人梁氏建，亭榭花木，极一时之盛，今废。（大清一统志）[④]。"

《宸垣识略》中说："寿佛寺即梁家园，乾隆四十四年（1779）僧

[①] 《旧京遗事·旧京琐记·旧京杂记》，[明]史玄、[清]夏仁虎、[清]阙名，北京古籍出版社1986年7月出版，第5页、第26页。

[②] 《北京历史地图集·人文社会卷》，侯仁之主编，北京出版集团公司文津出版社2013年9月第1版，第78页。

[③] 《京师五城坊巷胡同集·京师坊巷志稿》，北京古籍出版社，1982年1月出版，第247页；《钦定四库全书荟要：春明梦余录》，[清]孙承泽撰，吉林出版集团有限责任公司2005年5月第1版，第1131页下。

[④] 《日下旧闻考》，[清]于敏中等编纂，北京古籍出版社1981年10月出版，第1008页。

莲性募建。"①

明代的琉璃厂，只是为皇家烧制琉璃瓦件，占地很广。附近人烟稀少，树木很多，河流、窑坑、高皋，一片郊野风光。因此，才有明代时都人在虎坊桥西北角建梁家园，"引凉水河入其中，亭榭花木极一时之盛"。尽管有关记载只写了"都人"二字，但"他"一定是有钱有闲还有相当园林文化素养的人，才能建得起别墅，而且，他还能得到官方的许可，将凉水河水引到自己家中。"极一时之盛"则说的是梁家园在当时的影响，成了京城一时间引领潮流之"盛"。这"潮流"，自然只可能出现在上流社会范围，在当年，只有士大夫阶层了。

梁家园北，现在有前孙公园、后孙公园两胡同，这里曾是明末清初史学家、藏书家、书画鉴赏家孙承泽先生的故居"研山堂"，后人称之为"孙公园"，还以它命名胡同。

孙承泽先生（1592—1676），字耳伯，号北海，又号退谷。祖籍山东益都，15世纪初，明成祖命户部迁徙山东青州等府民隶上林苑，他家在其中，故被称"世隶上林苑籍"。先生崇祯四年（1631）进士，官刑科都给事中；在清朝又任刑科都给事中，官至吏部左侍郎。顺治十年（1653）以"老病告休"，退隐山林。康熙十五年（1676）去世，终年84岁。

孙先生的著述，已刊及未刊著作共30余种。其中《天府广记》《春明梦余录》两书，以明北京为主题，全面辑录了大量的文献资料，是北京地方史志中的名著。此外，先生还有关于书画鉴赏等方面的著作。

孙承泽先生在京城有几处住宅。章家桥西的孙公园是他主要居住地。这里有"万卷楼"，上下14间，存放他多年收集的书籍；对面的"研山堂"，为会客及写作之所；还有一个戏楼，是他以戏宴客的地方。此外，"有别业在天坛北，即金人鱼藻池北，小亭数楹，题曰闲

---

① 《宸垣识略》，[清]吴长元辑，北京古籍出版社1983年12月第1版，第185页。

者即是主人"①。

一般认为孙公园是入清后建造的。但从孙承泽先生的家世及经历看,"孙公园"有很大可能建于明朝末年。孙先生39岁(1631)中进士,至崇祯十七年(1644)明亡,他在明朝为官13年。及入清,他已经52岁。其书籍与书画的收藏,当自其年轻时始。年过五旬时,在收藏界,他已经很有名气了。

缪荃孙先生《云自在龛随笔》中云:"京师收藏之富,清初无逾孙退谷者;盖大内之物,经乱皆散逸民间,退谷家京师,又喜赏鉴,故奇迹秘玩咸归焉。有客诣之,退谷必示数种,留坐竟日,肴蔬不过五簋,酒不过三四巡,所用皆前代器皿,颇有古人真率之风。""退谷园居在前门琉璃厂之南,有研山堂、万卷楼。于西山水源头有岁寒堂,入冬则居之……"②缪先生说到"京师收藏之富,清初无逾孙退谷者",可见孙承泽先生在清初收藏界的声名之隆;而"退谷家京师,又喜赏鉴,故奇迹秘玩咸归焉"句,则说明其声名之来由,在其世居京师,家道殷实,他又酷爱赏鉴而独具慧眼,故于清初得将明大内珍稀书画收入"退谷园居"。

前有梁家园,后有孙公园,它们所指向的是,明代嘉靖以后,琉璃厂附近,便已经有文人筑屋营巢。他们的"以文会友",自然包括书籍、字画及古玩等收藏的鉴赏、交流等等。

清代汉官云集在宣南

清顺治年间(1644—1661),实行"满汉分城之制",当时汉族官员,特别是文官,多住在宣武门外。

《宸垣识略》中载:

大学士朱文安(轼)邸在煤市街,有世宗御书朝堂良佐额。

大学士李文贞(光地)邸在西猪市大街,有圣祖御书夹辅高风额。

---

① 《天府广记》,[清]孙承泽纂,北京古籍出版社1984年9月第1版,"出版说明"、第576页。

② 《云自在龛随笔》,缪荃孙著,翟金明点校,人民出版社2013年3月第1版,第107页。

芥子园在韩家潭，康熙初年，钱唐李笠翁渔寓居，今为广东会馆。长元按：笠翁芥子园在江宁省城，有所刊画谱三集行世，京寓亦仍是名。

吴梅村寓居在虎坊桥北魏染胡同。

王阮亭寓居在琉璃厂火神庙西夹道。有藤花，为阮亭手植，尚存。

朱竹坨寓居在海波寺街，有古藤书屋。[1]

"大学士朱文安（轼）"，指的是曾为乾隆帝师的朱轼（1665—1736）。先生字若瞻，又字伯苏，号可亭，谥文端。汉族。江西高安市村前镇艮溪朱村人。著名的经学家、文学家，康熙三十三年（1694）进士，历仕康熙、雍正、乾隆三朝，官至太子太傅文华殿大学士，兼吏兵二部尚书。雍正帝曾赐御书"朝堂良佐"匾，可见对他的器重和信赖。著有《周易注解》《周礼注解》《仪礼节略》《历代名儒循吏传》等。

大学士李光地（1642—1718），汉族。字晋卿，号厚庵，别号榕村，谥曰文贞，福建泉州安溪湖头人。清朝杰出的政治家、思想家。清初复兴理学的中坚人物。在天文、地理、历法、数学、音韵、音乐、兵法、水利等诸多领域都卓有建树，文学、诗歌创作也造诣很高，堪称清代一位不可多得的大学问家。康熙九年（1670）中进士，进翰林，累官至文渊阁大学士兼吏部尚书。为官期间，政绩显著，贡献巨大，康熙帝曾三次授予御匾，表彰其功。康熙五十七年（1718）五月李光地病逝，康熙帝还特派皇五子允祺、内大臣公马尔赛等往奠茶酒，赐银一千两。又命工部尚书徐元梦等护其丧归。雍正元年（1723）追赠太子太傅，十年入贤良祠。著有《周易通论》《大学古本说》《中庸章段》《读论语札记》《读孟子杂记》《古乐经传》《朱子礼纂》《榕村语录》《榕村文集》等。

---

[1]《宸垣识略》，[清]吴长元辑，北京古籍出版社1983年12月第1版，第183—187页。

一提《芥子园画谱》，尽人皆知。这本学习绘画技法的范本名书，就是李渔主持下，在他的芥子园编印的，画谱因芥子园而得名。该书问世300多年来，被奉为学习国画的入门书和教材，流传广泛，影响深远。

李渔（1611—1679），汉族。字笠鸿，号笠翁，浙江钱塘人。清初著名戏剧家、戏剧理论家、文学家。对园林、书画也颇有研究。康熙初年移居京城韩家潭。家中设有戏班，演出传统剧目并排练其新创戏曲，常到各处演出。李渔多才多艺。他的剧作有《笠翁传奇十种》。其剧目流传至今的有18部，如《风筝误》《除三害》等。他的《闲情偶寄》，为我国古代养生学的名作。他的小说《十二楼》，不仅早已传入欧洲，而且还有英、俄文的全译本。

"吴梅村"指的是明末清初著名诗人、史学家、剧作家、山水画家吴伟业（1609—1671）。先生字骏公，号梅村，江苏太仓人，汉族。明崇祯四年（1631）进士。历任翰林院编修、东宫讲读官、南京国子监司、左中允、左庶子等职。清顺治十年（1653），应诏入都，授秘书院侍讲，寻升国子监祭酒。顺治十四年（1657），吴伟业辞官归里，康熙十年（1671）病逝。

吴伟业先生是一位多才多艺的作家，学识渊博，著述甚多。他工诗能文，通音律，擅长度曲填词、绘画等，尤以诗歌创作成就最高，在明末清初的诗坛上，最负盛名，有"梅村体"之称，时称"娄东派"，与钱谦益、龚鼎孳并称"江左三大家"。著有《梅村集》《梅村家藏稿》《绥寇纪略》《春秋地理志》等。

"王阮亭"，指的是王士祯先生，号"阮亭"。

"朱竹坨"，指的是朱彝尊。朱彝尊（1629—1709），清代学者、诗人、词人。字锡鬯，号竹坨，晚号小长芦钓鱼师，又号金风亭长。汉族。浙江秀水（今嘉兴市）人。《清史稿》上说他博学多识，凡天下之书，无不披览。康熙十八年（1679）举博学鸿词科，朱彝尊年逾五十，以布衣入翰林，又入直南书房，颇受康熙帝的赏识。康熙帝称朱彝尊、姜宸英、严绳孙为"海内三布衣"。诗与王士祯齐名，时称

"南朱北王"。又工词，为浙西词派的创始者，与顾贞观、陈维崧合称词家三绝。著述甚丰，有《经义考》《日下旧闻》《曝书亭集》等。编有《词综》《明诗综》等。另有《食宪鸿秘》三卷，系食物本草与烹饪工艺的著述，现有刊本行世。康熙二十三年（1684），因辑《瀛洲道古录》，私挟小胥入内抄书，被劾谪官，从皇城迁出，住宣武门外距琉璃厂很近的海波寺街（今海柏胡同）。因院内有两株古藤，朱彝尊就将其寓所命名为"古藤书屋"。在这里，他写成了著名的《日下旧闻》一书。

古藤书屋还是当时文人学士的聚会之所。

《藤荫杂记》云"渔洋戊辰来京，竹垞邀饭古藤书屋，食鲍鱼半翅甚美，观米海岳《研山图》作歌"[①]。这是说康熙二十七年（1688），王士祯先生到北京，朱彝尊曾在古藤书屋设宴款待，一起观赏米芾名作，吟诗作歌。朱先生还曾与友人在书屋边饮酒边以藤、桎两字作诗。迟汤右曾诗云："桎叶绿如伞，藤花红满檐。""康熙二十八年（1689）二月，乃（自海波寺街）移下斜街，诗云：'不道衰翁无倚著，藤花又让别人看，'"当移居时，查慎行赠诗，有"僦居会向春明宅，好借君家善本书"之句，这是说两人住所更近了，可以更方便地向朱先生借善本书读。由此，也可见二人之间交往之深[②]。除此之外，还有不少诸生或举人拜访朱彝尊后，写下诗文的记载。所有这些，都说明古藤书屋已经为当时士人雅集的场所。正如孔尚任《燕台杂兴诗》中所言："藤花不是梧桐树，却得年年引凤凰。"后来寓居古藤书屋的学人们，也先后留下很多诗篇文作，追思朱彝尊先生。海波寺街，一个寻常的院落，却因朱彝尊等学者，成为宣南重要的"文化地标"，至今仍有很多人不断地去寻访。

北京古籍出版社出版的《宸垣识略》中，仅4页189字，就记述了6位顺康年间在琉璃厂附近居住的汉族名人。他们分别在经学、史

---

① 《藤荫杂记》，[清]戴璐，北京古籍出版社1982年10月出版，第83页。
② 《光绪顺天府志》，[清]周家楣、缪荃孙编纂，北京古籍出版社1987年12月出版，第420—421页。

学、文学、戏剧、书画等不同领域卓有成就，就其共同特点而言，都是饱学之士、文化名人。如果以这6位名家为线索，去追寻他们同时期的人际交往等，还会看到有更多的文人学士居处在宣南。

例如与吴梅村、钱牧斋合称江左三大文人的龚鼎孳先生（1615—1673），就曾住在善果寺附近（今宣武艺园一带）。龚鼎孳，汉族。字芝麓，安徽合肥人。明崇祯七年（1634）进士，补湖北蕲春县令。崇祯十二年奉召入京，路过南京时认识了江南名妓顾横波。崇祯十三年（1640），顾横波嫁给了龚鼎孳。李自成攻进北京，龚跳井自杀未遂，又在李自成手下做官，授直指使职，巡视北城。清顺治元年（1644）睿亲王多尔衮进京，龚鼎孳迎降，授吏科右给事中。顺治二年（1645）迁太常寺少卿。顺治三年（1646）因父丧请假南归。自此，他被控千金买妓（指顾横波），加上曾参加过东林党受倾轧，不再受信任。顺治八年（1651），他甚至被降官到南苑上林苑做看守蔬菜的小官。顺治十三年（1656）又被贬往广州。康熙元年（1662）恢复官职，再度进京为官，历任刑部、兵部、礼部尚书等职，还曾数次任会试主考官。康熙三年（1664）顾横波去世，龚鼎孳扶榇南归。康熙十二年（1673）病逝。终年58岁。

再如清代诗人查慎行（1650—1727），曾住在宣武门外上斜街，后移居魏染胡同。查慎行，汉族，浙江海宁人。本名嗣琏，字夏重。晚年居于初白庵，所以又称查初白。受经史于黄宗羲，受诗法于钱澄之，声名早著。曾在纳兰明珠府中教授其幼子。康熙二十八年（1689），因参加国丧期间洪昇《长生殿》的演出宴集事件，遭革职，驱逐回籍。康熙四十一年（1702），康熙帝东巡，因大学士陈廷敬等推荐，诏随入都，入直南书房。康熙四十二年（1703）赐进士出身，特授翰林院编修，后充武英殿总裁纂述。曾3次随驾巡游塞外，岁时风土，悉记以诗。得帝器重，赐以亲书"敬业堂"额。康熙五十二年（1713）乞休归里，家居10余年。雍正五年（1727），弟查嗣庭犯文字狱，查慎行也"以家长失教，被逮入都诣刑部狱"，至第二年夏五月才"奉赦出狱南还"，不久即一病不起，与世长辞。

查慎行与二弟嗣瑮、三弟嗣庭均翰林，堂兄嗣韩为榜眼，侄儿查升是侍讲，也是翰林。其长子克建、堂弟嗣珣都是进士。当时称为"一门七进士、叔侄五翰林"（一说查嗣庭是查慎行先生堂弟；另一说查嗣韩与查慎行同族）。

查慎行是朱彝尊的好友，又是其表弟，两人常有诗词唱和。

清中期，住在宣南一带的名人就更多了：

为今人所熟知的《四库全书》总编纂官的纪晓岚先生（1723—1805），他的"阅微草堂"，在今虎坊桥东尚有部分遗存。

《四库全书》总目协勘官程晋芳，曾住在东琉璃厂王士禛故居隔壁，但戴璐先生说他住的是王士禛故居："厂东门内一宅，相传王渔洋曾寓，藤花尚存。近程鱼门（晋芳）移居，以诗寄袁太史（枚），有'势家歇马评珍玩，冷客摊前问故书'之句，袁笑曰：此必琉璃厂也"[《藤荫杂记》，（清）戴璐，北京古籍出版社1982年10月出版，第94页]。这是说袁枚先生从程先生诗中破译其新居在琉璃厂。

戴璐（1739—1806），清乾隆进士，历官工部郎中、太仆寺卿等。久居宣南，他的《藤荫杂记》一书，便因其槐市斜街院内有四棵新藤而命名。

黄景仁（1749—1783），诗人，与洪亮吉、翁同龢、程晋芳、蒋士铨等结成都门诗社，著有《两当轩全集》。住处在琉璃厂南的李铁拐斜街。

史学家、诗人赵翼赵瓯北先生（1727—1814），住在宣武门外椿树三条。著有《二十二史札记》和《瓯北诗话》等。

被称为奇才的清代著名经学家、校勘学家、骈文家，同时又是收藏家、书法家的孙星衍先生（1753—1818），寓所在琉璃厂南夹道（今万源夹道）。

最早提出了人口论思想的洪亮吉先生（1746—1809），经学家、史学家、地理学和音韵文字学家，居所在八角琉璃井。

清晚期住在琉璃厂附近的名人则有：林则徐、龚自珍、黄遵宪、康有为、梁启超、谭嗣同等。

林则徐先生在北京的住所，有福州馆街高家寨莆阳会馆、骡马市大街、珠市口西大街等多处。

　　向清廷上过著名的《禁烟疏》的黄爵滋，先后住在莲花寺和烂缦胡同。

　　著名思想家、诗人龚自珍，曾先后住在绳匠胡同（今菜市口大街北部）、下斜街、横街（今南横街）、烂缦胡同等地。

　　黄遵宪住在香炉营头条的嘉应会馆。

　　康有为住在米市胡同的南海会馆。

　　梁启超住在粉房琉璃街的新会会馆。

　　谭嗣同住在北半截胡同的浏阳会馆。

　　刘光第住在丞相胡同（今菜市口大街北部）。

　　杨深秀住在大沟沿闻喜会馆。

　　林旭住在储库管夹道。

　　……

　　"满汉分城之制"贯穿了整个清代，以致众多汉官居处宣南一带，"宣南"遂被称为"士人乡"。夏仁虎先生《旧京琐记》卷八"城厢"中云："旧日汉官非大臣有赐第或值枢廷者皆居外城，多在宣武门外。土著富室则多在崇文门外。故有'东富西贵'之说。士流题咏率署'宣南'，以此也。"①

　　据《宣南——清代京师士人聚居区研究》一书中写道："宣南士人寓所的分布是不均匀的，有些街区由于受到普遍的青睐而聚集了许多知名士人，可称之为士人居住的核心街区。由于资料的限制，对于这些街区尚难作定量的划分，但我们可以从士人的记载中，从大量的诗文的描述中感受到它的存在。在宣南，士人住宅有三个主要的核心街区，即以丞相胡同、半截胡同为中心的街区，以孙公园、琉璃厂为中心的街区，及以上下斜街为中心的街区。会馆的分布与之不完全

---

① 《枝巢四述　旧京琐记》，夏仁虎，辽宁教育出版社1998年12月第1版，第118页。

重合。"①

这些汉官在宣南的寓所，因各种不同原因而常有变动。及至退休，绝大多数人都得"告老还乡"。所以，宣南，不过是他们在京师的寄居地。致仕离京，记载中有不少他们捐出宅第以为会馆的记录。

试子也向宣南来

《宣南——清代京师士人聚居区研究》一书中在述及会馆在宣南的分布时写道："将《宣南鸿雪图志》所标注的会馆的分布状况单独绘制成图，由图中可以看出，宣南会馆的主要分布区域集中在宣南的中部，即南新华街至粉房琉璃街以西，校场五条至烂缦胡同以东的区域。其中，又以骡马市大街为界，分成南北两大区域，南部以潘家胡同和粉房琉璃街一带最为集中，北部以校场五条至宣外大街两侧及椿树周边地区最为集中，它和士人宅院的分布区域并不完全吻合。在会馆过密的区域士人的宅院就相对较少，因为空间被会馆占用了，反之亦然。"②

我们从《北京历史地图集·人文社会卷》的"明至民国北京会馆"图中看，外城的会馆分布，明显分为三个群落，即宣武门外大街为中心的"校场·琉璃厂"群落，米市胡同、半截胡同为中心的"烂缦胡同·粉房琉璃街"群落，以及前门大街东侧的以兴隆街为中心的"长巷·草场"群落。③

会馆的创建者基本是在京的各地官员，他们在选址上自然倾向在宣南一带。既然会馆是为来京官员及试子居停之所，当是安排在士人聚集地，或者与之近邻。更何况这些官员是科举考试的"过来人"，要为家乡人做善事好事，自会有全面、细致的考虑。即便是个别商人

---

① 《宣南——清代京师士人聚居区研究》，岳升阳、黄宗汉、魏泉，北京燕山出版社2012年3月第1版，第48页。
② 《宣南——清代京师士人聚居区研究》，岳升阳、黄宗汉、魏泉，北京燕山出版社2012年3月第1版，第116页。
③ 《北京历史地图集·人文社会卷》，侯仁之主编，北京出版集团公司文津出版社2013年9月第1版，第96—98页。

捐资兴建会馆，也会考虑到"物以类聚，人以群分"。所以，三大群落中，宣南就占了两个，而且，在上引图示中，还可见其会馆密度要高于"长巷·草场"群落。

就在这个地图上能看到的，会馆坐落的区位：一是距离贡院考场还算近便；二是与京城士人，特别是学界名家近在咫尺，可以方便讨教、学习；三是紧紧依傍着琉璃厂，自康熙帝以后，特别是乾隆帝修四库全书，琉璃厂就成了一个中国典籍的大旋涡、中国历史文化的大旋涡。从那时以来，多少学人在琉璃厂披沙淘金，相互切磋、相互砥砺，形成了一种风气，一传至今。

附件一 《宸垣识略》

据《宸垣识略》"卷九·外城一"和"卷十·外城二"记载，至乾隆五十三年（1788）《宸垣识略》刻本问世，京城著名的会馆已有182处，其中：外城东城82座，外城西城100座。[①]

外城东城82处：

> 东城会馆之著者，东河沿曰奉新、浮梁、句容，打磨厂曰粤东、临汾、宁浦，鲜鱼口曰南康，孝顺胡同曰长沙，长巷头条胡同曰武林、南昌、汀州、江右，长巷二条胡同曰广丰、浦城、泾县，长巷三条胡同曰金溪、元宁、临江、南城，长巷四条胡同曰岳阳、贵池、上新、德兴、新城、南雄、乐平、休宁，高庙胡同曰芜湖，深沟口曰江山，高井胡同曰宁州、进贤、五河，鸾庆胡同曰襄阳、粤西，墙缝胡同曰泸溪，草厂头条胡同曰广州、麻城、金箔，二条胡同曰邵武、黄冈、应城，三条胡同曰南陵、太平，五条胡同曰宝庆、仙裕、黄梅，六条胡同曰孝感，七条胡同曰南安、袁

[①] 《宸垣识略》，［清］吴长元辑，北京古籍出版社1983年12月第1版，第180—181页、第213—214页。

州、惠州，八条胡同曰辰沅、汉阳，九条胡同曰蕲州（今湖北省蕲春县。蕲，音qí），十条胡同曰上湖南、湘潭、长郡，新开路曰常山、曲沃、安陆，南芦草园曰京江，席儿胡同曰石埭、德化、庐陵，大蒋家胡同曰贵州、旌德、云间、吉安，小蒋家胡同曰阳平、晋翼、旌德，冰窖胡同曰漳州，东猪市大街曰南康，三里河大街曰淮安，薛家湾曰鄞县，阎王庙前街曰宜黄、云梦，石虎胡同曰严陵，半壁街曰金华，东小市曰慈溪，崇文大街曰山东，广渠门内炉圣庵曰潞安。（补）冰窖胡同曰平镇。[1]

外城西城100处：

西城会馆之著者，西河沿排子胡同曰江夏，三眼井曰婺源，延寿寺街曰潮州、长元，吴柴儿胡同曰邵阳，杨梅竹斜街曰含和，廊房三条胡同曰浮梁，施家胡同曰青阳，煤市街曰漳郡，干井儿胡同曰赣宁，百顺胡同曰晋太平，王广福街曰汾阳、新建，留守卫曰高安，石头胡同曰黄岩，西猪市口曰潞安、赣宁、奉天、九江、平定、仁钱、翼城、浙绍，李铁锅斜街曰襄陵、三原、延定、肇庆，外郎营曰琼州，韩家潭曰广东，樱桃斜街曰贵州，章家桥曰渭南、朝邑，玉皇庙曰富平，梁家园曰惜字，孙公园曰泉郡，铁老鹳庙曰大荔、浦城，麻线胡同曰郢中，南柳巷曰建宁、华州，北柳巷曰南丰，青厂曰广西、凤翔、汉中，四川营曰延安、四川、海宁，椿树头条胡同曰绩溪、龙溪，二条胡同曰永春、郯阳，仇家街曰雷阳，骡马市曰中州、三晋、直隶，铁门内曰宣城，顺城门大街曰关中、才盛、翼城、韩城、歙县、直隶、

---

[1] 《宸垣识略》"卷九·外城一"，[清]吴长元辑，北京古籍出版社1983年12月第1版，第180—181页。

建昌、咸长、抚临、永济，香炉营头条曰江山，上斜街曰山右，将军教场头条曰云南、山左，土地庙斜街曰全浙，彰义门大街曰洪洞、河东、贵州、江甘仪，烂面胡同曰常昭，南半截胡同曰元宁，半截胡同曰吴兴，绳匠胡同曰中州、休宁，延旺庙街曰云南，保安寺街曰丰城、河间、奉新，羊肉胡同曰奉新，贾家胡同曰江震，潘家河沿曰齐鲁，横街曰全浙、淮安，南下洼子曰鄞县，粉坊街曰延平、廉州、天津，下洼子曰福州、福清，东砖儿胡同曰浦城，牛血胡同曰巴陵，鹞儿胡同曰平介。（补）外郎营曰潮州、泾阳。[1]

附件二 《京师坊巷志稿》

内城南城

正阳门内西城根　有桐城试馆

内城中城

小甜水井　有镇海、慈溪会馆

鲜鱼巷　有云澄试馆

观音寺胡同　有庐州试馆

鲤鱼胡同　有山东试馆

牛角湾　有宜荆试馆

府学胡同　府学旁有文丞相祠，明洪武九年（1376）按察司副使刘嵩建。其西为江右怀忠会馆，见《春明梦余录》。今馆废祠存

朝阳门北小街　旧有云南会馆，今废

外城中城

东河沿　有奉新、浮梁、句容诸会馆

---

[1] 《宸垣识略》"卷十·外城二"，[清]吴长元辑，北京古籍出版社1983年12月第1版，第213—214页。

抄手胡同　西有吉安二忠祠（又名怀忠会馆），为吉安会馆

南、北孝顺胡同　有长沙会（试）馆

长巷上、下头条胡同　有泾县、南昌、汀州、江右、丰城诸会馆。旧有武林会馆，今废

上、下二条胡同　有临江、汀州、浦城、武陵诸会馆。旧有广丰会馆，今废

上、下三条胡同　有长吴、金溪、临江、南城诸会馆。旧有元宁、泾县会馆，今废

上、下四条胡同　有岳阳、上新、新城、乐平、休宁、金溪、南昌诸会馆。旧有贵池、德兴、南雄诸会馆，今废

高庙　有常德会馆。旧有芜湖会馆，今废

鸾庆胡同　有襄阳、粤西会馆

高井胡同　旧有武宁、义宁、进贤、武河诸会馆，今多废

深沟口　旧有江山会馆，今废

翔凤胡同　旧有泸溪会馆，今废

南芦草园　有武宁、京江会馆

大、小席儿胡同　有石埭、德化、庐陵会馆

冰窖胡同　有唐县、漳州、浙瓯、建宁、平镇诸会馆

大蒋家胡同　有旌德、松江、吉安、贵州诸会馆。旧有韶州会馆，今废

小蒋家胡同　有河东、平阳、晋翼、旌德诸会馆

东珠市口大街　有天津、南康会馆

西河沿　有萧山、渭南、代州诸会馆，皆在北城界内。旧有如泰会馆，今废

排子胡同　有江夏、凤阳会馆

廊坊三条胡同　有临汾会馆

王皮胡同　有仙城会馆

施家胡同　有青阳、广德会馆

甘井胡同　有赣宁会馆

煤市街　有漳郡、赣州会馆

杨梅竹斜街　有和含、酉西会馆

石头胡同　有望江、龙岩会馆

王广福斜街　有汾阳、新建会馆

留守尉　小胡同曰羊毛胡同。有高安会馆

小椿树胡同　有漳浦会馆

西珠市口大街　有津南、潞安、赣宁、奉天、九江、平定、翼城、仁钱、庐州、盂县诸会馆。又有越中先贤祠

板章胡同　有平定会馆。旧有分宜、西安、同安诸会馆

高爵街　有巴陵会馆

鹞儿胡同　有浮山、平介会馆，旧有徽州会馆，今废

外城东城

（花市）上二条胡同　有蓟州试馆

佘家营　有广东义园

四川营　天龙寺，明万历间建，金华会馆也，今为义园

缨子胡同　有延邵会馆

手帕胡同　有齐鲁会馆

炉圣庵　旁为潞安会馆

铁香炉　旧有山右、宣城、嘉应诸会馆，今废

兴隆街　有松江义园

外城南城

崇文门大街　有山东会馆

北官园　旧有介休会馆

新开路　有常山、曲沃、安陆会馆

贾家花园　（陈廷敬《午亭文编》：尚书贾公治第崇文门外，作客舍以馆曲沃人，曰乔山书院，又割宅南为三晋会馆）

打磨厂　有玉皇庙、关帝庙，铁柱宫本名灵佑宫，祀许旌阳真

人，萧公堂祀鄱阳湖神，均江西公所。有粤东、潮郡、临汾、宁浦、应山、钟祥诸会馆。旧有郢中会馆，今废

  兴隆街　有准提庵、药王会馆

  草厂头条胡同　有归德、广州、兴国、麻城、金箔诸会馆

  二条胡同　有邵武、黄冈、临江、应城诸会馆

  三条胡同　有南陵、临江、太平会馆

  五条胡同　有宝庆、仙溪、黄梅诸会馆

  上、下七条胡同　有孝感、南安、袁州、惠州诸会馆

  八条胡同　有辰沅、汉阳会馆

  九条胡同　有蕲州会馆

  十条胡同　有上湖南、湘潭、长沙、湘乡、京山会馆

  北五老胡同　有宁波、严州会馆

  阎王庙前后街　有三晋、宜黄、云梦诸会馆

  南官园胡同　有湘潭会馆

  薛家湾　有鄞县会馆

  平乐园　有荆州会馆

  石虎胡同　有严陵会馆

  柴竹林　旧有赵城、孟县会馆，今废

  估衣市　有慈溪、山西会馆。旧有兰溪会馆，今废

  苏家坡　有金华会馆

  鞭子巷头条、二条、三条、四条胡同　有山西会馆

  铁香炉　山右、宣城、海昌、正定、嘉应诸会馆，今多废

外城西城

  宣武门外大街（俗称顺承门大街）　全闽会馆，又有直隶、关中、翼城、天门、歙县、韩城、灵石、咸长、善化、永济、南通州诸会馆。旧有四川、永丰、建昌、抚临诸会馆，今废。西小胡同曰花枝胡同、曰堂子胡同，东小胡同曰球子巷，属北城。有太仓会馆。

  上斜街　北有山右三忠祠，今为山西会馆。又有中州乡祠、番禺

会馆

　　炸子桥　松筠庵；有河南会馆，颜曰嵩云草堂

　　教场上、下头条胡同　有云南、山左、宜荆、永新诸会馆

　　下二条胡同　有贵州会馆

　　上、下三条胡同　有川西、广西会馆

　　教场五条胡同　有仙游、蒲城、泾阳、温州诸会馆

　　教场六条胡同　有贵州会馆

　　皮库营　有太原、四川会馆

　　下斜街　有畿辅先哲祠、全浙会馆；有广谊园，为浙江义地

　　长椿寺南夹道　唯妙光阁圮而复建，为浙人旅殡之所，其北为浙江义园

　　大、小合道口　广西义园

　　东、西长营　广西义园

　　范家胡同　有西晋会馆

　　西便门大街　四川义园

　　北燕角　四川义地

　　广宁门大街（俗称彰义门大街。义或讹仪。彰义，金之正西门也）　有洪洞、西晋、河东、贵西、扬州诸会馆

　　烂面胡同　有济南、元宁、常昭诸会馆

　　莲花寺湾　有蕲州会馆

　　西砖儿胡同　有处州会馆

　　簪儿胡同　北有谢文节祠

　　门楼胡同　旧有青州会馆，今废

　　白帽胡同　有云南会馆。湖广义园

　　干面胡同　山左义园

外城北城

　　大耳胡同　有婺源会馆

　　羊肉胡同　有惠安会馆

89

柴儿胡同　有鄱阳会馆

延寿寺街　有平乐、潮州、长元吴诸会馆

佘家胡同　有襄陵会馆

东北园　旧有当涂会馆，今废

樱桃斜街　有贵州会馆二

李铁拐斜街　有襄陵、延定会馆，又有肇庆会馆二

大、小外廊营　有潮州、琼州会馆。旧有泾阳、凉州会馆，今废

韩家潭　有上虞、广州会馆；《宸垣识略》：芥子园在韩家潭，康熙初，钱塘李笠翁寓居。今为广东会馆。

百顺胡同　旧有太平、晋太会馆，今废

五道庙　有三原、襄陵会馆

梁家园　有惜字会馆

麻线胡同　有淮安、安陆、郢中诸会馆

铁老鹳庙　有大荔、蒲城会馆

十间房　有沔阳会馆

前孙公园　有锡金、泉郡会馆

后孙公园　有台州、安徽会馆

玉皇庙　有富平东、西二会馆

章家桥（章或作臧）　有渭南、朝邑会馆

桶子胡同　有广育堂，昆新会馆

八角琉璃井　有渭南会馆

南柳巷　有建宁、晋江、华州诸会馆。旧有江震会馆，今废

北柳巷　有南丰会馆

后铁厂　有叙州会馆。北抵西河沿，有大隐庵，余姚乡祠也，明嘉靖间建

香炉营头条胡同　有抚州会馆。旧有江山会馆，今废

上、下四条、五条胡同　有广西会馆

海波寺街　有广西、颍州、澧州、顺德、潮州会馆

永光寺中街　有重庆会馆

永光寺西街　有四川、新会、顺德诸会馆

北极庵　有凤翔会馆

前、后青厂　有武阳、四川、广西、凤翔、汉中、榆林诸会馆。旧有顺德会馆，今废

椿树上、下头条胡同　有绩溪、龙溪、新城会馆

上、下二条胡同　有永春、邵阳会馆。陈用光《太乙舟诗集》：先君官京师时，买宅椿树胡同……又家大人以椿树二条胡同宅作黎川新馆，所供像及记文，自家大人出守后皆佚去，予既补作后记，又购得圣像供奉前堂，敬题绝句

上、下三条胡同　有绛山会馆

西草厂胡同　有安福会馆

魏染胡同　有南城会馆

四川营　有延安、四川诸会馆

敫家坑　有海昌、正定会馆

棉花头条胡同　旧有协中、川东会馆

上、下二条、三条胡同　有惜字会馆　上、下四条胡同

上、下七条胡同　有贵州会馆

裘家街（裘或作仇）　有临川、雷阳会馆

山西街　有甘肃、四川会馆

铁门　有宣城、广信会馆

骡马市大街　有直隶、三晋、中州诸会馆。虎坊桥北，有福州、湖广、宜昌、三原、襄陵、曲沃、杭州诸会馆

东砖儿胡同　旧有蒲城会馆，今废

崇兴寺胡同　有福州、福清、濮阳、理化诸会馆。旧有鄞县会馆

粉房琉璃街　有汾水、延平、晋江、廉州、解梁、萍乡、万载、河南、怀宁、新会、天津诸会馆

潘家河沿　有怀庆、吉安、黄陂诸会馆。旧有江南、江西、齐鲁、渭南、余姚会馆，今废

贾家胡同　有归德、高州、高郡、开封、蕲水、永州、江震诸

会馆

阎王庙街（俗讹延旺）　有泸州会馆。以南曰张相公庙。有云南会馆。旧有寿张会馆，今废

驴驹胡同　有河间、奉新、广西会馆

大吉巷　有抚州会馆

羊肉胡同　有奉新、旌德会馆

保安寺街　有丰城新、旧会馆

中街　有南城、慈溪、望江诸会馆

米市胡同　有中州、江阴、光州、六安、重庆、南海诸会馆

绳匠胡同　有中州、休宁、潮州诸会馆

《水曹清暇录》：绳匠胡同有休宁会馆，盖前明许相国维桢旧第也。屋宇宏敞，廊房幽雅，有古紫藤二，马缨花一，相传乃相国手植。又徐憺园司寇碧山堂雨中宴同馆诸公诗：积雨冲泥会故人，高斋当暑似萧晨。十年冉冉存双鬓，百载茫茫集一身。緱岭仙人曾憩洛，高阳才子正游秦。今朝佳宴逢休暇，莫厌当筵酒盏频。时孙屺瞻同作堂在绳匠胡同，今改作休宁会馆，屋宇轩敞，为京师会馆之最。

库堆胡同（或作裤骸）　有浏阳会馆

南、北半截胡同　有江宁、黟县、山会诸会馆。西小胡同曰七间楼。北有吴兴、潼川两会馆

南横街　有祥符、嘉兴、全浙、淮安、孟县、泾县、粤东诸会馆。

官菜园上街　有光州、镇江、四川、香山诸会馆。浮梁会馆已废

珠巢街　有扬州、云南、成都诸会馆

附件三 《朝市丛载》[1]

《朝市丛载》卷三

各业　8处

文昌会馆　书行公立，以为酬神议事之所。在琉璃厂沙土园口内路西。

长春会馆　玉器行公立，在琉璃厂沙土园南口路西

颜料会馆　颜料行公立。在前门外芦草园西头路北

药行会馆　药行公立。在前门外兴隆街东头路北

仙城会馆　广行公立。在前门外王皮胡同东头路北

烟行会馆　在彰仪门大街中间路南（山西的会馆中有"河东烟行会馆"，且地点也在彰仪门大街路南，疑为同一会馆）

安平公所　在琉璃厂厂甸内路北

正乙祠　　银号公立。在前门外西河沿中间路南

直隶　12处

直隶老馆　在宣武门外大街路西

直隶新馆　在骡马市路北

奉天会馆　在西珠市口路南

河间会馆　在驴驹胡同西头路北

正定会馆　在缴家坑北头路西

津南试馆　在西珠市口路北

深州会馆　在报国寺对过路南

唐县会馆　在冰窖胡同路北

天津试馆　在东珠市口东路北

大宛试馆　在西河沿东头路南

遵化试馆　在崇文门外上二条胡同

---

[1] 《朝市丛载》，[清] 李虹若，杨华整理点校，北京古籍出版社1995年7月第1版，第46—62页。

直隶乡祠　　在宣武门外下斜街路东

河南　14处

河南会馆　　在粉房琉璃街中间路东
中州老馆　　在骡马市路北
中州新馆　　在绳匠胡同路东小胡同
中州南馆　　在米市胡同路西
归德会馆　　在草厂头条胡同
又　　　　　在贾家胡同中间路东
怀庆会馆　　在潘家河沿路西
光州老馆　　在米市胡同中间路东
光州新馆　　在官菜园上街路西
盂县会馆　　在宣武门外大街路西
开封会馆　　在贾家胡同南头路西
中州乡祠　　在土地庙上斜街路北
岳武忠王祠　在宣武门外炸子桥路北

山西　36处

山西会馆　　在崇文门外鞭子巷路西
又　　　　　在前门外明因寺街
又　　　　　在前门外东小市
三晋会馆　　在骡马市路北
三晋外馆　　在东廷旺庙街
晋太会馆　　在前门外百顺胡同
晋翼会馆　　在前门外小蒋家胡同
临汾会馆　　在前门外打磨厂
汾阳会馆　　在王广福斜街路东
平阳会馆　　在小蒋家胡同路东
平介会馆　　在鹞儿胡同路南
平定会馆　　在前门外板章胡同
浮山会馆　　在前门外鹞儿胡同

绛山会馆　　在椿树下三条胡同路北
闻喜会馆　　在宣武门外赶驴市路南
洪洞会馆　　在彰仪门大街路南
河东会馆　　在前门外小蒋家胡同
河东烟行馆　在彰仪门大街路南
曲沃会馆　　在前门外虎坊桥路北
又　　　　　在新开路路西
襄陵会馆　　在前门外虎坊桥
解梁会馆　　在粉房琉璃街路西
灵石会馆　　在宣武门大街路西
永济会馆　　在宣武门大街
赵城会馆　　在紫竹林
盂县会馆　　同上
又　　　　　在石头胡同南口
介休会馆　　在北官园中间路北
代州会馆　　在西河沿粗旗杆庙路南
翼城会馆　　在虎坊桥路南
潞安会馆　　在西珠市口路北
泽郡会馆　　在花儿市四条胡同
三忠祠　　　在土地庙上斜街
西晋会馆　　在彰仪门大街路南
太原会馆　　在宣武门外皮库营路北
忻定会馆　　在前门外南御河桥路北

山东　8处

山左会馆　　在教场头条胡同路西
又　　　　　在铁香炉
齐鲁会馆　　在手帕胡同路南
济南会馆　　在烂面胡同路西
寿张会馆　　在阎旺庙街

汶水会馆　在粉房琉璃街
武定会馆　在东交民巷路北
青州会馆　在门楼胡同中间路西

陕甘　26处

关中会馆　在宣武门外大街
汉中会馆　在宣武门外青厂
渭南会馆　在八角琉璃井
渭南新馆　在臧家桥路南
渭南老馆　在宣武门外潘家河沿路西
渭南会馆　在西河沿路南
韩城会馆　在宣武门外大街
甘肃会馆　在宣武门外轿子胡同
甘肃北馆　在宣武门外山西街
咸长会馆　在宣武门外大街路西
延安会馆　在四川营路西
榆林会馆　在宣武门外青厂
朝邑会馆　在前门外臧家桥
富平东馆　在玉皇庙路东
富平西馆　在玉皇庙路西
蒲城会馆　在教场五条胡同路北
又　　　　在宣武门外铁老鹳庙
泾阳会馆　在前门外大外廊营
泾阳新馆　在教场五条胡同路东
大荔会馆　在宣武门外铁老鹳庙
三原会馆　在前门外五道庙
凉州会馆　在前门外大外廊营
华州会馆　在宣武门外南柳巷
凤翔会馆　在宣武门外青厂路北
凤翔后馆　在宣武门外北极庵

郃阳会馆　在椿树上二条胡同

江苏　26处

扬州老馆　在菜市口路北
扬州新馆　在珠巢街大院内路北
元宁东馆　在长巷下三条胡同
元宁会馆　在南半截胡同
又　　　　在烂面胡同
太仓会馆　在宣武门外球芝巷路北
江宁会馆　在南半截胡同
江阴会馆　在米市胡同路东
江震会馆　在贾家胡同北头路东
又　　　　在南柳巷中间路东
京江会馆　在芦草园路北
镇江会馆　在官菜园上街
锡金会馆　在前孙公园路北
常昭会馆　在烂面胡同南头路西
云间会馆　在大蒋家胡同路南
武阳会馆　在宣武门外青厂路北
宜荆会馆　在教场头条胡同路西
淮安会馆　在麻线胡同路西
又　　　　在南横街路北
句容会馆　在东河沿路南
昆新会馆　在琉璃厂沙土园路东
如泰会馆　在琉璃厂南后孙公园路西
南通州会馆　在宣武门大街路东
长元吴会馆　在延寿寺街路西
长吴会馆　在长巷下三条胡同
江甘仪会馆　在菜市口路北

安徽　35处

安徽会馆　　在琉璃厂南后孙公园路北
徽州会馆　　在前门外鹞儿胡同
徽州全馆　　在前门外三里河大街
庐州会馆　　在石头胡同南口外路南
颍州会馆　　在海北寺街路南
歙县会馆　　在宣武门大街路西
又　　　　　在南半截胡同
黟县会馆　　在南半截胡同
泾县会馆　　在长巷下三条
又　　　　　在南横街
绩溪会馆　　在椿树头条胡同路北
泾德会馆　　在前门外大蒋家胡同
旌德会馆　　在前门外羊肉胡同
又　　　　　在前门外蒋家胡同
广德会馆　　在施家胡同东头路南
太平会馆　　在东草厂三条胡同路西
南陵会馆　　在东草厂三条胡同
怀宁会馆　　在阎旺庙街路东
休宁会馆　　在绳匠胡同路西
又　　　　　在长巷上四条胡同
宣城会馆　　在铁香炉
凤阳会馆　　在排子胡同路南
和含会馆　　在杨梅竹斜街路南
婺源会馆　　在石猴街路西
又　　　　　在大耳胡同路南
石埭会馆　　在小席儿胡同路东
青阳会馆　　在施家胡同路南
芜湖会馆　　在前门外高庙

贵池会馆　　在长巷下四条胡同
当涂会馆　　在琉璃厂东北园路南
望江会馆　　在兵马司中街路北
又　　　　　在给孤苦夹道路西
六安会馆　　在米市胡同中间路东
桐城试馆　　在前门内西城根路北
庐州试馆　　在东单牌楼观音寺胡同
泗州试馆　　在东单牌楼干面胡同路北

湖北　24处

襄阳会馆　　在銮庆胡同路北
汉阳会馆　　在草厂八条胡同路西
应山会馆　　在打磨厂路北
京山会馆　　在草厂十条胡同路东
蕲州会馆　　在磁器口路北
荆州会馆　　在三里河平乐园
江夏会馆　　在排子胡同路南
黄陂会馆　　在宣武门外潘家河沿
孝感会馆　　在草厂七条胡同路西
麻城会馆　　在草厂头条胡同
云梦会馆　　在东阁旺庙后街路西
兴国会馆　　在草厂头条胡同路东
陆安会馆　　在宣武门外麻线胡同
郧中会馆　　在前门外打磨厂
又　　　　　在麻线胡同路东
钟祥会馆　　在前门外打磨厂
黄冈会馆　　在草厂二条胡同路西
沔阳会馆　　在宣武门外十间房路北
天门会馆　　在宣武口外大街路东
武郡会馆　　在南御河桥路北

99

宜昌会馆　在前门外虎坊桥路北
蒲圻会馆　在琉璃厂沙土园路西
咸宁会馆　在宣武门外椿树头条胡同
蕲水会馆　在贾家胡同路东

江西　60处

南康会馆　在东珠市口路北
南康新馆　在鲜鱼口内小桥路北
南城会馆　在长巷下三条胡同西头
南城新馆　在魏染胡同
南昌会馆　在长巷上三条胡同
南昌东馆　在长巷下四条胡同
南安会馆　在草厂七条胡同
南丰会馆　在北柳巷路西
抚州会馆　在宣武门外大吉巷
抚州新馆　在香炉营头条胡同路南
袁州会馆　在草广七条胡同路东
赣州会馆　在西珠市口路北
九江会馆　在西珠市口路北
临江会馆　在长巷上三条胡同
吉安老馆　在前门外抄手胡同
吉安新馆　在潘家河沿路西
广信会馆　在宣武门外铁门
广丰会馆　在长巷上三条胡同
丰城会馆　在宣武门外保安寺街
又　　　　在长巷下头条胡同路南
宜分会馆　在板章胡同路西
宜黄会馆　在东阁旺庙街路西
上新会馆　在长巷下四条胡同
鄱阳会馆　在柴儿胡同西头路北

高安会馆	在燕家胡同西小胡同
武宁会馆	在北芦草园
又	在前门外高井胡同
进贤会馆	同上
庐陵会馆	在大席儿胡同
德化会馆	在大席儿胡同
浮梁会馆	在东河沿路南口
黎川会馆	在宣武门外椿树胡同
永丰会馆	在宣武门外大街
抚临会馆	在宣武门外大街
安福会馆	在西草厂胡同路北
奉新会馆	在东河沿中间路南
奉新南馆	在宣武门外驴驹胡同路北
奉新北馆	在羊肉胡同路南
德兴会馆	在长巷上四条胡同
江西新馆	在前门外潘家河沿
赣宁会馆	在西珠市口路北
又	在前门外甘井胡同
赣宁新馆	在煤市街南口外路北
金溪会馆	在长巷上三条胡同路东
金溪新馆	在长巷四条胡同路西
新城会馆	在长巷上四条胡同
又	在椿树上三条胡同
乐平会馆	在长巷上四条胡同
萍乡会馆	在粉房琉璃街
临川会馆	在宣武门外裘家街
义宁会馆	在深沟高升胡同路南
泸溪会馆	在深沟内墙缝胡同
永新会馆	在报国寺对过

永新西馆　在教场头条胡同路东
新建西馆　在王广福斜街路西
西安会馆　在前门外板章胡同
吉安二忠祠　在鲜鱼口内抄手胡同路西
谢公祠　在西砖胡同路北
萧公祠　在打磨厂路北
铁柱宫　同上

浙江　35处

全浙会馆　在下斜街西头路西
全浙新馆　在南横街中间路北
嘉兴会馆　同上
宁波会馆　在北五老胡同
海昌会馆　在缴家坑路东
吴兴会馆　在北半截胡同
浙严会馆　在南五老胡同
萧山会馆　在西河沿中间路南
常山会馆　在新开路中间路西
江山会馆　在香炉营头条胡同路南
金华会馆　在前门外东小市
上虞会馆　在韩家潭中间路北
仁钱会馆　在西珠市口路南
鄞县会馆　在前门外薛家湾路北
浙瓯会馆　在冰窖胡同路北
惜字会馆　在棉花四条胡同路南
严陵会馆　在石头胡同路东
余姚会馆　在琉璃厂东头路南
杭州会馆　在长巷头条胡同
又　　　　在前门外虎坊桥路北
湖州会馆　在宣武门外半截胡同

严州会馆　　在前门外大外郎营
处州会馆　　在西砖胡同路西
台州会馆　　在琉璃厂后孙公园
温州会馆　　在宣武门外教场五条胡同
慈溪会馆　　在前门外东小市路南
又　　　　　在兵马司中街路北
又　　　　　在东华门小甜水井
兰溪会馆　　在东小市中间路南
镇海会馆　　在东华门小甜水井
山会邑馆　　在南半截胡同路西
鄞县西馆　　在盆儿胡同路西
浙绍乡祠　　在西珠市口路南
越忠先贤祠　同上
仁钱试馆　　在崇文门内西城根路北

四川　15处

四川老馆　　在四川营路北
又　　　　　在宣武门外青厂
四川南馆　　在宣武门外大街
四川中馆　　在永光寺西街
四川东馆　　在官菜园上街路东
又　　　　　在陕西街路东
四川新馆　　在皮库营路北
四川会馆　　在官菜园上街路东
川东老馆　　在棉花九条胡同
川西新馆　　在教场三条胡同路北
潼川会馆　　在北半截胡同路东
叙州会馆　　在宣武门外后铁厂路南
重庆会馆　　在永光寺街路北
又　　　　　在米市胡同路东

江州会馆　在长巷下二条胡同

湖南　18处

长郡会馆　在草厂十条胡同路东
长沙郡馆　在草厂十条胡同路西
常德会馆　在前门外高庙路西
长沙邑馆　在椿树三条胡同
湖广会馆　在虎坊桥路南
湘潭会馆　在南官园路西
岳阳会馆　在长巷下四条胡同
辰沅会馆　在草厂下八条胡同
巴陵会馆　在高爵街南头路西
宝庆会馆　在草厂五条胡同
澧阳会馆　在海北寺街路南
武陵会馆　在长巷上二条胡同
善化会馆　在宣武门外大街路东
湘乡会馆　在草厂十条胡同
永靖会馆　在宣武门外永光寺中街
西西会馆　在杨梅竹斜街
上湖南馆　在草厂十条胡同
宁乡会馆　在米市胡同路西

福建　19处

福州会馆　在前门外南下洼路北
又　　　　在前门外虎坊桥路北
福清会馆　在东砖儿胡同
延邵会馆　在缨子胡同路西
漳浦会馆　在煤市街路西
建宁会馆　在前门外冰窖胡同
泉郡公馆　在后孙公园路北
仙游会馆　在草厂五条胡同

龙溪会馆　在椿树头条胡同
永春会馆　在椿树二条胡同路南
龙岩会馆　在石头胡同路东
同安会馆　在前门外板章胡同
邵武会馆　在草厂二条胡同路西
仙溪会馆　在草厂五条胡同路东
建宁会馆　在南柳巷路东
晋江新馆　在粉房琉璃街中间路东
又　　　　在南（头）路东
惠安会馆　在羊肉胡同东头路北
莆阳会馆　在崇兴寺路东

广西　7处

粤西老馆　在銮庆胡同东头路北
广西新馆　在北柳巷北口路东
广西三馆　在海北寺街路南
广西南馆　在教场三条胡同
广西中馆　在驴驹胡同路南
广西三馆分寓　在香炉营四条胡同路南
平乐会馆　在延寿寺街中间路西

广东　32处

粤东会馆　在前门外打磨厂路南
粤东新馆　在南横街中间路北
新会邑馆　在粉房琉璃街路西
又　　　　在永光寺西街路西
惠州会馆　在草厂七条胡同
惠州新馆　在草厂七条胡同路东
仙城会馆　在王皮胡同路北
广州会馆　在草厂头条胡同
又　　　　在前门外韩家潭

协中会馆　　在棉花头条胡同路南
高郡会馆　　在贾家胡同路西
潮州会馆　　在延寿寺街路东
又　　　　　在大外郎营路东
高州会馆　　在贾家胡同路东口
廉州会馆　　在粉房琉璃街
韶州会馆　　在前门外大蒋家胡同
琼州会馆　　在大外郎营路东
镇平邑馆　　在前门外虎坊桥路北
南海会馆　　在宣武门外米市胡同
香山会馆　　在官菜园上街
番禺会馆　　在宣武门外上斜街
肇庆会馆　　在李铁拐斜街
雷阳会馆　　在裘家街路东
顺德邑馆　　在宣武门外海北寺街
顺邑西馆　　在永光寺西街
三水会馆　　在宣武门外米市胡同
南雄会馆　　在长巷上四条胡同
平镇会馆　　在前门外冰窖胡同路北
嘉应会馆　　在香炉营头条胡同路南
潮郡会馆　　在前门外打磨广
东莞会馆　　在宣武门外烂面胡同路北
广州七邑会馆　　在前孙公园路北

贵州　8处

贵州会馆　　在樱桃斜街路北
贵州老馆　　同上
贵州新馆　　在棉花七条胡同路北
贵州东馆　　在大蒋家胡同中间路北
贵州西馆　　在彰仪门大街路北

贵州南馆　在教场二条胡同路西
贵州北馆　在教场六条路北
邦城会馆　在草厂二条胡同

云南　9处

云南老馆　在齐化门北小街
云南新馆　在宣武门外珠巢街
云南南馆　在西延旺庙街中间路西
云南北馆　在教场头条胡同路西
云南东馆　在东便门内棉花巷
理化会馆　在宣武门外崇兴寺路北
景中祠馆　在西延旺庙街
彩云别墅　在东便门棉花巷
云征会馆　在崇文门内姜江擦胡同路北

附件四　《老北京实用指南》——各省会馆及同乡会

直隶　16处

直隶老馆　宣武门外大街中间路西
直隶新馆　骡马市大街路北
直隶同乡会　骡马市大街麻线胡同　电话南一九三四
京兆同乡会　琉璃厂太平巷　南二七六六
河南会馆　驴驹胡同西头路北
正定会馆　缴家坑路西
津南会馆　西珠市口路北
深州会馆　宣武门外护国寺路南
唐县会馆　冰窖胡同路北
天津同乡会馆　东珠市口东头路北
天津同乡会　东珠市口　南三二三
大宛试馆　西河沿东头路南
遵化试馆　崇文门外大街上二条胡同

107

畿辅先哲祠（即直隶乡祠） 下斜街路东

永年旅京同乡通信处 前门内前细瓦厂

顺直察热两院议员同乡会 下斜街畿辅先哲祠 南一二四八

奉天 2处

奉天会馆 西单牌楼刑部街 电话四三八七

东三省会馆 西珠市口路南

吉林 1处

吉林会馆 西四牌楼北石老娘胡同

山东 8处

山左会馆 教场头条胡同中间路西 铁香炉

齐鲁会馆 手帕胡同

济南会馆 烂缦胡同中间路西

寿张会馆 延旺庙街

汶水会馆 粉房琉璃街

武定会馆 西交民巷

青州会馆 门楼胡同中间路西

山东旅外同乡会 正阳门内西城根

河南 17处

河南会馆 粉房琉璃街中间路东

河陕汝会馆 宣武门外大街

河洛会馆 宣武门外大街

中州老馆 骡马市大街路北

中州新馆 丞相胡同路东小胡同内

中州南馆 米市胡同路西

中州乡祠 上斜街路北

归德会馆 正阳门外草厂头条胡同贾家胡同中间路东 电话南二八〇八

怀庆会馆 潘家河沿路西

光州老馆 米市胡同中间路东

光州新馆　官菜园上街路西
孟县会馆　宣武门外大街路西
开封会馆　贾家胡同
开封县馆　宣武门外南横街
彰德会馆　宣武门外南半截胡同
岳忠武王祠　达智桥路北嵩云草堂
豫晋秦陇新五省协会　老墙根

山西　33处

山西会馆　鞭子巷路南　正阳门外明因寺街　东小市
代郡会馆　西河沿　电话七一七
三晋会馆　骡马市大街
三晋东馆　东阎王庙后街北口路东
西晋会馆　广安门大街路南
晋太平会馆　百顺胡同
太原会馆　皮库营路北
晋翼会馆　小蒋家胡同路东
临汾会馆　打磨厂
汾阳会馆　王广福斜街路东
平阳会馆　小蒋家胡同路东
平介会馆　鹞儿胡同路南
平定会馆　正阳门外西柳树井
浮山会馆　鹞儿胡同
闻喜会馆　赶驴市路南
洪洞会馆　广安门大街路南
泽郡会馆　康家胡同
河东会馆　小蒋家胡同路东　广安门内大桥
曲沃会馆　虎坊桥路北　新开路路西
襄陵会馆　虎坊桥
解梁会馆　粉房琉璃街路西

灵石会馆　宣武门外大街路西
永济会馆　宣武门外大街路东
赵城会馆　紫竹林
孟县会馆　紫竹林　石头胡同
介休会馆　北官园中间路北
绛山会馆　椿树下三条胡同路北
翼城会馆　虎坊桥路南
潞安会馆　西珠市口路北
忻定会馆　崇文门内苏州胡同
泽郡会馆　崇文门外四条胡同　康家胡同
三忠祠　上斜街
云山别墅　下斜街北口路西

江苏　30处

江苏会馆　宣武门外北半截胡同　电话南三〇三
江苏公会　北半截胡同　南二五二
扬州老馆　菜市口路北　南一九四八
扬州中馆　西羊肉胡同
扬州新馆　珠巢街大院内路北
江宁会馆　南半截胡同　南一四三〇
元宁东馆　长巷下三条
元宁会馆　烂缦胡同
宁邑会馆　正阳门外鸾庆胡同
昆新会馆　琉璃厂沙土园路东　南二四七五
松江会馆（一名云闲会馆）　大蒋家胡同　南五七九
太仓会馆　求志巷路北
江阴会馆　米市胡同路东
江震会馆　买家胡同北头路东　南柳巷中间路东
京江会馆　芦草园路北
镇江会馆　官菜园上街路东

吴县会馆　延寿寺街
锡金会馆　前孙公园路北
常昭会馆　烂缦胡同南头路西
武阳会馆　青厂中间路北
宜荆会馆　教场头条北头路西
淮安会馆　麻线胡同路西　南横街路北　潘家河沿　三里河桥西
徐州会馆　米市胡同　南三五〇二
句容会馆　东河沿中间路南　米市胡同路东
如泰会馆　后孙公园　西河沿
南通会馆　宣武门外大街路东
长吴会馆　长巷下三条路东
长元吴会馆　延寿寺街中间路西
江甘仪会馆　菜市口路北
太嘉宝崇会馆　宣武门外求志巷　南二四五

安徽　35处

安徽会馆　后孙公园　电话南七七八
安庆会馆　铁门　南五四六
庐州会馆　虎坊桥大街路南　南一六一一
庐州试馆　东单牌楼观音寺胡同
徽州全馆　三里河大街
徽州会馆　鹞儿胡同
徽州郡馆　宣武门外大街路西　南七六六
歙县会馆　宣武门外大街路西　南三二七二〇　南半截胡同
黟县会馆　南半截胡同路西　南一六九四
凤阳会馆　排子胡同西头路南　南二一九二
怀宁会馆　延旺庙街北头路东　粉房琉璃街　潘家河沿　南二三六七
泗州试馆　东单牌楼干面胡同
休宁会馆　丞相胡同路西　南二四三一

颖州会馆　裴家街
泾县会馆　长巷下三条　南横街路北
绩溪会馆　椿树头条路北
旌德新馆　骡马市大街果子巷内羊肉胡同路南
旌德会馆　大蒋家胡同路北
广德会馆　施家胡同东头路南
太平会馆　草厂三条胡同
南陵会馆　草厂三条胡同路西
休宁东馆　长巷下四条
休宁西馆　丞相胡同路西
宣城会馆　铁香炉
和含会馆　杨梅竹斜街东头路西
婺源会馆　西河沿石猴街
婺源新馆　大耳胡同东头路南
石埭会馆　席儿胡同
青阳会馆　施家胡同路南
芜湖会馆　打磨厂内高庙
贵池会馆　长巷下四条路北
当涂会馆　琉璃厂东北芦草园路南
望江会馆　兵马司中街路北　给孤寺夹道路西
六安会馆　米市胡同中间路东
桐城会馆　正阳门内西城根路北

江西　67处

江西新馆　潘家河沿
江西会馆　宣武门外大街路东　电话南一〇六八
南昌会馆　长巷上三条　潘家河沿　南一七七二
南昌新馆　长巷下头条　南一七七二
南昌郡馆　宣武门外大街
南昌东馆　长巷下四条

南昌西馆　魏染胡同
赣州会馆　西珠市口路北　南三二四五
广信会馆　铁门　南三二二七
南康会馆　东珠市口路北
南康新馆　鲜鱼口内小桥
南城会馆　长巷下三条西头路南
南城新馆　魏染胡同
南安会馆　草厂七条胡同路东
南丰会馆　北柳巷南头路西
抚州会馆　大吉巷
抚州新馆　香炉营头条路南
袁州会馆　草厂七条胡同路东
九江会馆　西珠市口路北
临江会馆　长巷上三条北头路东　长巷二条路东　椿树头条路北
吉安会馆　大蒋家胡同
吉安老馆　正阳门外抄手胡同
吉安新馆　潘家河沿路西
广丰会馆　长巷上三条胡同　保安寺街
丰城会馆　长巷下头条路南
丰城南馆　保安寺街路北
奉新会馆　东河沿中间路南
奉新南馆　驴驹胡同东头路北
奉新北馆　果子巷内羊肉胡同路南
奉新中馆　保安寺街
德兴会馆　长巷上四条中间路东
赣宁会馆　正阳门外甘井胡同　西珠市口路北
赣宁新馆　煤市街南口外西柳树井
金溪会馆　长巷上三条南头路东
金溪新馆　长巷下四条南头路西

新城会馆　　长巷上四条南头路西　椿树上三条

乐平会馆　　长巷上四条中间路东

萍乡会馆　　粉房琉璃街中间路西

临川会馆　　宣武门外裘家街路西

宜分万会馆　板章胡同路西

宜黄会馆　　东延旺庙街北头路西

上新会馆　　长巷下四条路北

鄱阳会馆　　柴儿胡同西头路北

高安会馆　　燕家胡同西小胡同路北

武宁会馆　　北芦草园　打磨厂高井胡同南　青云巷路西

进贤会馆　　打磨厂高井胡同南　青云巷路西

庐陵会馆　　大席儿胡同

德化会馆　　大席儿胡同路西

浮梁会馆　　东河沿路南

黎川会馆（原名新城）　长巷上四条　椿树头条　椿树上三条

永丰会馆　　宣武门外大街

抚临会馆　　宣武门外大街

安福会馆　　西草厂胡同路北

义宁会馆　　打磨厂高井胡同

永新会馆　　护国寺对过路南

永新西馆　　教场头条口路东

新建东馆　　长巷下头条

新建南馆　　王广福斜街

濮阳会馆　　崇兴寺

邦城会馆　　草厂二条胡同

惠安会馆　　东羊肉胡同

安西会馆　　板章胡同路北

惜字会馆（吉安府）　棉花四条胡同

吉安二忠祠　鲜鱼口沙子胡同

谢公祠　西砖胡同路北
萧公祠　打磨厂路北
铁柱宫　打磨厂中间路北

福建　28处

全闽会馆　宣武门外大街
福州会馆　虎坊桥　电话南二三五一〇　南下洼子路北
福建新馆　骡马市路北
汀州会馆　长巷下头条　南二二九九
福清会馆　东砖胡同
延邵会馆　缨子胡同路西
漳浦会馆　煤市街椿树胡同
建宁会馆　宣武门外南柳巷　冰窖胡同
泉郡会馆　后孙公园路北
汀州会馆　长巷下二条路南
仙游会馆　草厂五条胡同路东　西砖胡同
龙溪会馆　椿树头条胡同路北
永春会馆　椿树上三条胡同
龙岩会馆　石头胡同路东
同安会馆　板章胡同路北
邵武会馆　草厂二条胡同路西
建宁会馆　南柳巷路东
晋江会馆　粉房琉璃街中间路东
晋江邑馆　宣武门外南柳巷
晋江新馆　香炉营头条
惠安会馆　延寿寺街羊肉胡同东头路北
莆阳会馆　崇兴寺路东
莆阳新馆　贾家胡同
全台会馆　后铁厂
漳州东馆　冰窖胡同路东

漳州西馆　煤市街

福建全省会馆办事处　车子营首善医院　南二六　五

福建旅京公会　宣武门外

浙江　41处

全浙会馆　下斜街西头

全浙新馆　南横街中间路北　电话南二四二

浙江公会　下斜街全浙馆　南一〇二九

镇海会馆　小甜水井　东七六一

宁波会馆　小甜水井　东九九九〇　北五老胡同

潮州会馆　北半截胡同　南三二七五

绍兴县馆　南半截胡同路西　南三三〇二

温州新馆　教场五条　南一一〇

温州老馆　冰窖胡同路北　南一一二

姚江会馆　琉璃厂路　南二二五

嘉兴会馆　南横街中间路北

海昌会馆　缴家坑路东

吴兴会馆　北半截胡同路西

浙严会馆　南五老胡同

萧山会馆　西河沿中间路南

常山会馆　打磨厂新开路中间路西

江山会馆　香炉营头条

金华会馆　正阳门外东小市

上虞会馆　韩家潭中间路北

仁钱会馆　西珠市口路南

仁钱试馆　崇文门内西城根路北

鄞县会馆　打磨厂薛家湾路北

浙瓯会馆　冰窖胡同路北

严陵会馆　石头胡同路东

杭州会馆　长巷头条胡同　虎坊桥路北

严州会馆　大外廊营

处州会馆　西砖胡同路西

台州会馆　琉璃厂后孙公园

温州会馆　教场头条

慈溪会馆　小甜水井　兵马司中街路北　东小市

兰溪会馆　东小市中间路南

山会邑馆　东半截胡同

鄞县西馆　盆儿胡同路西

浙慈会馆　正阳门外精忠庙

余姚会馆　琉璃厂东南园

宁浦会馆　正阳门外打磨厂

黄岩会馆　宣武门外前青厂

浙绍乡祠　西珠市口路南

嘉兴六邑馆　宣武门外南横街

定海旅京同乡会　西长安街灯草胡同　南一九七二

越中先贤祠　西珠市口路南

湖北　31处

湖北会馆　永光寺西街

湖北旅京同乡会　虎坊桥　电话南八四

湖广会馆　虎坊桥路南

武昌邑馆　长巷上头条

沔阳会馆　十间房路北　南二二八〇

黄梅会馆　车子营　南八五四

江夏会馆　排子胡同东头路南　南二九七四

黄安会馆　打磨厂新开路　南八〇二

黄冈会馆　草厂三条胡同路西　南二三七二

襄阳会馆　南横街路南　正阳门外銮庆胡同路北　铁老鹳庙　余家胡同

汉阳会馆　草厂八条胡同北头路西

117

应山会馆　打磨厂中间路北
京山会馆　草厂七条胡同路东　宣武门内未英胡同
蕲州会馆　磁器口路北
蕲州新馆　七圣庙
荆州会馆　三里河平乐园
黄陂会馆　潘家河沿南头路西
孝感会馆　草厂七条胡同中间路西
麻城会馆　草厂头条胡同路北
云梦会馆　东延旺庙后街
郧阳会馆　教子胡同
兴国会馆　草厂头条胡同路东
安陆会馆　打磨厂新开路
郢中会馆　打磨厂中间路北　麻线胡同路东
钟祥会馆　打磨厂
天门会馆　宣武门外大街路东
武郡会馆　南御河桥路北
宜昌会馆　虎坊桥路北
蒲圻会馆　琉璃厂沙土园
咸宁会馆　椿树头条路北
蕲水会馆　贾家胡同　东柳树井

湖南　21处

湖南会馆　草厂十条胡同路东　电话南二四一六　烂缦胡同
长郡会馆　草厂十条胡同路东
长沙郡馆　草厂十条胡同路西　南七三七
长沙邑馆　椿树三条
湘阴会馆　兵马司前街　南一八八二
湘阴西馆　宣武门外南横街
湘乡会馆　烂缦胡同路西　草厂十条　南二四一三
湘潭会馆　保安寺街　南三〇九〇　南官园内粪厂路西

宝郡会馆　草厂下五条胡同路北　南七七七
常德会馆　高庙北头路西
岳阳会馆　长巷下四条胡同路北
辰沅会馆　草厂下八条胡同路西　南一〇八一
衡州会馆　宣武门外丞相胡同
巴陵会馆　高爵街南头路西
澧阳会馆　海北寺街路南
武陵会馆　长巷上二条胡同南头路西
善化会馆　宣武门外大街路东
永靖会馆　永光寺中街
酉西会馆　杨梅竹斜街路北
上湖会馆　草厂十条胡同
宁乡会馆　米市胡同

陕西　25处

关中会馆　宣武门外大街路西
关中南馆　保安寺街
汉中会馆　宣武门外前青厂路北　烂缦胡同
商州会馆　宣武门外教场小六条
渭南会馆　西河沿路南
渭南新馆　宣武门外八角琉璃井路南　前孙公园
渭南老馆　潘家河沿
韩城会馆　宣武门外大街路东
华州会馆　南柳巷路东
凤翔会馆　青厂路北
凤翔后馆　宣武门外北极庵路西
郃阳会馆　椿树上二条
泾阳会馆　大外郎营路东
泾阳新馆　校场五条路东
咸长会馆　宣武门外大街路西

延安会馆　四川营路西　棉花四条
榆林会馆　前青厂路西
朝邑会馆　前孙公园
富平东馆　玉皇庙路东
富平西馆　玉皇庙路西
蒲城会馆　校场五条路北　铁老鹳庙西
大荔会馆　铁老鹳庙路东
三原会馆　五道庙路西
三原西馆　潘家河沿
三原南馆　潘家河沿

甘肃　5处

甘肃会馆　教子胡同路西
甘肃南馆　官菜园上街路西
甘肃北馆　西草厂内山西街
皋兰会馆　果子巷羊肉胡同
凉州会馆　大外廊营　电话南四九一

新疆　1处

哈密馆　石驸马后宅

四川　16处

全蜀会馆　永光寺街
四川会馆　官菜园上街
四川新馆　宣武门外路西皮库营　电话南二五九天
四川老馆　四川营路北　前青厂
四川南馆　宣武门外大街路东
四川中馆　永光寺西街路西
四川东馆　陕西巷路东
川东老馆　棉花九条胡同
川西新馆　教场三条胡同路北
川南会馆　宣武门外大街

泸县会馆　延旺庙街

成都会馆　珠巢街路西

叙州会馆　后铁厂路南

重庆会馆　永光寺街　米市胡同

潼川会馆　北半截胡同路东　南二二三五

龙绵会馆　粉房琉璃街

广东　36处

粤东会馆　打磨厂中间路南

粤东新馆　南横街中间路北

惠州会馆　草厂七条胡同路西　电话南六六〇

惠州新馆　草厂七条胡同路东　南六六〇

肇庆会馆　李铁拐斜街路南　南五四七

肇庆西馆　李铁拐斜街

平镇会馆　冰窖胡同东头路北　南二〇六三

广州七邑会馆　前孙公园路北　南三二七八

番禺会馆　上斜街路南　南一七八二

番禺新馆　前青厂　南一六七〇

嘉应会馆　香炉营头条西头路南　南七七九

东莞会馆　烂缦胡同路西　南二一六二　珠巢街

东莞新馆　上斜街　南二三八二

韶州新馆　草厂二条胡同　南二四〇五

潮州会馆　宣武门外丞相胡同　南二五一六　延寿寺街海北寺街　大外郎营

兴宁邑馆　潘家河沿　南一七六六

高州会馆　潘家河沿路西　南七一六　贾家胡同

香山会馆　珠巢街　南四四〇

新会邑馆　粉房琉璃街路西　永光寺西街路西

仙城会馆　王皮胡同路北

广州会馆　草厂头条胡同　韩家潭

协中会馆　棉花头条胡同路南
高郡会馆　贾家胡同路西
廉州会馆　粉房琉璃街路西
韶州会馆　大蒋家胡同
琼州会馆　大外廊营
蕉岭邑馆　虎坊桥路北
南海会馆　米市胡同路西
雷阳会馆　裘家街路东
顺德邑馆　海北寺街路南
顺德西馆　永光寺西街路东
顺德南馆　丞相胡同
顺德新馆　大井胡同
三水会馆　米市胡同内保安寺街路北
南雄会馆　长巷上四条胡同南头路东
潮郡会馆　打磨厂

广西　8处

粤西会馆　銮庆胡同东头路北
广西新馆　北柳巷北口路东
广西三馆　香炉营四条　后青厂
三馆分寓　香炉营四条路南
广西南馆　教场三条胡同　贾家胡同
广西中馆　驴驹胡同路南
柳州会馆　贾家胡同中间路东
平乐八邑馆　延寿寺街中间路西

云南　10处

云南老馆　朝阳门北小街
云南新馆　珠巢街
云南南馆　西延旺庙街中间路西
云南北馆　教场头条胡同路西　电话南九八七

云南东馆　棉花巷

云南公会　珠巢街　南二七二〇

彩云别墅　棉花巷

理化会馆　崇兴寺路北

景中祠馆　西延旺庙街

云征会馆　江擦胡同

贵州　8处

贵州会馆　樱桃斜街东头路北

贵州中馆　樱桃斜街路南

贵州新馆　棉花七条胡同路北

贵州东馆　大蒋家胡同中间路北

贵州西馆　广安门大街路北

贵州南馆　教场二条胡同路北

贵州北馆　教场六条胡同路北

遵义六邑留学京津同乡会　南横街贵州会馆

满洲　1处

满族同进会　地安门外东不压桥　电话东三二一

蒙古　1处

蒙古王公联合会　东皇城根　电话东五七三

西藏　1处

西藏旅京同乡会　安定门内雍和宫北门　电话东一〇九九

各业　13处

颜料会馆　北芦草园

药行会馆　兴隆街中间路北

烟行会馆　广安门大街中间

绸缎行会馆　三里河

靛行会馆　西半壁街

当行会馆　西柳树井路南

棚行会馆　南横街黑窑厂

玉行会馆　小沙土园

金行会馆　西河沿正乙祠

皮行会馆　大保吉巷

成衣行会馆　东大市浙慈会馆

整容行公益会馆　大马神庙

河东烟行会馆　广安门大街

总计　会馆441处　全部会馆(含各业)454处

第三章

此会馆非彼会馆

一、会馆的分类

北京会馆的分类，说法不一。如《北京的会馆》《会馆》等书在述及会馆的种类时，都称"从明清至民国，按其性质及其作用，大致可分为文人试馆、工商会馆、行业会馆、殡葬仪馆四类"[①]。《北京会馆基础信息研究》中"北京会馆研究论纲"一文则是将北京会馆划分为士人会馆和商业行业会馆两大类。文中还具体写道：

"士人会馆主要服务于赴京参加乡试、会试科考的本籍考生和来京述职、引见、候升、候补的本籍官员，服务科举职能更为突出的也有直呼为试馆者。这类会馆具有浓重的封建时代士大夫色彩和浓重的地方乡土色彩，并按地方行政建制，既有省级会馆，还有更小行政单元的府级会馆和县级会馆。与这类会馆相对应的商业行业会馆，则具有封建时代行会组织和商业文化的浓重色彩，行业会馆是封建行会组织在晚清时代的组织创新产物。商业会馆则打破和超越行业，形成更大范围基于商人群体利益并直接服务于商业贸易活动的组织。由于其都以经济活动为导向且组织群体都以工商业从业者为主，我们在本研究中统归为商业行业会馆。""两类会馆中都有少量会馆专作仪馆（义馆），用于服务组织成员和关联群体的在京殡仪奠祭事宜。"[②]

（一）会馆的主产与附产

会馆的馆产，一般分为主产和附产。主产，指的是具体会馆的建筑。附产则指属于会馆的房产、义园等设施。

在《北京会馆基础信息研究》一书查证出北京曾经拥有的各省（自治区、直辖市）会馆908座（其中商业会馆61座），加上附产323

[①] 《北京的会馆》，胡春焕、白鹤群，中国经济出版社1994年5月第1版，第8—13页。《会馆》，王熹、杨帆，北京出版社2006年4月第1版，第33页。

[②] 《北京会馆基础信息研究》，白继增、白杰，中国商业出版社2014年12月第1版。

处，总数1231处。[①]商业会馆占会馆总数908的6.7%。其中所列会馆的馆产，包括会馆的主产、附产。按照该书对会馆馆产统计数据计算，主产所占比例为馆产总数的73.8%，附产占比为26.2%。

胡春焕、白鹤群两位先生在所著《北京的会馆》中说，"会馆的附产除部分房屋外，还有义园、学校、戏班等公益设施。在京的各大会馆中，均有义地一项，这些义地大多集中在城南，诸如西便门内广西、四川、浙绍等义园。左安门里的江西、镇江、绩溪、广东等义园。广渠门里的石埭、安庆、婺源、休宁等义园"[②]。

士人会馆的附产，一是用来出租的房产，租金收入用于会馆建筑的修缮，以及士人聚会、庆典、祭祀等活动的经费；二是义园，又称仪馆，仪馆供本籍亡故者停柩及春秋祭祀；义地埋葬旅榇（chèn，棺材）遗骸。梁章钜先生在《楹联丛话全编》中记有福州会馆义园故事：

"有以义园求刘金门先生撰联者，先生集《四书》云：'逝者如斯夫；掩之诚是也。'确切不移，吾乡福州会馆屋后，有野地一区，自前明即立义园，每春秋两祭，同乡之在京师者咸集。闻乡老言，旧有小亭，前明叶文忠公有联云：'满眼蓬蒿游子泪；一盂麦饭故乡情'，凄婉动人。自余入京师，则亭久圮（pǐ），联亦不存矣。"[③]

商业行业会馆的附产中，也有用来出租的附产，但并不普遍。在1927年的"牛骨行行规碑"中，能看到相关记载，其文为："溯自北京牛骨一行，由来久矣。唯自光绪初年，各家始有联络，粗具行规。例定每月入款，学徒三百文，手艺人六百文，掌柜一吊二百文，积蓄日裕。自光绪十九年起，常演行戏。后又买东河沿一百零七号房五间，四十五号房五间，又南河岸五号房三间，及砖井一座。立有行

---

① 参见《北京会馆基础信息研究》，白继增、白杰，中国商业出版社2014年12月第1版，第542—543页。
② 《北京的会馆》，胡春焕、白鹤群，中国经济出版社1994年5月第1版，第6页。
③ 《楹联丛话全编》，[清]梁章钜等编著，白化文、李鼎霞点校，北京出版社1996年9月第1版，第138页。

规，刻在碑上。兹因房间失修，本行首十七家协商，先后将各房间拆盖齐整出租，并在一百零七号房内留一间作为公所，并重定规章，另立碑额，以垂不朽。"[1]

与士人会馆相同的是，商业行业会馆也有义园。

据《北京会馆基础信息研究》记载，梨园会馆的附产4处，就都是义园：

> 附产 春台义园（梨园义地） 置于清道光十五年（1835）八月，占地16亩，并立《春台班义园碑记》以示。位于幸福北里路西地片内（旧称南极庙街）。
>
> 附产 梨园义冢 置于清同治年间（1862—1874），位于陶然亭公园内西南侧。为梨园老馆迁出后，将原址改建为梨园义冢，百姓俗称"戏子坟"。
>
> 附产 梨园义园 也称潜山义园，因当时京剧演员多来自安徽，故亦以潜山代称。置于清咸丰七年（1857），位于白纸坊东街25号院（旧为盆儿胡同南口路西十二号）。1958年1月被征用，建为无线通信局宿舍区。
>
> 附产 梨园义地 也称安（徽）、（江）苏、湖（北）义园，简称安苏义园。置于清晚期，位于陶然亭路14号，现为北方昆曲剧院所在地。[2]

据《梨园逸闻》一书中的《探访旧京"梨园义地"》一文称：

"梨园义地"，解放前被称为"戏子坟"，这些茔地都建在外城，如崇文区的"安庆义园""春台义园"；宣武区的"潜山义园""安苏义园""梨园义冢"等。

---

[1] 《北京会馆碑刻文录》，王汝丰点校，北京燕山出版社2017年12月第1版，第465页。

[2] 《北京会馆基础信息研究》，白继增、白杰，中国商业出版社2014年12月第1版，第36页。

著名徽班艺人高朗亭（安徽安庆人），曾掌三庆班多年，自乾隆五十五年（1790）随三庆徽班进京演出后，不久即赢得很高声誉。由于徽剧在京受到欢迎，演员也就在此安家落户，便于崇文门外夕照寺西南的四眼井原有的义园旁，置办了一块茔地，名曰"安庆义园"。它是京城最早的梨园义地。……因是三庆班出面置办的，所以三庆班的演员病故后，大部分人员均埋葬于此。程长庚弟子傅艺秋、梅巧玲弟子朱霞芬（小芬、幼芬之父，斌仙之祖父）等即葬于此。

道光十五年（1835），春台班陈孔蒸、蒋云谷等倡议同人集资，于左安门内南极庙左侧，法藏寺的弥陀塔（习称"乏塔"）附近，购置郭姓16亩荒地，建成"春台义园"。……1931年，萧长华自筹资金并亲自监工，修缮了这座"春台义园"。

随着来京的徽剧演员越来越多，"安庆义园"已不敷用。咸丰七年（1857），在周瀛的倡议下，"三庆班"程长庚、余三胜等积极响应，又于宣武区右安门内的盆儿胡同集资购置了一块茔地，名曰"潜山义园"。但"大老板"程长庚于光绪六年（1880）病故后，却没有争占义园之地，而是葬在了彰仪门（广安门）外。

当时的徽剧演员来自安徽，昆曲演员则大多来自苏州。这些艺人既在京城定居，亡故后灵柩不便运回原籍。因此，于同治九年（1870），慷慨好义的徐蝶仙与程长庚、朱莲卿便发起同乡集资购置茔地，……此举得到了梅巧玲、朱莲芬、陈兰仙、杜蝶云、张芷芳等人的大力支持，……于宣武区陶然亭迄西的松柏庵外购置了一块茔地，此茔地名曰"安苏义园"（亦称安苏湖义园）……园内立有义园碑记。

民国后，在此长年安息的既有一般演员，也有赫赫有名的艺术家，如1930年病故的"老夫子"陈德霖、1931年病故的丑角名家王长林、1938年病故的"武生泰斗"杨小楼和同年病故的名老旦文亮臣、1942年病故的"毛毛旦"宋永珍和同年病故的名老生高庆奎及其父名丑高四保、1947年因飞机失事遇难的"四小名旦"李世芳、1948年病故的名净金少山和同年病故的杨派武生教师丁永利等诸多名家……

1952年年初，……为创办"艺培戏曲学校"（北京市戏曲学校前身）开辟练功场地，……将该义园所埋灵柩，大都迁往了大红门集贤村重新下葬。

另外，位于陶然亭的西南角，亦曾有一"梨园义冢"，亦因年久无人照管而逐渐消亡。如今这几处曾被称为"戏子坟"的梨园义地，均已不存。[1]将《梨园逸闻》书中的这段记载与《北京会馆基础信息研究》对照，可见后者所言确实。

（二）士人会馆的省郡县馆

士人会馆里有省馆、郡馆和县馆之分。其中，还有省与省间的合属会馆、同一省份内郡与郡间的合属馆等。

省级的合属馆，如湖广会馆，就是湖南、湖北两省的合属馆。还有江南会馆，即江苏、安徽两省的合属馆。

"江南会馆　清顺治二年（1645）改明南直隶为江南省，治所在江宁府（今南京市）。康熙六年（1667），分建江苏、安徽两行省。但此后习惯上仍合称这两省为江南。（该馆）建于清顺治三年至康熙六年间（1646—1667），位于西城区潘家胡同（旧称潘家河沿）。初为江南省馆，康熙六年（1667）后改称江安会馆，为江苏、安徽两省合属馆。至光绪年间（1875—1908）已废。"[2]

郡县馆中，所领州县最多的，或当数开封会馆。开封会馆后来更名为开郑会馆，"建于清嘉庆十三年（1808），位于西城区贾家胡同南口路西旧门牌二十九号，原有房38间。1964年由国家病毒性疾病防治研究中心占用，正门开设在迎新街100号。该馆初称开封会馆，系旧开封府领所属十八州、县所建。至光绪二十九年（1903），升府属郑州为直隶州，割十八州、县中之汜水、河阴、荥阳、荥泽四县属之，以'开封'二字原名不足以包括郑州各属，遂议决改称开郑会

---

[1] 《梨园逸闻》，刘嵩崑，北京燕山出版社1998年12月第1版，第385—387页。
[2] 《北京会馆基础信息研究》，白继增、白杰，中国商业出版社2014年12月第1版，第142页。

馆"。这18州县包括郑州、汜水、河阴、荥泽、荥阳、新郑、密县（今称新密）、中牟、陈留、兰封（今兰考）、通许、杞县、尉氏、洧川、禹州、鄢陵、仪封（今封丘）等。①

还有"上湖南会馆"和"济南十六邑馆"。

上湖南会馆，据《湖南会馆史料九种》中"湖南会馆概述"一文介绍："创建于明代万历间。清何凌汉《重修上湖南会馆小引》云：'自有明神宗时，曾文恪公始建上湖南会馆。'上湖南即指衡州府、永州府、郴州府。曾文恪公即曾朝节，临武人，明嘉靖三十七年（1558）举人，万历五年（1577）进士，入仕不及六载，就提升为礼部尚书。曾朝节在京期间，利用清俸所得在京城购地修盖瑞春堂，作为衡、永、郴三府会馆，即后来的上湖南会馆。""会馆位于崇文门外草厂胡同十条，今已成为民居，其具体范围已不可指认。据白继增《北京宣南会馆遗拾》载：清代中晚期，宣南的东北园胡同、菜市口大街和贾家胡同28号各有上湖南会馆一所。"②文中提到的《北京宣南会馆遗拾》记载的3处上湖南会馆，具体为：

上湖南会馆　建于清中晚期，位于东北园胡同50号（旧为路东57号），有房17.5间，现为民居；

上湖南会馆　建于清中晚期，位于菜市口大街北段（旧为丞相胡同路西36号），有房19.5间，已拆除；

上湖南会馆（衡州会馆）　建于清中晚期，位于贾家胡同28号（旧为路东55号），有房18.5间，现为民居。③

雍正十年（1732），增设桂阳州，原来的衡永郴改称衡永郴桂，上湖南会馆也便被称为四郡合属馆。"上湖南会馆新议章程"（1882）的第一条第一句就言明："会馆之设肇自先达，凡衡、永、郴、桂四

---

① 《北京会馆基础信息研究》，白继增、白杰，中国商业出版社2014年12月第1版，第346—348页。

② 《湖南会馆史料九种》，袁德宣等编纂，曾主陶校点，岳麓书社2012年11月第1版，"湖南会馆概述"第4—5页。

③ 《北京宣南会馆拾遗》，白继增，中国档案出版社2011年1月第1版，第183页。

属。"①其下领永州、蓝山、衡州、衡山、常宁、耒阳、郴州、资兴、永兴、桂东、汝城、嘉禾、安仁、宜章、临武、桂阳等16县。

"济南十六邑馆"。该馆"建于清乾隆末年，由窦光鼎等人倡建，于嵇璜故宅基础上扩建。位于西城区烂缦胡同97号（旧为路西三十六至三十八号），共4个院落，三十七号院子大、房子多、格局好，为主院。该馆并附有莲花寺湾的八号和十号两小院，总计面积为6.53亩，房舍114间，现为民居。莲花寺湾（后改称莲花胡同）的小巷，现已拆平建为道路，2005年新版地图已标为法源寺后街"。其他15邑分别为：历城、长清、章丘、济阳、德平、德县、平原、临邑、禹城、陵县、齐河、淄川、桓台、邹平、齐东。②

还有河南的"宛南十三县馆"，其全称应为"宛南十三府州县馆"。馆名中的"宛南"指南阳和南召。南阳古称"宛"，再取南召的"南"，由此得"宛南"之名。所谓"十三府、州、县"，包括邓州、裕州两"州"，淅川一"厅"和内乡、唐河、桐柏、新野、镇平、舞阳、叶县、泌阳等8县，它们都是环绕"宛""南"的州、县。

这个会馆建于清代，位于西城区长椿街南口里（旧为下斜街路西四十六号），占地约3亩，有房10余间。该馆在长椿街道路改造过程中被拆除。③

另外，还有归德会馆，"为河南省归德府及所属永城、虞城、夏邑、柘城、宁陵、睢州、考城、鹿邑等九邑旅平先贤所置"④；永靖会馆，馆名取自湖南永顺、保靖两府名中的各一字，会馆为两府及下

---

① 《北京会馆档案史料》，北京市档案馆编，北京出版社1997年12月第1版，第544页。
② 《北京会馆基础信息研究》，白继增、白杰，中国商业出版社2014年12月第1版，第332—333页。
③ 《北京会馆基础信息研究》，白继增、白杰，中国商业出版社2014年12月第1版，第349—350页。
④ 《北京会馆档案史料》，北京市档案馆编，北京出版社1997年12月第1版，第469页。

辖古丈、龙山、桑植、会同、通道、靖县、绥宁7县共有①。除此之外，还有宜昌会馆（也称宜昌郡馆），民国后改称"宜昌七邑馆"，所谓"七邑"指湖北的宜昌及宜都、五峰、长阳、兴山、秭归、远安②；广信会馆，"由江西省广信七邑（上饶、玉山、广丰、铅山、弋阳、贵溪、横峰）旅平同乡捐款建立，定名为广信会馆"③；建宁老馆也是一个"七邑馆"，"为（福建）建宁所属建瓯、水吉、浦城、崇安、建阳、政和、松溪等七县旅平同乡居住，或聚会用"④；广州七邑会馆，"清乾隆三十五年（1770），由七邑旅平人士集资建筑，以便七邑人士来京应考居住"。⑤

还有六邑馆（如郧阳会馆，由郧阳、郧西、竹山、竹溪、房县、保康六地人士捐款购置）、五邑馆（如九江会馆，为九江府及所领瑞昌、德安、彭泽、湖口四县联合设立），以及"一府领两县"联合建立的宜分万会馆（"宜"即历史县名宜春，"分"即分宜，"万"即万载）。⑥

河南还有两个府馆，其名称，一为河陕汝会馆，一为河郏汝会馆。前者是河南府、陕州、汝阳3地合建馆，"前清时名河陕汝会馆，民国后改称河洛会馆"⑦。后者为河南府、郏县、汝州3地合建馆。河

---

① 《北京会馆基础信息研究》，白继增、白杰，中国商业出版社2014年12月第1版，第404页。

② 《北京会馆基础信息研究》，白继增、白杰，中国商业出版社2014年12月第1版，第372页。

③ 《北京会馆档案史料》，北京市档案馆编，北京出版社1997年12月第1版，第427页。

④ 《北京会馆档案史料》，北京市档案馆编，北京出版社1997年12月第1版，第358页。

⑤ 《北京会馆档案史料》，北京市档案馆编，北京出版社1997年12月第1版，第994页。

⑥ 《北京会馆基础信息研究》，白继增、白杰，中国商业出版社2014年12月第1版，第371、296、297页。

⑦ 《北京会馆档案史料》，北京市档案馆编，北京出版社1997年12月第1版，第946页。

南府府置即今洛阳。"陕"与"郏"左右偏旁互调，若将"河陕汝"与"河郏汝"并列，稍不留神，就会弄混。

900多个会馆，仅只从会馆的名字而言，就把全国各地的地名点缀在京城南城的大街小巷，星罗棋布。就中典章来由、故事渊源，道古说今，异彩纷呈，北京和全国各地的地名文化交相辉映，这可就是一个北京城独一无二的"天下奇观"！在全世界，没有一个城市能有这样堪称"奇绝"的文化景观！

据胡春焕、白鹤群《北京的会馆》一书记述：

宣武门外大街，有山西永济会馆、灵石会馆、翼城会馆、江西建昌会馆、抚临会馆、江西会馆、南昌会馆、陕西韩城南北馆、咸长会馆、关中会馆、福建全闽会馆、河北直隶会馆、江苏南通州会馆、四川南馆、湖南善化会馆、湖北天门会馆、河南河洛会馆、河南郏汝会馆、安徽歙县会馆、徽州会馆、河南孟县会馆、江西永丰会馆等，大致22家会馆，涉及河北、河南、山西、陕西、福建、江西、江苏、安徽、湖南、湖北及四川等11个省份。

珠市口西大街，有山西翼城会馆、潞安会馆、平定会馆、孟县会馆、广东蕉岭会馆、天津津南会馆、河南洛中会馆、安徽庐州会馆、江西九江会馆、赣宁会馆、浙江仁钱会馆、杭州会馆、越中乡贤祠、稽山会馆、辽宁东三省会馆及浙江浙绍会馆等至少16家会馆，涉及山西、广东、天津、河南、安徽、江西、浙江及东三省等10余省份。

潘家河沿，有江苏淮安会馆、湖北黄陂会馆、广东宁兴会馆、高州会馆、安徽怀宁会馆、江西吉安会馆、江西会馆、山东齐鲁会馆、陕西渭南会馆、三原会馆、河南覃怀会馆、怀庆会馆、浙江余姚会馆等至少13家会馆，涉及江苏、湖北、广东、安徽、江西、山东、陕西、河南、浙江等9个省份。

米市胡同，有江苏江阴会馆、徐州会馆、句容会馆、四川重庆会馆、湖南宁乡会馆、广东南海会馆、三水会馆、安徽休宁会馆、泾县会馆、六安会馆、河南中州会馆、河南潢光会馆等12家会馆。涉及江苏、四川、湖南、广东、安徽、河南等6省。

贾家胡同，有江苏江震会馆、湖北蕲水会馆、广东高州郡馆、河南归德会馆、开郑会馆、广西会馆、柳州会馆、湖南永州会馆、福建莆阳会馆、福建龙岩会馆、江西庐陵会馆等11家，涉及江苏、湖北、广东、河南、广西、湖南、福建、江西等8省。

大外廊营有6家会馆，即广东潮州会馆、镇平会馆、琼州府馆、甘肃凉州会馆、陕西泾阳会馆、浙江严州会馆，涉及5省。

官菜园上街，也是有江苏镇江会馆、四川会馆、河南光州会馆、甘肃会馆、江西浮梁会馆、惜字会馆等6家会馆，涉及江苏、四川、河南、甘肃、江西等5省。

大蒋家胡同有安徽旌德会馆、江苏松江会馆、江西吉安会馆、贵州会馆、广东韶州会馆、台湾全台会馆等6家会馆，涉及6省。

铁香炉有山东山右会馆、安徽宣城会馆、河北正定会馆、广东嘉应会馆、浙江海昌会馆等5家会馆，涉及山东、安徽、河北、广东、浙江5省。

还有的胡同5家会馆涉及4个省份的，如：

珠巢街有江苏广陵会馆、四川成都会馆、广东东莞会馆、香山会馆、云南会馆等，涉及江苏、四川、广东、云南等省份。

南半截胡同有江苏元宁会馆、安徽黟县会馆、歙县会馆、河南彰德会馆、浙江绍兴会馆，涉及江苏、安徽、河南、浙江等省份。

海柏胡同有广东顺德会馆、潮州会馆、广西会馆、湖南澧州会馆、安徽颍州会馆，涉及广东、广西、湖南、安徽等省份。

椿树头条有福建龙溪会馆、湖北咸宁会馆、安徽绩溪会馆、江西黎川会馆、临江会馆，涉及福建、湖北、安徽、江西等省份。[①]

说北京城是东西南北中五方杂居，只从这些胡同里的会馆数量与涉及省郡县份，就可知此言不虚。若是当年穿过这些胡同街巷，会看到不同模样的各地士人，偶或听到他们不同的方言，要是再听得北京

---

① 资料来源：《北京的会馆》，胡春焕、白鹤群，中国经济出版社1994年5月第1版，第28—35页。

百姓街谈巷议他们这些外地的街坊邻居,一定会有不少新奇见闻。

商业行业会馆没有省郡县的分别。但有的行业里有不同省份各建会馆的情况。据《琉璃厂小志》记载:

"琉璃厂于前清乾隆年间,已成书市,四方来京会试之举子暨朝野文人,恒视此为消遣岁月之地。书商获利既丰,辄归功于文昌之保佑,遂建馆祀之,此琉璃厂文昌馆之所由来。书肆最忌火灾,迷信者祀火神以求免,此又琉璃厂火神庙之所由来。此两处馆庙,为厂肆商贾最重要之祀典,兹述琉璃厂故事,亦不容忽视也。"

"文昌馆,在琉璃厂有二处:一在厂东门内路北,一在小沙土园内。缘清咸丰同治年间,厂甸书贾,江西人居多,盖来京应试落第者,改业为此。向在厂东门路北建立文昌馆,每届二月初三日文昌诞辰,书业师弟皆来拈香,以江西帮派为主。至光绪中叶,河北冀属人业书者渐多,足与江西派抗衡,而往文昌馆拈香者,辄被江西人所拒绝;北方书贾愤甚,遂集资在小沙土园购地,修建北直文昌会馆,于每年二月初三日文昌诞日,献戏酬神。并将同业中之亡故者,编制谱牒,每届是日,修谱一次,追怀前徽,意至善也。"文中的"文昌馆",系"文昌会馆"的简称。据"书行进德会整理登记启",这个文昌会馆最初"名曰北直书行文昌圣会,光绪间勒有碑记。……民国二十二年(1933),本会改名北平书行进德会"[1]。

---

[1]《琉璃厂小志》,孙殿起辑,北京古籍出版社1982年9月第1版,第273页、第282页。

二、此会馆非彼会馆

北京的士人会馆与商业行业会馆，都称为会馆。但若做比较，二者堪称"大相径庭"，迥然不同。

（一）不同制度的产物

士人会馆就其产生和发展而言，是封建王朝官僚制度的产物。其最初发生，在为公车聚停之所，而后，加入服务科举的功能，然后，为科考试子服务的功能凸显，于是，"平时则以聚乡谊，大比之岁，则为乡中试子来京假馆之所，恤寒畯而启后进也"。所以为试子服务的功能凸显而"后来居上"，在于科举时代这一大的背景。

考试取士，从隋唐经宋元明，直到清末1905年9月2日废除科举，延续1300余年。

作为封建社会选拔官吏的社会性考试制度，13个世纪中，科举为各个阶层，特别是中小地主乃至平民百姓，提供了一个不靠血缘、不靠关系、不靠门第，而是靠"学问"，即参加科考，凭借自己的学识取得"功名"的进身之阶。

科举作为国家重要的政治制度，有从中央到地方官方的提倡、鼓励、支持和保障，加之全社会的普遍响应，两相互激互励，形成了激发全社会奋发向上，读书求学，"修身齐家治国平天下"，精忠为国的氛围力量。金榜题名、连中三元、父子状元、五子登科，成为人们普遍的敬仰、向往和追求。

据统计，延续1300余年的科举制度，其直接结果是选拔出10万名以上的进士，百万名以上的举人，他们中涌现出一大批有出类拔萃的文化素养，杰出的政治家和政府管理人才，并在历史上创下了政治、军事、科技、文化等诸多领域的丰功伟业。当然其中也有卑劣之徒，在青史上留下千古骂名。

为了解决试子赶考的路费，历代都有官方发给路费或者安排车马接送的记载。《清代科举考试述录及有关著作》一书中称："顺治八年（1651）各省举人会试，分别给予路费，按路途远近，自一二十两至数两不等。初向布政司领取，雍正八年（1730）改由就近饬各州、县发给。嘉庆二十三年（1818）准驻防举人，道光元年（1821）准苗举人，均照本省举人例给予。边远省份举人，不易至京会试，例许驰驿。云南、贵州举人给驿马自顺治八年始，新疆至陕西乡试、至北京会试给驿马，自乾隆四十二年（1771）始，沿途用黄布旗书'礼部会试'四字以为标识。雍正二年（1724）并命分别赏给入场举人盘费，每人自十两至七两、五两不等。五年、八年，又均有赏给下第举人盘费之事。"①

陈独秀先生曾经参加过在南京举行的江南乡试，他在写于1937年的《实庵自传》中说：

> 大概是光绪二十五年七月罢，我不得不初次离开母亲，初次出门到南京乡试了。同行的人们是大哥，大哥的先生，大哥的同学和先生的几位弟兄，大家都决计坐轮船去，因为轮船比民船快得多。那时到南京乡试的人，很多愿意坐民船，这并非保存国粹，而是因为坐民船可以发一笔财，船头上扯起一条写着"奉旨江南乡试"几个大字的黄布旗。一路上的关卡，虽然明明知道船上装满着私货，也不敢前来查问，比现在日本人走私或者还威风凛凛。我们一批人，居然不想发这笔横财，可算得是正人君子了！②

据《清代考试制度资料》，雍正元年（1723），分湖北湖南两闱乡试：先是湖南士子赴湖北乡试，必经由洞庭湖。六七月间，风雨不

---

① 《清代科举考试述录及有关著作》，商衍鎏，百花文艺出版社2004年7月第1版，第126页。

② 《陈独秀文章选编》（下册），陈独秀，生活·读书·新知三联书店1984年6月第1版，第559页。

测，间有覆溺之患，或至士子畏避险远，裹足不前。特奉谕旨，于湖南地方，建立试院，每科另简考官，俾士子就近入场，永无阻隔之虞。①这是说湖南考生赴湖北乡试，要经过洞庭湖，因为间有遇风雨而船翻溺亡的事件发生，以致湖南考生畏葸不前。雍正皇帝得到有关报告，特别下旨湖南另建试院，让当地考生就近考试。

朝廷的科举制度，影响及于全国各地。一人中举，不但个人命运发生根本的变化，还带来全家、家族、乡里的荣耀。这荣耀，既有政治上的也有经济上的。倘若高中进士，更是声达天庭。科举由此不仅成了试子个人的人生奋斗，还成了家族、地方共同的奋斗目标。一种称为"宾兴"的社会公益组织形式随之出现。

"宾兴"，源于《周礼·地官·大司徒》"以乡三物教万民而宾兴之"。句中的"三物"指的是"一曰六德：知、仁、圣、义、忠、和；二曰六行：孝、友、睦、姻、任、恤；三曰六艺：礼、乐、射、御、书、数"。汉郑玄注释云："物，犹事也；兴，犹举也。民三事教成，乡大夫举其贤者、能者，以饮酒之礼宾客之。既，则献其书于王矣。"这是说，大司徒所掌职责之一，是以六德、六艺、六行来教化民众，并从中选拔贤能之士。"宾兴"，就是隆重如待宾客一般地将贤能举荐周王。宾兴一词有多种含义，如代指科举，代指乡试，特指欢送科举生员的礼仪，以及地方财政中预算性科举经费，等等。其中，还有专指地方社会资助科考的教育公益基金，并将支持应试、入学、登科的机构称作宾兴。这是"宾兴"一词使用频率最高且普遍及于乡村的一种。

据《清代科举宾兴史》一书的"序"称：自宋代以来，一些家族便开始设立义庄资助子弟应举，而地方官员或地方士绅也多有设立进士庄、贡士庄、兴贤庄、宾兴庄等社会性公益基金组织以资助本地士子赴考者。到了清代，宾兴臻于繁盛，且日益超出家族公益的范畴，各地尤其是南方诸省普遍设立宾兴组织，以支持本地的"读书种

---

① 《清代考试制度资料》，章中如，山西人民出版社2014年12月第1版，第27页。

子"。宾兴的名称五花八门，除了最常见的宾兴田、宾兴会、宾兴馆以外，还包括科举田、科试路费田、童试卷资田、乡会试卷资田、乡闱卷资田、应科甲田、科举仓、乡会仓、科举店、科举公租、科费、闱费、科举卷资、偕计费、公车费等，名目繁多。清代科举宾兴作为一种公益组织曾普遍存在于全国各地，在资助和鼓励士子读书应举方面起到了重要的作用。①

便是普通百姓，也对士子们伸出援助之手。《清代名人轶事》中"方敏恪轶事"就讲述到安徽桐城方观承上京赶考，在扬州宝应盘费罄尽，又值岁暮，寒风栗烈，衣履破敝，虽有亲戚，但豪门难进，还受了仆役的讥讽奚落。饥寒交迫中，遇到屠户胡老先生的接济，不但酒肴款待，还为他置备服装被褥，临行，又赠钱四千。后来，方观承官至直隶布政司，曾派人以千金报德，并要接胡老先生到署中，没想到胡夫妻身殁已久，其女适谁氏子，亦不知所终。②类似故事，在一些明清笔记及文学戏剧作品中，多有记述。

陈独秀先生在《实庵自传》中说："因为那一时代的社会，科举不仅仅是一个虚荣，实已支配了全社会一般人的实际生活。"

士人会馆就是在这样的大背景下产生的。

至于商业行业会馆，其产生和发展，是在经济领域，不是在政治领域。正如李华先生在所编《明清以来北京工商会馆碑刻选编》的"前言"中所言：到了明清时代，北京不仅是全国的政治、文化中心，而且，已是我国北方经济中心。随着封建城市经济的发展，商品流通的扩大，北京的工商业也更加繁荣起来。工商业者，为了维护本身利益，防止同业竞争，排除异己，纷纷成立了具有行会性质的会馆、公所和公会。③尽管在商业行业会馆中也有同乡会馆，如琉璃厂的江西书商的文昌会馆及北直人的文昌会馆，但它们和士子会馆不是一回事。

---

① 《清代科举宾兴史》，毛晓阳，华中师范大学出版社2014年1月第1版，"序"。

② 参见《清代名人轶事》，葛虚存原编，琴石山人校订，马蓉点校，书目文献出版社1994年9月第1版，第279—281页。

③ 《明清以来北京工商会馆碑刻选编》，文物出版社1980年6月第1版，前言。

《清末北京志资料》，据书中"译者的话"介绍：该书是日本在中国的驻屯军司令部于1904年着手组织编纂的，其内容截止到1907年7月，1908年完稿。日本驻屯军是根据1911年帝国主义列强迫使清政府签定的丧权辱国的《辛丑条约》中有关条文，派驻中国的侵略军，其司令部设在天津，驻扎在北京的是驻屯军步兵队。驻屯军组织编纂《北京志》（同时还编纂了《天津志》），是为日本军国主义扩大对中国的侵略服务的。该书的《凡例》开宗明义写道："本书收集了有关北京的一切事项"，对北京各方面情况进行调查了解，掌握清政府动向，以"对北京有全面的了解"，"促进对中国之开发"。[1]其中，"会馆"一节说道：

> 中国商贾设立的会馆，实为中国商贾的唯一商业机关，不受国家政策的保护，商贾的生命财产及安全，均由此机关保护，再无规定商业上所应依据之法规的商法，但此机关熟知所守之事。虽无主张明确权利责任的裁判官，但此机关能保护商人利益免遭他人侵犯。政府及地方官虽施暴敛苛收，商人却能靠此机关免遭其掠夺。此外，他国的所谓商业家俱乐部，由此会馆代替。现今中国商人的坚忍不拔之风，逐利活动之气，已为世人所公认，但中国商贾之特性在于对相互联系、彼此通气以谋求利益之敏锐，此乃日本商人所远不及的，之所以如此，皆因会馆大力干预。
>
> 会馆有两种，一为同业商人设立，一为在京同乡官绅设立，但后者与商业无关，故不在此论述。

现列主要会馆的所在地如下：

---

[1]《清末北京志资料》，张宗平、吕永和译，吕永和、汤重南校，王国华审定，北京燕山出版社1994年2月第1版，第597—598页。

1. 文昌会馆　书籍商所建，位于琉璃厂沙土园口内路西。

2. 长春会馆　玉器商所建，位于琉璃厂沙土园南口。

3. 颜料会馆　颜料商所建，位于前门外芦草园西头路北。

4. 药行会馆　药商所建，位于前门外兴隆街东头路北。

5. 仙城会馆　由舶来杂货商所建，位于前门外王皮胡同东头路北。

6. 烟行会馆　烟草商所建，位于彰仪门大街中间路南。

此外还有按商业种类所建的各种会馆，又有工业者设立的，总数多达数十所，以上仅列举其中最著名者。

除上述会馆外，近年来商部以刷新实业为目的，批准设立如下的商会：

1. 北京汇兑庄金银号商会　光绪二十九年十二月十日设立。

2. 京茶行商会　光绪三十年三月十三日设立。

3. 北京洋货绸缎庄商会　光绪三十年四月八日设立。

4. 北京布行商会　光绪三十年五月十五日设立。

5. 北京药行商会　光绪三十年十一月十六日设立。

6. 北京书业行会　光绪三十年十一月二十二日设立。

其他各种行业有陆续设立商会之趋势。[①]

据介绍，《清末北京志资料》的主编是服部宇之吉博士，编撰者又多为在华的日本教习。该书编纂于20世纪初，所记内容，除一部分来自中国原有的文献记载外，绝大部分是编纂者搜集当时的资料或实地勘察调研所得，因此该书对研究20世纪初的中国，特别是对了

---

① 《清末北京志资料》，张宗平、吕永和译，吕永和、汤重南校，王国华审定，北京燕山出版社1994年2月第1版，第360—361页。

解和研究北京的社会全貌，提供了一些有参考价值的资料。

从对北京会馆的研究角度看，该书在对北京当时情况的实地调查和历史文献的搜集、整理中，也看到了"此会馆非彼会馆"，即士人会馆与商业行业会馆的截然不同，所以，才在书中述及北京的会馆时，明确写道："会馆有两种，一种为同业商人设立，另一种为在京同乡官绅设立，但后者与商业无关，故不在此论述。"只一句话，就将士人会馆拒之书外了。

（二）创建的方式方法不同

士人会馆的创建，绝大多数是在京官绅或捐宅院为会馆或集资购置房产为会馆，少数有家乡人的捐资。

何炳棣先生《中国会馆史论》认为："至于京师郡邑会馆的创建方式，不外以下数种。一是像俞谟私人购地建房捐为会馆之例，虽居少数，最近初意。如康熙朝大学士李光地（1642—1718）捐宅为安溪会馆，同时期三晋会馆亦原系晋省在京达官住宅。二是偶尔由富商独资捐建的，如乾隆间龙岩州烟商段云龙之创建本州会馆。三是最普通的，是由同乡在京领袖发起，在京师在本籍募捐兴建，但亦不乏由商人发起，仕商合捐之例。"[1]

《闽中会馆志·陈登澥序》中记有"叶文忠向高、李文贞光地、蔡文恭新三相国，陈望坡尚书、枢部黄叶葊、中翰陈鸿亭、商人段谭波，皆舍宅为馆，高义可彰"。[2] 所列七人，从明至清，从相国到平民百姓，其中：

叶向高（1559—1627），福州府福清（今福建福清市）人。明朝大臣、政治家。万历十一年（1583）中进士，授职庶吉士，随后提升为翰林院编修，历任南京国子司业、太子左中允、太子左庶子、南京礼部右侍郎、礼部尚书、东阁大学士。万历、天启年间两度出任内阁

---

[1] 《中国会馆史论》，何炳棣，中华书局2017年7月第1版，第19页。
[2] 《闽中会馆志》，李景铭，1943年，"陈登澥序"。

辅臣。天启四年（1624），叶向高以太子太傅致仕。天启七年（1627），叶向高病逝，终年六十九岁。崇祯初年，追赠太师，谥号文忠。据评价，叶向高善于决断大事，任首辅期间，为明神宗出谋划策，协调大臣之间的关系，更对维护正统、遏制魏忠贤的势力起到了不可替代的作用。

李光地（1642—1718），字晋卿，号厚庵，别号榕村，福建泉州安溪湖头人，是康熙朝名臣、理学名家。康熙九年（1670）中进士，历任翰林院编修、翰林学士、兵部右侍郎、直隶巡抚，协助康熙帝平定"三藩之乱""统一台湾"，康熙四十四年（1705），拜文渊阁大学士兼吏部尚书。康熙五十七年（1718），因疝疾速发，卒于任所，享年76岁。著作除奉敕编纂《性理精义》《朱子全书》《周易折中》之外，还有《周易通论》四卷、《周易观象》十二卷、《诗所》八卷、《大学古本说》一卷、《中庸章段》一卷、《读论语札记》二卷、《读孟子杂记》二卷、《古乐经传》五卷、《朱子礼纂》五卷、《榕村语录》三十卷、《榕村文集》四十卷、《榕村别集》五卷等。

李光地为官40余年，康熙帝评价他是"谨慎清勤，始终一节，学问渊博"。康熙四十年（1701）康熙帝曾赐予李光地御书"夙志澄清"匾额。康熙五十二年（1713），康熙帝再赐李光地"夹辅高风"御匾。康熙五十四年（1715），康熙帝在热河又赐李光地"谟明弼谐"御匾，以褒扬他德才兼优，清勤谨慎，辅弼帝业的"计谟明智，抉弼和谐"。

李光地去世后，康熙有"盖唯朕知尔最悉，亦唯尔知朕最深"的叹惋。雍正对他也有"学问优长，持身端恪"，"卓然一代之完人"的赞誉。

对于自己的家庭、家族和乡里，他还撰有家训《诫家后文》、族规《本族公约》以及村规民约的《同里公约》等，要求家人族人重德修业，不可"唯利是视"；要"收敛约束，和顺谦卑"，讲求孝顺友爱、辛勤劳动等。

蔡新（1707—1799），福建漳浦人。乾隆元年（1736），登进士第，选翰林庶吉士。散馆后,授翰林院编修。其后为官50年,历任吏、礼、兵、刑、工等部尚书,官至文华殿大学士,任《四库全书》总裁。他历次归家时,置义学、义仓、义冢,修葺先贤蔡襄祠、黄道周祠,有德于乡。乾隆五十年(1785)以原官致仕,加授太子太师,令驿站车马送回漳浦,沿途所经地方官在20里以内照料护行,乾隆帝有御制诗章以宠其行,诗中有"不忍言留合令归,及归临别又依依"句。嘉庆四年(1799)十二月,蔡新卒于家,享寿92岁。晋赠太傅,赐祭葬,谥文恭。著有《缉斋文集》《缉斋诗稿》等。

陈望坡,名陈若霖(1759—1832),字宗觐,号望坡,福建闽县(今福州)螺洲人。清乾隆五十二年(1787)进士,授翰林院庶吉士,入文渊阁参与校勘《四库全书》。乾隆五十四年(1789),授刑部主事,历任刑部奉天、山西、直隶、广西、四川等司主事、员外郎,累迁郎中。嘉庆间外放,历任四川盐茶道。山东、广东、湖北、四川等省按察使,云南巡抚、广东巡抚兼两广总督。浙江、河南巡抚。道光元年(1821),升任湖广总督,又调任四川总督。道光四年(1824)三月,授工部尚书兼顺天府尹。道光五年(1825),调任刑部尚书。道光十二年(1832)因病乞归,病卒途中,归葬福州南郊。

他在外为官期间,累有政绩。任云南巡抚时,安抚土司,督办矿务,审核旧案,缉处逃犯,整肃边防。任广东巡抚兼两广总督,重修《广东通志》。任浙江巡抚时,组织修筑山阴、上虞、萧山等地的塘堤水利工程。在河南巡抚任上,组织赈济灾害,并上奏缓征或减免钱粮。任湖广总督期间,为当地苗民奏请减租免赋。在刑部任职最久,精于律学,善析狱,秉公执法。

陈若霖在嘉庆二十五年(1820)任浙江巡抚期间,曾经捐廉俸数千金,建螺江宗祠,并修《家谱》。他还曾捐金修葺北京的福州老馆。及退休,据《邠庐日记》载,"在虎坊桥西者,称福州新馆,为陈望坡尚书故宅。尚书告归,舍宅为馆"[1]。

---

[1] 《郭曾忻日记》,窦瑞敏整理,中华书局2019年5月第1版,第93页。

《楹联丛话全编》中的"楹联续话卷三·佳话"云："陈望坡尚书七十赐寿，京邸知交祝联甚多。唯曹文正公振镛一联云：'帝命汝作士，唯明克久；天锡公纯嘏，俾寿而康。'最为人所称。又郑仁圃太守一联云：'望重达尊，北斗尚书南极老；恩承敬典，天朝耆旧地行仙。'"[①]林则徐曾为陈若霖在福州的旧居题写对联："三十州都督，文武兼资，王命秉钺临天府；五百里德星，恩威并济，老尚成篇对古人。"由此可见陈若霖先生的声望。

还要特别附带说到的是：陈若霖先生的家族。陈家在唐末从河南固始南迁福建，明洪武年间定居螺江，人称"螺洲陈"。始迁祖陈广，字巨源，明赠征仕郎。从陈若霖（1759—1832）起，开始显达。他的次子陈景亮（1810—1884）官至云南布政使。他和陈若霖一样，为官正直，不畏强势。

他的长孙陈承裘（1827—1895），咸丰二年（1852）进士。他为人至孝，他父亲陈景亮病休后，他也弃官回家，在家养亲课子。他的6个儿子，宝琛、宝缙、宝璐中进士，宝琦、宝瑄、宝璜中举人，他的宅第被人们称为"六子科甲宅"。更被传为佳话的是，宝缙、宝璐再加上孙子陈懋鼎三人同一年中进士，被称为"父子叔侄兄弟同榜进士"。

陈承裘在家乡有很高的声望。他时常慷慨解囊，接济贫穷的乡亲，甚至自家举债；还为乡人评判曲直，调停争讼；举办育婴堂、义仓、义塾、社学等。去世后获封"光禄大夫"。

陈若霖的曾孙陈宝琛（1848—1935），字伯潜，号弢庵。清同治七年（1868）进士，累官至内阁学士、太傅。在朝中以直言敢谏著称。

陈若霖之后，5代都有人中进士、举人，计明清两代，陈家中进士21名，中举人110名。

至于"枢部黄叶菴"，除了能知道他的官职是"兵部主事"，级

---

① ［清］梁章钜等编著，白化文、李鼎霞点校，北京出版社1996年9月第1版，第187页。

别正六品之外，难能查到记载。但在《闽中会馆志》的"龙溪会馆"有关碑文中，能看到黄叶庵和黄可润、陈文芳等人先后接力，营建会馆的事迹。

黄可润碑文中说：

> 龙溪会馆之建，始于余家弟兵部主事叶庵。乾隆甲戌（乾隆十九年，1754）夏，余北上至吴门，遇同邑孝廉陈君恺亭，公事回，告余曰君家叶庵欲出寓宅为会馆，君其成之。宅在椿树头条，旧为桐城张太史物，叶庵购以千金。比余至京，叶庵将以忧归，以馆事相属。余因为定规条，置器物，葺敝漶，以成叶庵之美，以无虚陈君之意。""辛巳（乾隆二十六年，1761）余官易州，恺亭入都谒选，复以书来曰馆西南之屋，彼欲售百六十金，又大门卑且暗，群屋漏且坠，宜新之。时邑人陈君鹤村为刑部正郎，捐赀二百六十金，购得西南七间，并葺治焉。洪君璞霞，为广平司马，捐五十金。恺亭已得盐山县尹，捐三十金，余捐百金，于是会馆完且整，拟诸金瓯，曾无一缺。[①]

从碑文可见，龙溪会馆的创建，是一个既有个人捐宅又有诸人捐资的案例。黄叶庵捐出在椿树头条以千金购得的宅院，陈鹤村捐资二百六十金，购得西南七间并修葺，洪璞霞、陈恺亭、黄可润等再捐资"苴漏补坠，易暗为豁"，使龙溪会馆在乾隆二十六年（1761）八月完整建成。

创建龙溪会馆的几个人中，尤其得说说黄可润先生。

黄可润（？—1764），字泽夫，号壶溪，福建龙溪县壶屿（今漳州市龙海市角美镇西边村）人，乾隆四年（1739）进士，先后任无极、大城知县，宣化、易州知府，在畿辅为官20余年。乾隆二十八

[①]《闽中会馆志》，李景铭，1943年，"龙溪会馆"。

年（1763）十月，诏擢黄可润任河间知府。次年正月，未赴任而去世。著述有《无极县志》《宣化府志》《口北三厅志》《畿辅见闻录》《壶溪诗文集》。

　　初到无极县，黄可润巡访闾野，看到县内土瘠民贫，且农作物品种少，产量低，就将家乡福建的番薯引种无极，又借鉴山东德州窖藏薯苗的方法，在全县推广。由于黄知县"广劝种植甘薯，以为救荒之备"，番薯遂繁衍其地，丰歉无虞，县民称黄知县为"地瓜公"。番薯还相继传至正定府各县。此外，还教民治沙治荒，种树种果，粮棉间作，引进附近县份打井技术，以兴水利。黄可润的妻子还把南方的纺车带到无极，帮助农妇改进棉纺的技术。由于慈惠爱民，政绩卓著，离任时甚至士民攀辕，万人送行。黄可润被后人列为无极名宦。

　　每次赈荒，黄可润都针对灾情，严密组织，使救灾物资都能落实到具体灾民。连其他县邑有灾，上级都令他协助，后来索性让他总理通州、蓟州等七州县的赈务。

　　宣化是九边要地，但不少城垣坍塌，亟须修筑，任宣化知府时，黄可润以体强力壮的北方人版筑土方，以雇来的南方泥水匠师砌砖铺址，发挥其工作细致的特点，保证了工程的质量。在城池之西的上风口，又平整沙堆，种植上万株柳树，以为防风屏障，同时引柳川水环注城下，筑"万柳亭"供行人休息。治沙防沙，重视生态环境保护，黄可润先生可谓有远见卓识。

　　黄可润在宣化创建柳川书院，在易州创建泉源书院、凌云书院，以培养人才，教化人文。

　　由上述黄可润为官的事迹简介可见，他是一个关心百姓疾苦，讲求为民办实事的清官。

　　文中说到的"中翰陈鸿亭"，未能查到有关他的记述。从"中翰"二字，可知这位陈先生是内阁中书，官级从七品。但从叶向高、李光地到黄可润等人的事迹，已经可以看到，为创建会馆而捐宅、捐资的京官，级别高低不同，但为人为官，都是有为国为民的追求抱负，且操守严格，重桑梓之情的。

商人段谭波捐出宅院建龙岩会馆，有关记载稀缺。不意《闽中会馆志》记载有一个段云龙的逸事：

> 龙岩会馆神龛内供奉创馆人段云龙（字谭波）先生，不详其官衔，但以馆录考之，知为乾隆时人。司馆者温公颐云，据故老流传段之逸事云，段少不羁，佗傺无聊，求筶（gào，占卜具）于神之南乎之北乎，神曰之北当吉，于是只身入都，以饲鸟为业。鸟能为百戏舞，且善斗，北京之饲鸟者无能与段之鸟敌。于是天桥一带无不知段之善饲鸟，谓公冶长知鸟语，段云龙且谙鸟性也。时有某王公亦喜饲鸟，然鸟之技不如段之所饲者，与斗辄败，于是王公某欲得段之鸟。段曰是鸟吾生命所寄托，旦夕赖以为生者也，何可以让人。王公某曰，不然，汝能以鸟让，吾能生汝。于是以数千金易此鸟去。段即以此金营烟业，致钜富。盖龙岩烟叶曾驰名海内外也。段喜行善事，而待士犹厚。某科会试，闽之举子以三试不售，家贫，困于资不能回闽，将自经死。段闻救之。询故，曰吾家徒壁立，来京川缠均由借贷来。今三试不售，尚何面目见故乡父老，留此又无以为生，故萌厌世之想。段邀住其家，厚遇之。三年竟入春闱，厚仕某省，屡招段，思有以报，段曰，汝好为官，吾自为商，足矣。最后以其余资创此馆，相传至今，三百余年。龙岩县志及顺天府志未详此事。兹据温公颐所述备书之，以为乐善好施者劝。①

从故事中可见：
以馆录考之，段云龙为乾隆时人。
段云龙"只身入都，以饲鸟为业。鸟能为百戏舞，且善斗，北京之饲鸟者无能与段之鸟敌。于是天桥一带无不知段之善饲鸟"。看来

---

① 《闽中会馆志》，李景铭，1943年，"龙岩会馆"。

北京的鸟文化中，也有从福建传来的一支。按龙岩会馆建在石头胡同推想，段云龙可能与天桥一带养鸟的人们有来往，以致天桥一带都知道石头胡同有福建鸟把式段云龙。

某王公喜欢上段云龙的鸟，最终以数千金的高价买去。段云龙用这"第一桶金"在京城投资经营烟草业，以致巨富。段云龙家乡龙岩的烟叶驰名海内外。在京师，段云龙亲眼见到满族人喜欢抽烟，他们除了开门七件事的"柴米油盐酱醋茶"之外，第八件事就是抽烟。把龙岩烟叶引进京城，段云龙取得了开拓新市场的成功。

段云龙喜行善事，尤其敬重读书人。有个同乡三次参加会试而不第，家境贫寒，借债才得来京，无颜回家，又无以为生计，寻短见时，被段云龙救下，还接到家里资助他继续攻读。三年后，这书生金榜题名，在某省为官，多次要报答段云龙，段先生都回答他："汝好为官，吾自为商，足矣。"从这回答可见，段云龙救试子，厚待试子，都是"喜行善事"而不图回报。最后他创建龙岩会馆，当也是如此。由此看来，对于商人捐款建会馆，不能简单地联想他们是"投资"，是"有投入就要有产出"。

龙岩为直隶州时，曾辖武平、宁化二邑。到了1916年，"国会重开，旅京者麇集，以岩馆地点不良，且受乡人委托，爰将该馆售去，即以售出之款，于贾家胡同购新馆一所"。这时的龙岩，已经改州为县，如果称"龙岩会馆"，会馆似乎就成为龙岩县所独有了。经过一番讨论，特别是龙岩的人们认为："夫处分物产，全视所有者意思之表示，段君既有谋一州二邑新馆之宣言，则原有建筑物，其为三属所共有，而非岩人所独有也，明甚，以共有物售出之价金，因而购得新物产，则其仍为共有也，更无待言矣，古今人度量之相越，其不甚远乎？后之来者，尚体先人大公无我之心，对新馆所有权义，共同分担享有，不分畛域，而门额则仍其旧，盖取有举莫废之义云尔。"换句话说，就是人们仍旧遵从段云龙当年留下的老话，龙岩会馆依旧是龙岩与宁化所共有的会馆，不分畛域。

还有乡人捐款在北京建会馆的。北京的泾县会馆就是一例。

长巷下头条的泾县会馆,"百余年来,虽迭经修葺,而邑中人文鼎盛,每间岁应京兆及礼部试者肩接而踵集,馆屋至不能容,则往往寓于他所。于是同人慨然有更置之意"。嘉庆十六年(1811年)会试后,"公车诸君归而遍谂邑中,邑中诸族姓莫不慷慨乐输。得白金以两计者万有奇。遂邮书京师,购得南横街屋三所六十余间为馆屋;又于馆东及兵马司后街各买屋一所,取其岁赁所入为公事费。于是称今之所置为新馆,而曩所有者为旧馆。吾泾遂复有新旧两馆矣"。①

这是说泾县每隔年进京科考的举子人数众多,以至远超出会馆容量。1811年会试后,经举子们回乡呼吁,泾县诸族姓捐银万余两,购买了南横街三个院落做新馆,又买下馆东及兵马司后街各一所院子以为出租,租金做会馆日常开销的支持。由此,长巷一区改称为"老馆",南横街所置则称"新馆"。这一说法绵延至今。

商业行业会馆的创建基本上是靠着同乡商人或同行商人集资,日常运作,则靠缴纳会费。

例如,银号会馆正乙祠,就是浙江绍兴钱号商人集资兴建的。在康熙五十一年(1712)《正乙祠碑记》中记有:"京师正阳左右列肆而居,强半吾乡之人居多焉。问之居于是者,未尝有集会之所,饮食燕乐之地。岁庚寅(1710)之夏,乡人同志而谋曰:'吾越之在版图中,犹太仓一粟,沧海一苇也。然来于是者,垒垒若若,实繁有徒。不创造一公所,则吾乡之人,其何以敦洽比,通情愫,且疾痛疴痒,其何以相顾而相恤。'于是闻者,咸以为然,遂各出所有,量力资助,乃购地于西河之通衢,鸠工庀材,为堂三楹,后室称之,以妥神像。周其廊庑,辟其户牖,期年而落成。"② 碑记中的"各出所有,量力资助",说明正乙祠是绍兴钱号商人集资创建。

比较士人会馆与商业行业会馆,前者的创建,或为官员捐宅,或

---

① 《北平泾县会馆录汇辑》,周向华、张翔点校,安徽师范大学出版社2014年12月第1版,第29页。

② 《北京宣南会馆拾遗》,白继增,中国档案出版社2011年1月第1版,第343页。

为官员集资。官员所捐资金，来自他们的俸禄，即如今天的工资；后者的创建，则来自商人们的集资，资金来源于经商所得。

（三）管理的方式方法迥然不同

无论士人会馆还是商业行业会馆，都制定有共同制定的规约以为管理依据。

士人会馆的规约，无论各省市会馆，抑或同一省市的省郡县，一般来说大同小异。或者，专门研究某一士人会馆的规约，对我们了解其余，会有好处。

1．士人会馆的规约

我们以歙县会馆为例。

道光年间编纂的《重修歙县会馆录》有万历十四年武英殿大学士、礼部尚书许文穆所撰碑记，其中说道："徽歙会馆者，歙从事诸君所建也。自嘉靖季年杨鲍诸君倡其始，许刘诸君蒇（chǎn，完成、解决）其成，旧在菜市中街，狭隘不称，乃营西城陬（正阳门西）为堂三重室九个，经始于嘉靖四十一年十二月庚辰落成，于四十二年十二月甲子博士鲍君额其馆曰'崇义'（文按：额乃三十九年题菜市中街馆，后移于此）。"按照许尚书碑记中的按语，歙县会馆最初创建，当是在嘉靖三十九年，即1560年。又，同书中还有另一个记载，崇祯十年户部右侍郎吴国仕所撰的"序"云："是馆也，自世庙庚申迄今上丁丑，盖七十有八祀。"他说的世庙庚申，也是嘉靖三十九年。但同书中也有提为该馆创建于嘉靖辛酉年，即嘉靖四十年（1561）的，见于"隆庆三年江西抚州推官黄愿素碑记"。[①] 碑记中的杨鲍诸君，从《重修歙县会馆录》中能看到，杨，指的是杨忠，字良臣，号双峰；鲍，指的鲍恩，字时惠。此外，没有关于创建人的其他记载。

---

① 资料来源：《重修歙县会馆录（道光）》。

及入清后，据乾隆七年（1742）兵部左侍郎凌如焕所撰《新建歙县会馆记》称，明代的歙县会馆，因"年远不可复识"，致有"乾隆五年（1740）侍御史南溪吴君乃倡议建歙邑会馆，以复前明之旧"，比部①正郎黄昆华"毅然曰此举不烦众力，吾当肩任其事。于是，继踵前徽，以其所置邸第一区，慨然公之于众，计屋凡六十三楹，计值一十六万缗"，"二三同志仍量力输助，以襄盛举，越明年告成"。

乾隆六年（1741），歙县会馆建成，随即，公议拟定了《会馆条规》。乾隆二十八年（1763）又做修订，推出了《增议规条》。42年之后，嘉庆十年（1805）歙县会馆又制定了《嘉庆十年公议条规》。

从乾隆六年（1741）歙县会馆重建到嘉庆十年（1805），计64年。换言之，《嘉庆十年公议条规》是经历了60余年的会馆管理实践，积累了诸多经验而问世的。以它为例，对我们了解和研究清代会馆的管理，应该会有教益。

嘉庆十年《会馆公议条规》——1805

嘉庆十年（1805）歙县《会馆公议条规》

一、会馆房屋除大厅及兰心轩上下为同人公叙之所，不便居住外，其余房屋由内及外，自左达右，以到京先后为序，每人住房一间，不可多占，亦不可拣择。如各房业已住满，方可于兰心轩暂住。

二、会馆原为公车及应试京兆者而设，其贸易来京自有行寓，不便于会馆居住以及存贮货物，有失义举本意。

三、本籍外籍皆属同乡，但吾邑寄籍者多。凡乡会试之年先尽本籍及名隶外籍而家住本邑者居之，其余外籍须房间实在有余，询明乡村族属，确有可凭，并京官作保者，方得居住。

---

① 明清时对刑部及其司官的习称。

四、会馆为乡会试习静之所，下榻诸公敬业乐群，所带家人及看馆人等，不得征歌选伎酗酒呼卢，违者议究。

五、非乡会试之年，谒选官及来京陛见并京官未觅有寓所者，均听于会馆作寓。外官每房一间每月出租钱大钱二百文；京官每房一间每月出大钱一百文。按月交司年收贮。唯将届应试之期，务须早为迁让，不得占据，其他因公差役并各衙门供事书吏以及无事闲游者，概不留住。如司年徇情，公议重罚。（上镛按：此项租钱于嘉庆十九年公议蠲除）

六、京外官及乡会试人等有眷属者，不得于会馆居住。

七、馆内司年，阄定京官二人轮流掌管。凡有应商事件，传集公议而行，其公匣簿籍契纸银两及馆内物件，公同查明交收。每年以封印后择日邀众齐集馆内，算清，上下手交代。如遗失短少，咎有所归。其馆内房屋修葺最关紧要，司年者每月须到馆亲勘，有应修处即行通知，估计修理，不得因循，以致迟修多费。

八、会馆房间钥匙存司年处。凡欲到馆居住者，先向司年领取钥匙开住。至房内家伙什物，俱有簿登载。每一物又有字记。司年照数点交，书单粘壁，不得损坏遗失，亦不得移动别屋家伙。临去仍通知司年当面查点收清。如有损失，务令赔补，司年不得徇情。

九、各房厨灶，或二人一处或四人一处，俱系按地分派。每厨房门框上悬牌书明，不得混佔。

十、凡谒选引见以及京官暂住会馆者，馆内房屋物件，须公同留心照管，毋致损坏遗失。倘本房家伙不敷所用，自行添置，不得移动别房，以致错乱。出京时所置物件即捐与馆内公用，再，拴养马匹头口，大门外盖有马棚，不得牵入馆内作践，如违公罚。

十一、凡住会馆之人所带仆从，可住厨房及二门外小房，俱不得占住正屋。至门扇家伙，俱各责令小心照应，毋许糟蹋，如违公罚。

十二、乡试中式输银一两，会试中式输银二两；乡试第一名输银十两以上，会试第一名输银二十两以上；状头输银五十两以上，鼎甲输银三十两以上；各登名匾额，其有另悬匾额者听。唯外籍乡贯系族无可查考者，毋庸滥入。

十三、乐输定例：京官三品以上输银三十两至六十两，翰詹科道输银十两，郎中员外输银二十两，主事输银十两，七品以下输银六两，奉差者各酌量捐助（如试差五两至十两，学差仓差漕差廿两至五十两），外官三品以上输银五十两至一百两，道府以下州县以上输银三十两至六十两，佐贰输银十两至三十两，佐杂输银六两至十两，盐务官员照外任各官品级加倍捐助。此系公同酌定之数不可减少。其有好义增捐者，不拘于数。俱于得缺赴任时，由司年送单收存登簿，为将来置产岁修及各项公用。不得多开少付，不得指名兑会并责成司年催取。

十四、每年京官三品以上者输银三两，五品以上者输银二两，六品以下者输银一两。司年于年终送单随书随付，收入岁支簿内，以备公用。

十五、馆内倘有余银，只可置产坐租，不得借贷与人，贪利贻误。

十六、乐输姓名银数，向来立匾登载，复有簿备查。积年以来，有匾无簿，诚恐日久漫漶，难以稽查。今宜仍循旧例，立簿登记，必须现书现付，方便登簿登匾，并入交代内清算。

十七、乡会题名匾额向俱有簿详载姓系籍贯科分名次，年久不行，今宜仍如旧例。

十八、司年立收支簿每年一结，存公匣，上下手交代。

十九、文武圣诞由司年传单书分三品以上四两、五品以上三两、六品以下二两，余俱以一两为率，其有从丰者听。务须随书随付，以便按名备席，毋得书知不付至。每月朔望祀神香烛，司年于公项备办。

二十、石榴庄义冢，前经会馆请碑禁示并动公项修理，近年以来，均系茶行公议捐修，复增置义地。其契仍存公匦。馆内每年议定贴费二十四金。其清明中元两节祭祀，皆系茶行经理。首事人传知司年，每节于公匦内出贴费一两，并同乡士绅各京钱一百五十文，以供纸烛之费。嗣后仍如旧例。

二十一、看馆人给住房三间，每月工食制钱二千文，由司年按月给付。其馆内房租等项，责令取讨交匦，不得擅取擅用。至在馆作寓者来去，俱令禀明。司年其查点房屋什物时，并令一同在旁过目，勿听推诿。倘有怠情及盗卖私借等弊，司年查出究逐。

二十二、门上代看馆人承值，每日自大厅至门首，俱责令打扫洁净，其来往闲杂人等，不许容留，违者司年究逐。

从《会馆公议条规》可见四个方面的规范，即士人会馆居停规范；管理人员规范；会馆祭祀规范以及会馆赞助规范。每一规范又包括两个方面。

（1）居停规范

会馆居停规范，主要是会馆的入住资格及住宿行为规范。

第一，它强调：会馆是为公车及应试京兆者而设，不接待商人居住和存贮货物。即便是商人投资建起的会馆，也概莫能外。

第二，在乡会试期间，它只接待科考的试子。试子的眷属不得于会馆居住。

其他会馆的规条中，写得更明确。如《上湖南会馆新议章程》（同治八年，1869）规定："乡试年分尽乡试者居住，会试年分尽会试者居住，乡会试并在一年内者，按试期先后居住"。"会馆住房编列号数，凡遇会试年分，有仆者上下合住一号，无仆者两人合住一号，抑或两主共一号，两仆共一号，总以到馆先后次第，挨号居住，不得任意拣择，致启争端"。"每逢会试年分，京外各官有家眷者，限于先年冬间搬出，乡试年分限于本年五月搬出，不应试者亦一律退让搬出，如人数至多不敷居住，京官应试者亦宜退让"。[①]有的会馆规定，试子的仆人不能在会馆居住。

第三，因为"会馆为乡会试习静之所，下榻诸公敬业乐群，所带家人及看馆人等，不得征歌选伎酣酒呼卢，违者议究"。这是对会馆所有人的要求，包括入住的试子，京官外官，仆从乃至会馆的管理人员。由此推想，除不得带歌伎开酒宴之外，肯定还不允许大声喧哗。

粗粗看来，似乎这是一条会馆秩序的规范，甚至一般旅店也都有类似要求。但对于会馆，因为是会试备考、士绅居停之所，"修齐治平"，首在修身自律。"违者议究"，其中一个"议"字，说明会馆里有个同乡公议机制，由负责管理的京官主持，集合住客评判。这种同乡舆论，在当时，无疑是有着巨大的影响和约束力。有的会馆，在类似条规中，还有罚银的规定。

第四，对官员入住的规范，包括对京外官和京官两类规范。

非乡会试之年，外官并京官未觅有寓所者，可以入住。但将届试期，得早为迁让。其他因公差役并各衙门供事书吏以及无事闲游者，概不留住。

京外官的眷属者，不得于会馆居住；所带仆从，不得占住正屋。

明文规定京外官和京官入住会馆的租金。

还有会馆设施设备的保护责任与损坏赔偿，以及住客自行添置设备的有关规定，乃至马匹不得进入会馆的规定等。

（2）乐输规范

试子乡会试期间入住会馆是免费的。但乡会试中式及获得不同名次的，要向会馆捐输喜金。会馆各登名匾额，详载姓系籍贯科分名次，且允许另悬匾额；同时，还有簿备查。

获得任命的京官、外官，乐输有公同酌定之数，并须在得缺赴任

[①] 《北京会馆档案史料》，北京市档案馆编，北京出版社1997年12月第1版，第544—545页。

时缴纳。除此之外，京官还有每年的捐输，由司年于年终收取。

所有喜金、捐输，《条规》中强调收入"公匦"，以为会馆公用，并专门规定："馆内倘有余银，只可置产坐租，不得借贷与人，贪利贻误。"在乾隆六年该馆初建所立规条中，就规定"所收银两不得放债生利，唯买产坐租，万无贻误。司事者如擅行出入，查出公罚"。乾隆二十八年的《公议条规》则规定"为馆内倘有余银，只置产坐租，丝毫不得借贷于人，贪利贻误"。三个《条规》在60余年中一脉相承，反复强调。这也说明会馆的管理中，对捐输资金的安全极为重视，不敢疏忽。另外，从所有会馆的附产看，没有投入商业或其他行业以求牟利的，只有置办房产，以租金收入养护会馆的运营。

如果从清代的科举宾兴的地域分类看，主要有府（直隶州）宾兴、县（州）宾兴、乡（里、镇）宾兴以及村宾兴等，京城会馆的乐输，或也可视为一种级别的宾兴，或者说是宾兴在京城会馆的体现，甚至可称之为"会馆宾兴"。

（3）管理人员规范

《闽中会馆志》在"福建会馆·沿革"中记载："司馆事者，民国初沿清例，有直（值）年有干事。直年公推乡老充任，以福州及上下府一二人充之，民国二十六年（1937）改理监制，报明社会局立案。理事十一人，监事七人，候补者各三人。"[1]这是说清代时会馆管理的通例，是所谓"值年制"，民国后改为理事会、监事会管理模式，但科举已被废除，斯时的会馆已经转变为同乡会，且日渐衰落。所以，《闽中会馆志》中的这个记载，恰恰说出了科举制度下的会馆，实行的是管理"值年制"。

从歙县会馆的《规条》中，可见这一值年制的内容。

乾隆六年的《会馆条规》中有"京官亦每年以一二人掌管，其有出差告假交留京者接办，无致废弛"的规定，即会馆的管理，由京官担任。及至乾隆二十八年，《增议规条》改为"自本年为始，阄定

---

[1] 《闽中会馆志》，李景铭，1943年，"省馆·福建会馆"。

京官二人轮流掌管",即从这一年起始,京官中的会馆管理者,由抓阄确定。及至嘉靖四年,形成"馆内司年,阄定京官二人轮流掌管"的定制。

以此再看泾县会馆嘉庆二十二年（1817）的《新议馆规》,其司年（该馆规称为"主会"）的产生也改为拈阄,且对司年的出任有更细致的规定："每年主会一人,京秩拈阄挨管。除甲戌同乡六位按照阄定先梭接管,对期交卸外,后有新任京秩,或由外任内用及差竣回京,总以到京先后挨管。同日到者再阄分先后注明簿上,不得推诿。如值年人有事出京,即交下手接管。俟回京时仍将应管月数补足。"[①]

歙县会馆司年掌管的事项有：

掌管公匣簿籍契纸银两及馆内物件。

每年以封印后择日邀众齐集馆内,清点会馆财物,上下手交接。

凡有应商事件,传集同乡京官公议而行。

每月到馆亲自勘察会馆房屋状况,并决策及时修葺。

掌管会馆房间钥匙,并负责入住及离去时,与住客清点房间物品。如有损失,务令赔补。

负责收取乐输,并登记在册。

对会馆财产,承担保全责任。

对会馆资金,负责公用支取。余银,只可置产坐租,不得借贷与人,贪利贻误。

备办每年的祀神及清明中元两节祭祀活动。从其他会馆的条规中可见,还有对新中式举人、进士的花红筵宴,进京官员的迎送、外放官员的送别等仪节,以及年节的团拜活动等。

安排看馆人（长班）日常服务及有关工作,并做督促、检查。如有违规行为,及时处理。

依规定安排看馆人员住房,及按月支付其劳务工资。

[①] 《北平泾县会馆录汇辑》,周向华、张翔点校,安徽师范大学出版社2014年12月第1版,第25页。

司年的工作，因属公益，一般没有工薪，但每年以公俸银数两作为酬答。

看馆人负责在司年领导下，具体管理会馆事物。包括：

馆内房租等项的收取交匣，不得擅取擅用。

住客入住及离馆时，在场协助司年清点房间物品。如有怠惰及盗卖私借等问题，经司年查出。追究责任，并辞退另招。

具体操持每年的祀神及清明中元两节祭祀活动。

每日自大厅至门首的打扫清洁。

闲杂人等，不许容留，违者司年究逐。

其他会馆事务的具体操办。

歙县会馆也曾经将具体事务交商人管理的。据乾隆六年（1741）《会馆公议条规》记载："会馆择在京殷实老成有店业者分班公管，每年二人轮流复始，其公匣契纸银两并收支会簿上下手算清交代，凡有应行事件，与京现仕宦者议定而行。"实际上这"在京殷实老成有店业者"，是京官司年的助理，管理的决策者还是在司年。

2．商业行业会馆的规约

在商业行业会馆中，我们选取北京《仙城会馆》（同乡粤商或称粤帮商人会馆）及《药行会馆》（行业会馆）为例。读过歙县会馆嘉庆间的《会馆公议条规》，再看这两家商业行业会馆的"规约"，就能从管理的个案上，比较士人会馆与商业行业会馆的异同。

（1）《仙城会馆简章》（同治元年，1862）

仙城会馆，以广州别称"仙城"为名。据《创建仙城会馆记》，该馆始建于康熙五十一年（1712），位于王皮胡同7号，原路北旧门牌二三号。据康熙五十四年（1715）泐石立碑的首事人名单，会馆由李兆图、马时伯、巫乃熙、伍象始、张德勤、梁秩五、陈燕长、李兴朝等8人集资创建。

《中国工商行会史料集》中记载有北京《仙城会馆简章》：

第一条　仙城会馆原创立于康熙五十一年(1712)，嗣因历时久远，失于修理，以致房屋坍塌仅存基址。咸丰十一年(1861)，我和丰县记等九家同人，咸以馆址荒废，无人修复，湮没堪虞，乃倡议重修，合力筹款，从新建筑。于同治元年(1862)，房舍落成，并泐石碑于馆中详记其事。此为本馆重修之缘起。

第二条　本馆自重修后，初拟改用堂名，不欲用会馆二字免与各省公立之会馆相同。盖本馆为私人合资所成立，与各省会馆由公众募捐而成立性质迥殊，名称应别。后由同人议定，以既在仙城会馆原址建立，仍以保留旧名为宜。况查康熙五十四年创建会馆之碑文，首句即云：称会馆者何为也，为贸迁有事，祃(mà)祀燕集之所也。可见前人命名会馆之意，已表明与公立之会馆性质不同，唯应将用会馆二字之意义于章程中详细说明，俾免后人误会。

第三条　本馆名称虽曰会馆，其实与各省公立之会馆性质不同，已如第二条所述。所有章程自应与各会馆有所区别。本馆不设值理董事等名目，亦无每年举行选举等事，只设馆长一名专管馆中一切事务，为永久任职。若无他故，绝不更换，以专责成。

第四条　本馆经费虽由同人筹备，但为维持久远起见，仍应继续设法。兹议定自本章程成立日起，各家应于货物售出时，按价提成，抽取佣费。每月将征收数目报告馆长，登簿备查。俟积存多数，即置产生息，以附馆用。

第五条　本馆设置公箱一具，所有产业契据重要文件，银单、银两各种账簿，均存放于公箱中，由我九家同人，每家轮管一年，周而复始，以均劳逸。

第六条　本馆每月所收入之租款及利息，由馆长收齐后，开列数目，送交管理公箱之商号，收存于公箱中。每月馆中开支用项，由馆长开单，向管理公箱之商号支取，馆长不得在经收之款项内先行支用。

  第七条　本馆公箱，既议定每家轮管，一年为期。每届期满后移交时，款项数目必须清楚。如有挪用存款，接收者务宜严与交涉，限期如数交出，勿得徇情。

  第八条　会馆馆长，每届年终，致送薪俸。长班及经租人，按日支给二食。轮管公箱各字号，不支津贴。但本馆存款，得交管理公箱各字号轮流使用，亦以一年为期，利息照市而减半，稍示酬报。

  第九条　本馆原为私人会议之所，并非公众集合之场。无论何人，不能寄居或暂时借寓，俾免混杂。况馆中奉祀神座，更宜屏除闲人，以昭肃穆。

  第十条　本馆同人经商南北，梯山航海，几经险阻（以下缺）[①]

  从碑文中可见，该馆在咸丰十一年（1861）由九家广州商业同人合力筹款，从新建筑，于同治元年（1862）竣工，并泐石碑于馆中详记其事。

  《仙城会馆简章》第一条述说会馆重修的缘起，第二条写会馆二字的含义及会馆的性质。广州商人眼界、思路和观念确是不一般，开宗明义就讲"本馆为私人合资所成立，与各省会馆由公众募捐而成立性质迥殊，名称应别"，"初拟改用堂名，不欲用会馆二字免与各省公立之会馆相同"，考虑到会馆在仙城会馆原址重建，又查过康熙五十四年创建会馆的碑文，第一句写的就是："称会馆者何为也，为贸迁有事，祸祀燕集之所也。"前人最初创建仙城会馆时，就明确了所用"会馆"一词的含义，就表明了此会馆与公立之会馆性质的截然不同。因此，重建后的会馆，仍旧沿用旧名，没有改换堂号。但在章程中首先对会馆一词做出专门的界定。而且，章程所有条款，都与士

[①]《中国工商行会史料集》，彭泽益主编，中华书局1995年1月第1版，第616—617页。

人会馆有所区别。

果然,从第三条及以下条款,都与士人会馆的规约迥然不同。

会馆的管理,没有司年(值年)之说,只设馆长一名,还是永久任职。若无他故,绝不更换,以专责成。

会馆经费,来自各家销售额的"按价提成,抽取佣费",且是每月将数额报告馆长,登记在册,积少成多后,靠"置产生息,以敷馆用"。

该馆也设有"公箱",即如士人会馆的"公匣",以存放"所有产业契据重要文件,银单、银两各种账簿",但不是如士人会馆的由司年掌管,而是九家同人,每家轮管一年。届满移交,账款必须清楚。如有挪用,接收者要严与交涉,限期如数交出,勿得徇情。

每月所收入的款项,馆长负责收齐,开列数目,交值年公箱管理商号,收存公箱。每月馆中开支用项,由馆长开单,向管理公箱之商号支取,馆长不得在经收款项内先行支用。这比士人会馆的司年掌管公匣并款项收支,又明显不同。

馆长有共同制定的年薪。士人会馆的司年则没有薪俸,只有车马费。

长班及经租人,按日支给二食。与士人会馆的长班比较,它没有住房和工资等待遇。就工作内容而言,也没有会馆客房管理等事务。

轮管公箱的各字号没有津贴。但本馆存款,轮值字号可以在值年内使用,利息照市而减半。

该馆章程明确规定:本馆为私人会议之所,无论何人,不能寄居或暂时借寓。

从《仙城会馆简章》可见,此商业会馆是服务于来京粤商的,与士人会馆,堪称风马牛。

明天启四年(1624),北京曾经建成一处"广州会馆"。据这一年的《广州会馆记》记载,这个会馆位于宣北坊之北。且"吾乡会馆,自辛亥以后创置凡七",即自万历三十九年(1611)至天启四年

(1624),13年间，就建有属于广州的会馆7所。[1]但据《广东会馆论稿》记述，明代北京这7处会馆，到康熙末年仅存岭南会馆。[2]另外，成书于乾隆五十三年（1788年）的《宸垣识略》中，记载了当时北京的著名会馆182家，广东的会馆就有打磨厂的粤东会馆、长巷四条胡同的南雄会馆、草厂头条胡同的广州会馆、草厂七条胡同的惠州会馆、冰窖胡同的平镇会馆、延寿寺街的潮州会馆、李铁锅斜街的肇庆会馆、外郎营的潮州会馆和琼州会馆、韩家潭的广东会馆、仇家街的雷阳会馆、粉坊街的廉州会馆等12家[3]。另据《同治三年都门纪略》记载，北京广东的会馆就有32家，如：粤东会馆（在前门外打磨厂路南）、粤东新馆（在南横街中间路北）、新会邑馆两家（在粉房琉璃街路西；在永光寺西街路西）、惠州会馆（在草厂七条胡同）、惠州新馆（在草厂七条胡同路东）、仙城会馆（在王皮胡同路北）、广州会馆两家（在草厂头条胡同及前门外韩家潭）、协中会馆（在棉花头条胡同路南）、高郡会馆（在贾家胡同路西）、潮州会馆两家（在延寿寺街路东及大外郎营路东）、高州会馆（在贾家胡同路东口）、廉州会馆（在粉房琉璃街）、韶州会馆（在前门外大蒋家胡同）、琼州会馆（在大外郎营路东）、镇平邑馆（在前门外虎坊桥路北）、南海会馆（在宣武门外米市胡同）、香山会馆（在官菜园上街）、番禺会馆（在宣武门外上斜街）、肇庆会馆（在李铁拐斜街）、雷阳会馆（在裘家街路东）、顺德邑馆（在宣武门外海北寺街）、顺邑西馆（在永光寺西街）、三水会馆（在宣武门外米市胡同）、南雄会馆（在长巷上四条胡同）、平镇会馆（在前门外冰窖胡同路北）、嘉应会馆（在香炉营头条胡同路南）、潮郡会馆（在前门外打磨广）、东莞会馆（在宣武门外珠巢街）、广州七邑会馆（在前孙公园路北）。从中可见，乾隆时《宸垣识略》记载的韩家

---

[1]《北京会馆基础信息研究》，白继增、白杰，中国商业出版社2014年12月第1版，第429—430页。

[2]《广东会馆论稿》，刘正刚，上海古籍出版社2006年6月第1版，第2—3页。

[3]《宸垣识略》"卷九·外城一"，[清]吴长元辑，北京古籍出版社1983年12月第1版，第180—181页、第213—214页。

潭的广东会馆，到同治间已经是广州会馆了。

在这么多广东籍士子会馆的背景下，仙城会馆从创建伊始，还真得把自己不是士人会馆而是商人会馆的事说清楚、讲明白。

（2）北京《药行会馆众议规条》

北京的药行会馆清嘉庆二十二年的众议规条中规定有：

  一议：各铺家按生意，每月八毫捐钱。每逢初二，着看馆人取作公费，费用之外，余钱存公。

  一议：各行每节按行用，捐银五厘存公。

  一议：各客每年按生意，捐银五十两，于八月二十六日交入公帐，另行出息。

  一议：众首事按月轮值，每逢初一日，上下首事，齐到会馆，交代银钱，毋得迟延。如午刻不到，罚银二两。

  一议：新开铺子家伙字号银，每百两捐银一两，以存公用。系嘉庆十五年正月起。

  东城各铺，每月捐香资钱十六千一百九十文；

  东南城各铺，每月捐香资钱五千九百二十文；

  西城各铺，每月捐香资钱八千六百五十文；

  西南城各铺，每月捐香资钱九千三百六十文；

  同仁堂，每月捐香资钱七千文。[1]

从这个规条可见，北京药行会馆的会员，有四九城各药铺，还有牙行及客商。会员要向会馆缴纳的费用，铺家每月出收益的八毫（万分之八），牙行每节按佣金一两出银五厘，客商每年出银五十两，新开的药铺每月资本银一百两出银一两，作为会馆的费用或资金。另外，各铺家每月出一定的香资钱，也在规条中明确规定。

---

[1]《明清以来北京工商会馆碑刻选编》，李华编，文物出版社1980年6月第1版，第93—94页。

既称行业会馆，行业里的人，自是跨地域的，就没有同乡之说。再加上搞的是商业或手工业之类，与士人就更不是一回事，但其名称也称会馆，是同行业里的人们会议之所，和士人会馆的含义就完全不同了。

尤其有趣的是，士人会馆，如歙县会馆条规规定"会馆原为公车及应试京兆者而设，其贸易客商自有行寓，不得于会馆居住以及存贮货物，有失义举本意"[1]。在山西的"云山别墅"，其光绪二十六年（1900）所定规条中，则规定："新馆为吾乡祀神宴会公所，其京外文武各官引见当差，及文武乡会试公车概不准居住"，还规定"新馆平日遇有同乡及外省京官、富商愿在此请客宴会者，准其假座，务须先期订约，庶免临时纷争，违者唯长班是问。所得假座小费，除赏给长班若干外，余均交值年归入岁修款内"，"新馆平日虽准同乡及外省绅商假座请客，均属雅集，概不准携带优伶演唱小曲"[2]。你不许我，我不许你，泾渭分明。云山别墅，即三晋西馆，据《北京会馆基础信息研究》记载，该馆"建于清嘉庆年间（1796—1820），由山西商人集资所建。位于西域区下斜街1号（旧为路西一号），占地4.5亩，有房60余间。前有四合大院，后有高楼峭坡直上，楼为舫形，凭四孔虚窗可见西北群山"[3]。另据光绪十八年（1892）《云山别墅记》称："昔年驾幸淀园，臣僚扈跸，每建室为休沐地。云山别墅者，吾乡建为休沐所，今且久废为墟矣"，"光绪十有八年八月，晋人士构屋于宣武门外下斜街，既蒇（chǎn，完成）事，书'云山别墅'额揭诸楣，复旧观也"[4]。由此可见，云山别墅在1900年于其原址地重建，但由原来的休沐所，改为山西乡人祀神宴会公所。

---

[1] 《道光十四年重修歙县会馆录》（会馆藏版），未刊本，第十三页，《乾隆六年会馆公议条规》。

[2] 《北京会馆碑刻文录》，王汝丰点校，北京燕山出版社2017年12月第1版，第134—135页。

[3] 《北京会馆基础信息研究》，白继增、白杰，中国商业出版社2014年12月第1版，第89页。

[4] 《北京会馆碑刻文录》，王汝丰点校，北京燕山出版社2017年12月第1版，第129页。

无论商业会馆还是行业会馆,与士人会馆比较,我说是——此会馆非彼会馆。

谈及北京明清时的城市文化,一般划分为皇家文化、士人文化与平民文化三个类别。依此,士子会馆所承载的,当属于士人文化;商业行业会馆则属于平民文化,或者其亚文化的城市商业文化范畴。基于此,本书的研究范围,就侧重在士人会馆,如有必要时,才涉及商业行业会馆。

第四章

从乡约到馆约

乡约和会馆有什么关系？我们先看乡约。

一、乡约

《吕氏乡约》

目前所知较早且著名的行乡约记录应推北宋蓝田《吕氏乡约》。《吕氏乡约》由陕西蓝田吕氏兄弟（吕大忠、吕大钧、吕大临、吕大防，史称"蓝田四吕"或"吕氏四贤"）制定，内容包括"德业相劝，过失相规，礼俗相交，患难相恤"4部分，或者说，这16个字是《吕氏乡约》的纲要。其中患难相恤，具体包括：水火、盗贼、疾病、死丧、孤弱、诬枉和贫乏7个方面，根据轻重缓急对遇到困难的同约乡人给予救助。

《吕氏乡约》在实施的方式方法上，强调乡人的"自治"：乡约由乡人共同约定，并以成文体现；乡约由村民自愿参加，"其来者亦不拒，去者亦不追"；公推一位年高德劭者为约正、两位有学行者为约副，"专主平决赏罚当否"，且每月安排一人为"直月"，依长少次序轮流担当，主持乡约中杂事；"每月一聚，具食；每季一聚，具酒食"，以定期聚会的形式，促进乡人之间的情谊；"遇聚会，则书其善恶，行其赏罚"，有善行者加以奖励，有过者加以劝改；议事民主，"若约有不便之事，共议更易"。《吕氏乡约》实则是依礼义道德规范，对民众进行教育和约束的民间自治组织形式。

《吕氏乡约》在关中推行未久，北宋被金所灭，这一乡约也被湮没了。到了南宋时，朱熹（1130—1200）重新发现了《吕氏乡约》，并编写了《增损吕氏乡约》。编辑的时期为淳熙二年（1175），去吕氏乡约草成时期的熙宁九年（1076），刚巧100年。由于朱熹在学术上的成就和影响，他的发掘和整理，使《吕氏乡约》在100年之后，重为人们所知。

到了明代，朝廷大力提倡和推广乡约。

《圣训六谕》

明太祖朱元璋于洪武三十年（1397）发布"圣训六谕"：一曰孝顺父母，二曰尊敬长上，三曰和睦乡里，四曰教训子孙，五曰各安生理，六曰毋作非为。并命户部令天下每乡里置木铎一，选年老及瞽者每月六次徇于道路，且击且诵，以警悟民众。次年，又颁《教民榜文》，依然以木铎之制广泛宣传于各地农村。

木铎徇路，在《周礼》中有多处记载。《周礼·天官》："正岁率治官之属而观治象之法，徇以木铎，曰不用法者国有常刑。"原注云："木铎，木舌也。文事奋木铎，武事奋金铎。"古代金铎是用于战事，而木铎俱用于传示教化刑禁，实即向民间宣达政令。

除了朝廷提倡，地方官也多有推行乡约的。其中，以王阳明在1518年颁布的《南赣乡约》为影响最大。

《南赣乡约》

明正德十三年（1518）王阳明平定了南（安）、赣（州）、汀（州）、漳（州）等地的民乱之后，立即在当地立社学，教之歌诗习礼，申以孝悌，导之礼让，又推行乡约，以"敦礼让之风，成淳厚之俗"，广泛开展社会教育。

王阳明的《南赣乡约》中称："今特为乡约，以协和尔民，自今凡尔同约之民，皆宜孝尔父母，敬尔兄长，教训尔子孙，和顺尔乡里，死丧相助，患难相恤，善相劝勉，恶相告戒，息讼罢争，讲信修睦，务为良善之民，共成仁厚之俗。"

乡约共16条，包括乡约的负责人推选与职责、活动组织、开会程序、仪礼等都做了具体、细致又简单明了的规定。例如，对乡约的负责人，规定同约之人应推年高有德、为众人尊敬信服者一人为约长，二人为约副，推公正耿直、果断沉毅者四人为约正，推通情达理、善于观察者四人为约史，推身体健康、品行清廉者四人为知约，推熟悉礼仪者二人为约赞。约众每月农历十五在约所聚会。约所"于道里均平之处，择寺观宽大者为之"。聚会仪程中，首先是宣读圣谕，然后读约，再及彰善纠过，即表扬做善事的，批评有过失错误的。乡约中规定，"彰善者，其辞显而决，纠过者，其辞隐而婉，亦忠厚之道也"。一代理学大家、南赣巡抚王阳明先生亲力亲为，把知善知恶、为善去恶，化作乡里百姓人人看得懂又人人能做到的行为规范。在行乡约之前，王阳明在当地先期颁行十家牌法（亦称保甲法），编十甲为一牌，每日沿门按牌审察，遇可疑之人，即报官究理，若有隐匿，十家连坐，以强化治安管理。

《南赣乡约》的颁布与实施，将官办与民间自治相结合，覆盖南赣所有乡村，调动了乡村人人参与，教化乡民为善去恶。在不长的时间里，南赣民间风气焕然一新，社会秩序安定祥和。

嘉靖八年（1529年），王廷相上疏请"寓乡约以敦俗"，经户部题准，明廷在全国范围推行乡约。此后，嘉靖十九年（1540）、三十一年（1552）以及隆庆元年（1567）、万历十五年（1587），明廷都曾重申行乡约之令，乡约盛行一时。

《中国乡约制度》一书中说："明代农村组织的发展，社学、里社、乡厉最早，在洪武年间已经有了。乡约的基础，虽然也在洪武年间立定，然而乡约名称的正式采用，王阳明的南赣乡约还是第一次。保甲社仓起初大约是没有；保甲到阳明手里才有，社仓到嘉靖年间才有。它们演进的秩序虽然不一致，然而到了嘉靖年间，都已有了相当的基础；不但有相当的基础，并且已经有了正式的规条，成了国家的功令了。《图书编》里面的保甲规条、乡约规条、社仓规条、社学规条，便是在这个时代颁布的。从前提倡乡约的时候，只提倡乡约；提倡保甲的时候，只提倡保甲；提倡社仓的时候，只有社仓；提倡社学的时候，只有社学；完全是个别提倡，局部工作。一直到了这个时候，才有一套整个的规条，才有一个整个的系统，不能不说是一个新的贡献。""嘉靖时代不但乡约保甲成为中央法令，成为地方要政，并且风声所及，连藩属的朝鲜，也在那里提倡，也在那里仿行。"①

乡约既为地方要政，地方官对六谕的注释相应随之也在各地涌现。这些地方官中的理学家更是多有著述。例如宁国府知府罗汝芳在嘉靖四十二年（1563）的《宁国府乡约训语》，就是明确地以《圣谕》为思想指导而制定的《乡约》，且开乡约用白话俗文体例的先河。

《圣谕十六条》

清顺治九年（1652），清世祖颁发"圣谕六训"，将朱元璋的"圣谕六言"一字不改，全盘继承，令五城各设公所，每月朔望举行乡约，宣讲圣谕。这是清代"宣讲圣谕"之始。

清圣祖亲政不久，在康熙九年（1670）十月给礼部一道上谕，在"圣谕六言"的基础上，提出圣谕16条："敦孝弟以重人伦，笃宗族以昭雍睦，和乡党以息争讼，重农桑以足衣食，尚节俭以惜财用，隆学校以端士习，黜异端以崇正学，讲法律以儆愚顽，明礼让以厚风俗，务本业以定民志，训子弟以禁非为，息诬告以全良善，诫窝逃以免株连，完钱粮以省催科，联保甲以弭盗贼，解仇忿以重身命"，并要求"着通行晓谕八旗并直省各府州县乡村人等切实遵行"。

《圣谕广训》

雍正二年（1724），清世宗又将"圣谕十六条"申解为万言，遂成"圣谕广训"，颁令全国宣讲。雍正七年（1729）"奏准直省各州县大乡大村人居稠密之处，俱设立'讲约'之所。于举、贡、生员内拣选老成者一人，以为'约正'，再选朴实谨守者三四人，以为'值月'。每月朔望，齐集乡之耆老、里长及读书之人，宣读'圣谕广训'，详示开导，务使乡曲愚民共知，鼓舞向善"。另外，从记述清朝典章制度的官修史书《清会典》的记载看，在《康熙会典》中，"乡约"是其第五十四卷《礼部·仪制清吏司》十一个类目中的一个小目，

---

① 《中国乡约制度》（中华现代学术名著丛书），杨开道，商务印书馆2015年12月第1版，第19页。

及至《雍正会典》就完全不一样了，"乡约"成了专门的一卷（第七十七卷），还全文收入了康熙的《圣谕十六条》和雍正的《圣谕广训万言谕》，由此可见雍正非常重视对农村民众的教化。

自此以后，有清一代，历朝中央和各地方政府都不断有政令，令各地"宣讲圣谕"，一直延续到清朝的灭亡。

宣讲圣谕的，不但是地方官，还有绅士学子，乃至民间艺人。甚至到了民国间，一些乡镇农村，还有"讲圣谕"的；有的地方，"讲圣谕"和"说善书"还一并成了曲艺节目。

二、会馆与乡约

历明清两朝的圣谕和乡约，来京师曾经乡会试的试子们和在京的各地京官们，肯定是都知道并学习过。行乡约，自然也是他们所经历过的。特别是举、贡、生员，他们中的一些人还曾在家乡任过乡约的约正。来自家乡的"乡约"会和京师的"会馆"，是否有一脉相承的关系？或者说，会馆是乡约在京师的一种"衍生"？

（一）与乡约一脉相承的会馆

《闽中会馆志》陈宗藩先生所作"序"中说："夫欲国之治也，必自乡始。礼曰'君子观于乡，而知王道之易也。'吾国治乡之法，一业有一业之规约，一族有一族之规约，一乡有一乡之规约，在外之会馆，亦其一也。规约明则事无不举，规约不明，则事无由行。"[1]从"一乡有一乡之规约"这句话，他实际上已经说到乡约。而会馆的创建与管理，在"吾国治乡之法"中，"在外之会馆，亦其一也"，是也要有规约的。这就让我们能明确地看到馆约与乡约的一脉相承，即陈先生在其"序"中所谓"聚乡人，联旧谊，恤寒畯，启后进，将于是乎在，而王道之由乡以推及于国者，亦将于是乎在"。

最直截了当地表达出乡约与会馆之间的联系的，莫过于裴应章先生所撰"汀州会馆记"中的一段话，即："唯礼让之相先，唯患难之相恤，唯德业之相劝，唯过失之相规，唯忠君爱国之相砥砺，斯萃而不失其正，旅有即次之安矣[2]。"把裴先生这段话与《吕氏乡约》的"德业相劝，过失相规，礼俗相交，患难相恤"十六字放在一起，可见《吕氏乡约》尽在其中，还最后归总于"忠君爱国之相抵励"；若再将"圣谕六训"和"圣谕十六条"与其比对，裴先生所言，又在

---

[1] 《闽中会馆志》，李景铭，1943年。
[2] 《闽中会馆志》，李景铭，1943年，"汀州会馆"第5页。

其中。或可称之为士人版的会馆之约。

裴应章（1536—1609），字元暗，号淡泉，生于福建汀州府清流县城关（今属三明市清流县）。明隆庆二年（1568）中进士，后曾任太仆寺少卿、太仆正卿、太常正卿、提督都察院右副都御史、郧阳巡抚、户部侍郎、吏部侍郎、南京工部尚书、南京吏部尚书等。年届古稀，裴应章在吏部尚书任上致仕还乡。万历三十七年（1609）元月初四日在故里病逝。他为官清正，爱民重士，满朝文武官员称其"公忠直亮，无党无偏，真大臣器"，神宗追赠他为"太子少保"，谥号"恭靖"，派遣官员为他营葬、祭奠。县衙前，还为他立"冢宰坊""奕世尚书坊"。

裴应章著有《编蒲》《蠹余》《谏草》《庄子摘语》《左传纂》等书。

尤需提到的是，北京汀州会馆的南馆，即是裴应章捐宅建成的。汀州南馆，位于东城区长巷二条43号（旧为路南32号，后门开在长巷头条路东31号），建于明万历十五年（1587）。这一年，应是裴应章被任命为提督都察院右副都御史，离开京城，驰赴郧阳平乱之时。会馆还曾有裴先生所题楹联："帝里衣冠聚，天涯骨肉亲。"

除了裴应章所撰《汀州会馆记》之外，我们在其他不少会馆的碑记及记文中，能看到类似的文字。例如：

嘉庆二十四年（1819）的《泾县新馆记》中说："庄子曰：'去国数日，见其所知而喜；去国旬月，见所尝见于国中而喜；及期年也，见似人者而喜矣。'然则会馆者，聚一乡之人于千里之外，饮食居处，言语相近，有无缓急相通，其在外也，不啻其在家焉。京师冠盖相望交游，多天下豪杰，而所以讲信、修睦、敦行谊而厚风俗者，其必由是始矣。"[1]

撰于雍正元年（1723）的《高安会馆记》中写道："……此会馆之

---

[1] 《北平泾县会馆录汇辑》，周向华、张翔点校，安徽师范大学出版社2014年12月第1版，第29—30页。

设，所以聚一乡一邑之人，使得周旋洽比，缓急相需，无异比里族党之姻睦，而且讲道论文，相规相劝，以成其德业，其裨于士人，抑又多矣！"①

晚近至1944年，湘潭吴家驹为石莨年先生编《北平湖广会馆志略》所撰"序"中还写道："古圣贤乡谊之隆，皆系于王道政教之本，俾后之览者，憬然于乡人之讲信修睦、尚礼尊贤，皆于平治天下有莫大之关系。世无有不爱其乡而能爱其国者，亦无有忠信不孚于乡人而能担当国是得国人之同情者。"②

便是商业行业会馆，也有类似说法，如：

>银钱业会馆正乙祠，撰于康熙五十一年（1712）的"正乙祠碑记"中也写道：岁庚寅之夏，乡人同志而谋曰："吾越之在版图中，犹太仓一粟、沧海一苇也。然来于是者，垒垒若若，实繁有徒。不创造一公所，则吾乡之人，其何以敦洽比、通情愫，且疾病疴痒，其何以相顾而相恤。"于是闻者咸认为然，遂各出所有，量力资助，乃购地于……③

粤商的仙城会馆，撰于嘉庆十四年（1809）的《重修仙城会馆碑记》云："斯馆之设，以为岁时祀神祈报，退而与父兄子弟燕饮谈论，敦乡情，崇信行而为此也。"④

《湖湘文库：湖南会馆史料九种》一书的"湖南会馆概述"中，

---

① 《北京会馆档案史料》，北京市档案馆编，北京出版社1997年12月第1版，第1348页；《北京会馆基础信息研究》，白继增、白杰，中国商业出版社2014年12月第1版，第313—314页。

② 《湖湘文库：湖南会馆史料九种》，袁德宣，岳麓书社2012年11月第1版，第243—244页。

③ 《北京会馆基础信息研究》，白继增、白杰，中国商业出版社2014年12月第1版，第241页。

④ 《北京会馆碑刻文录》，王汝丰点校，北京燕山出版社2017年12月第1版，第415页。

更有一段话,直截了当地讲出了会馆与乡约的联系:

> 湖南士人在北京的第一家会馆之所以由岳阳人创建,并"为天下之大观",有其特殊的政治与人文背景。方钝《京都岳阳会馆记》说得很明白:"岳阳会馆何自建也?粤自国初永乐年间,成祖文皇帝肇造京师于北平,当时从迁者大率多楚材。累朝以来,楚之宦于京师者,唯吾岳最盛。"明成祖北迁之际,户部右侍郎湘阴人(时属长沙府)夏原吉晋升为户部尚书,率领一批岳阳籍官员丁原贵、方廷玉等护驾北巡。从天顺至嘉靖,先后有华容黎淳(天顺元年举进士第一,后来官至南京礼部尚书)、巴陵邓廷瓒(弘治年间迁为左都御使、掌南京都察院事)、华容刘大夏(正统七年进士,弘治十五年升为兵部尚书)、巴陵颜颐寿(弘治三年进士,嘉靖六年任刑部尚书)、巴陵方钝(正德十五年进士,嘉靖三十一年任户部尚书)等成为朝廷重臣。在明代中期近百年间,岳阳籍官员受到几代皇帝的器重。在北京的岳阳籍士人既多,于是"立会于燕以洽群情","立乡约以端士习",奠定了创建会馆的文化基础。岳阳会馆在清代未见有建设、维修和管理的相关文献记载,今崇文区长巷四条胡同57号,岳阳会馆的头门犹在,但庭院的范围已不可指认,院中房舍也已沦为废墟。[①]

由于该书是转引《京都岳阳会馆记》有关文字,从"立会于燕以洽群情","立乡约以端士习"两句话,我们还看不出庐山真面目。只有读到方钝先生的原文,才能一识究竟。

《湖湘文库·湖南文征》真是做了大好事,它收录了明方钝的

---

① 《湖湘文库:湖南会馆史料九种》,袁德宣,岳麓书社2012年11月第1版,"湖南会馆概述"第4页。

179

《京都岳阳会馆记》。其文曰：

> 岳阳会馆何自建也？粤自国初永乐年间，成祖文皇帝肇造京师于北平，当时从迁者大率多楚材。累朝以来，楚之宦于京师者，唯吾岳最盛。天顺中黎公文僖、成化中邓公襄敏、宏（弘）治中刘公忠宣、正德中颜公梅田。虑其盛而无所联属也，始立会于燕以洽群情，继立乡约以端士习。第踵行虽久舍馆未定，往往借会于民居。嘉靖戊午（1558）秋，予领天下义支事，首倡义举，一时同乡缙绅与众掾吏，其捐金三百余两，买民吴佐宅，以中为厅，以前为门厨，重建香火神祠，每岁择公勤者三人轮治馆务。隆庆五年（1571），少司马姜公蒙泉，率其乡众，又捐金七十余两，置馆后徐文通宅基。自是，东西皆通官衢，翼翼然为天下之大观矣。前后基地，在今萧公坊长巷四条之南隅，横阔三丈八尺，深长十丈八尺有奇。共计百有十楹，周四围而环之，因题其匾，曰岳阳会馆。盖不忘故里名也。万历五年（1577），余谢事久矣，适蔡生子功自京还，述众掾吏意，谓会馆之设，讬始于予，恳一言记之。予行年九十，何能文，姑序其颠末之梗概，使人知所自耳。夫睹斯馆而世加修葺之功，则将来居仕者责也，履斯馆而世笃桑梓之谊，则诸先达之乡约在也。协恭和衷各励官箴，助国家亿万年无疆之休，为会馆荣而毋贻乡曲羞，则又为自有之忠贞也。予复何言。
>
> 赐进士第太子少保户部尚书两朝存问方钝撰[①]

从文章中可看到：

第一，尽管湖南人"宦于京师者，唯吾岳最盛"，但自永乐至正

[①] 《湖湘文库·湖南文征》，[清]罗汝怀编著，岳麓书社2008年9月第1版，第522—533页。

德年间，一直没有会馆，为了乡谊联系，"始立会于燕以洽群情，继立乡约以端士习"，每有聚会，往往借用民居。

第二，嘉靖三十七年（1558），户部尚书方钝首倡建馆，同乡京官捐金购屋，建成岳阳会馆；隆庆五年（1571），少司马姜蒙泉率其乡众人再度捐款，购置馆后宅基，会馆乃"翼翼然为天下之大观"。

第三，万历五年（1577），年届九十的老尚书方钝为岳阳会馆撰文，记述建馆始末，寄语后来人："睹斯馆而世加修葺之功，则将来居仕者责也，履斯馆而世笃桑梓之谊，则诸先达之乡约在也。"

《京都岳阳会馆记》一篇记文中两提"乡约"，正可见：会馆不但与乡约一脉相承，还曾经"行乡约"，明嘉靖年间所建岳阳会馆就是一例。

今天的岳阳会馆旧地，据《北京会馆基础信息研究》作者称，"目前该址正在动迁。实地调查时，尚未搬迁的祝老夫妇均七八十岁，以狗为伴，引笔者进院看尚存的一个汉白玉碑座，碑身被放倒后已埋在土堆里"。[①] 如果这个石碑的碑身还能找到，如果碑文还能辨识，或者能为岳阳会馆的历史，提供重要的佐证，亦为北京会馆历史增添新的文物。如果它恰恰就是方钝先生撰写的《京都岳阳会馆记》，那将不但是岳阳会馆的大幸事，更将是北京会馆历史及文化极为重要的文物。

从《北京会馆基础信息研究》所提供的明代北京会馆的有关数据可见，明前期有7家会馆，中期为12家，晚期为40家，另有17家目前无法确定创建年代[②]，说明：明代中晚期，会馆在北京是由明前期的萌芽生长阶段，转入上升、发展状态。岳阳会馆，始建于嘉靖年间，扩建与完善于隆庆年间，即所谓"嘉隆间"，恰当明中晚期结合部。与其同时期出现的，还有安徽的泾县会馆，铁柱宫（江西会馆），

---

① 《北京会馆基础信息研究》，白继增、白杰，中国商业出版社2014年12月第1版，第394页。

② 《北京会馆基础信息研究》，白继增、白杰，中国商业出版社2014年12月第1版，第543—544页。

广州的岭南会馆等。而乡约在明代，也是嘉靖年间由明廷向全国推广。由此，再联系到《帝京景物略》所说的"会馆之设于都中，古未有也，始嘉（靖）隆（庆）间"[①]，其"始嘉隆间"的说法，应该是有其背景和缘由的。

（二）乡约与馆约

比较乡约与馆约（会馆规约），从管理的方式方法去做观察，或也能从中有所发现。

乡约是针对同一乡里人们的，它由最初的民间自治形式，入明清而变化为对最基层的农村社会的教化。会馆的"馆约"，则是同籍士人在京居停之所的规约。这些来自同一省郡县的"同乡士人"，相当部分曾经是乡里行乡约的骨干。历经农村行乡约的浸染影响，及至会馆，他们的言谈举止，不但有自身修行，还有于乡约环境中成长，经乡约规范的效果体现。

乡约的文本是士人拟定，而由乡人共同认可，后来演变为官方发布皇帝的谕令，由乡人共同遵行。会馆的馆约，则更有士人的特点，从其宗旨文字的角度看，抑或说更有《吕氏乡约》的特点。

谈及会馆创办之初旨，或者阐发会馆的功能、效用，诸多有关碑文或记文中，我们能看到几乎完全一致的意思，甚至连文字，也多有类似乃至相同。但从馆约的具体规条看，由于有乡约的社会生活经历在先，不言自明的内容，即如《吕氏乡约》等反映宗旨、信条、原则的内容，或在有关碑文、记文中有所表述，在会馆的规约中，或就省略，而直接表达为具体的操作规条。

例如《重修歙县会馆录》中"乾隆六年会馆公议条规"的规定：

会馆为潭渡黄君昆华独力捐输而公众又分助，修饰整

[①]《帝京景物略》，[明]刘侗、于奕正，北京古籍出版社1983年12月第1版，第180页。

齐，置备器物等项。创立之意，专为公车以及应试京兆而设，其贸易客商自有行寓，不得于会馆居住以及停顿货物，有失义举本意。

平时非乡会之年，谒选官及外任来京陛见者，皆听会馆作寓，每间输银三钱，兼批输银三十两以上，其他踪迹不明以及因公差役人等，概不留住，以致作践。

非乡会之年，房屋虽空，京官有眷属者及凡有家眷人皆不得于会馆居住。盖家口人杂，一住别无余地，且难迁移，殊非义举本旨。其初授京官与未带眷属或暂居者，每月计房一间，输银三钱以充馆费，科场数月前务即迁移，不得久居。

公车之年，如应试众多，正房宽大，每间二人，小房每间一人，均匀居住，以到京先后为定，不得多占房间、任意拣择，其房屋什物亦须爱惜，毁坏者着落修补。[①]

会馆是怎么形成的，创建会馆为的是什么，什么人可以入住会馆，什么人不可以；入住会馆的，在什么时候入住，怎样入住，要遵守什么规矩等，一目了然。外国管理学教科书中谈及的"5W1H"，所谓"Why（为什么）、What（是什么）、Where（在哪儿）、Who（谁）、When（什么时候）、How（如何）"，居然在乾隆六年（1741）的歙县会馆条规中，让我们看到了。那是距今278年的事。

在有关喜金的缴纳上，各会馆也都在条规中，依照官级品位一一定明，包括进士及第庆祝宴会、接来送往的宴席，参加的人员，餐饮的席面安排与费用数额、出处，承办人员的职责等，都有具体的规定。

以聚会的形式，使乡人相亲，淳厚风俗，是乡约中一个重要内容，表现为"每月一聚，具食；每季一聚，具酒食"，自然，逢年节，

---

① 资料来源：《道光重修歙县会馆录》。

会馆同样也举办各种类似的聚会。对身在异乡的游子们，这时的同乡聚会，更具特殊的吸引力、凝聚力。

聚会的规矩，乡约讲"序齿"，馆约则强调"爵齿并尊者为上，余各以齿序坐"①。

依国人的习俗，节庆中总是要祭神祭祀祖先的。会馆就供奉着自己家乡故土的神灵；同时，还有在国家历史上创有勋业的乡贤的神位，还有会馆创建者的神位。

节日的聚会和对神灵和祖先的祭祀活动，这些都是记入馆约，列出程序及具体要求的。例如：

顺治六年（1649）江西《吉安会馆条例》中的"祀事"条有："每年以清明前三日，冬至前五日为期，知会内外籍在京仕绅、举贡、监生，如期毕集祠中。用一猪、一羊、果案、钱楮、鼓乐，祀毕享胙，以人之多寡备席，期于尽欢而散，人多则散胙。"②这个吉安会馆，建于清顺治三年（1646），位于东城区新潮胡同13号（旧为抄手胡同路西十二号）。馆内有"吉安二忠祠"，主祭文天祥和李邦华两位吉安壮士。《吉安会馆条例》中的"恭祀二忠"，所指即此。

安徽泾县会馆嘉庆二十二年（1817）的《新议馆规》规定：

"老馆设立关帝神像，新馆设立文昌神位。每值诞辰，值年人通知同乡在京者于清晨齐集，拈香备品祭奠，午后享余。既以虔祝神寿，亦得共叙乡情。其席临时按人数备办。每席亦以贰千五百文为率，不得过费。"

"每月初一日、十五日值年人敬诣两馆神前拈香，即借以稽查一切。前一夕令长班先遣。"③

湖南善化会馆光绪十三年《会馆条规二十八则》：

---

① 《重续歙县会馆录》，道光十四年（1834）歙县会馆藏版。
② 《北京会馆档案史料》，北京市档案馆编，北京出版社1997年12月第1版，第373页。
③ 《北平泾县会馆录汇辑》，周向华、张翔点校，安徽师范大学出版社2014年12月第1版，第26页。

"每年二月初三日文昌诞祭,值年先期精洁祭器,知会同人。是日辰刻,排班行礼,敬谨将事。同人在馆,恭领神惠,概由值年提款办理,不派香资。"

"神前早晚香烛,责成长班经理,月给香烛、灯油之赀当十京钱四缗。每逢朔望,值年轮流行礼。有公事不能到,须先期约定替代行礼之人。"①

此外,还有每年清明和中元到义园的祭扫,也多在会馆的规约中具体规定。

因贫困而流落京城的同乡,会馆得知情况,还会伸出援手。这在一些会馆的规约中也有明文规定。安徽泾县会馆嘉庆二十二年(1817)《新议馆规》中定有:

> 患难周恤同邑有流落京师者,查明实系守分之人,因贫病不能回籍,值年人通知酌量给予盘费,本人不得争竞多寡。②

也有会馆因经费紧张,入不敷出,而不得不在规约中声明暂停有关资助的。如歙县会馆《道光十年续议条规》(1830)规定:"本籍乡会试诸公无力归里及留京无馆者,旧议酌送盘费,现在经费不敷,暂行停止。日后充裕,再议酌行。"但同时又提出:"或有谊关桑梓,事难漠视者,公同商酌,量力捐赀帮助,勿支动会馆余存银两,以期公私两益。"③这就是说,面对同乡的困难,尽管会馆因故无力帮助,但也会召集在京同乡,共同商议,共同捐资,以尽桑梓之谊。

也有会馆在这方面的负面记载。

---

① 《湖湘文库:湖南会馆史料九种》,袁德宣,岳麓书社2012年11月第1版,第51页。
② 《北平泾县会馆录汇辑》,周向华、张翔点校,安徽师范大学出版社2014年12月第1版,第27页。
③ 《重续歙县会馆录》,道光十四年(1834)歙县会馆藏版。

《清代名人轶事》记载：

富阳董邦达少时，以优贡生留滞京师，寓武林会馆。资尽，馆人迫之，徙于逆旅，质衣装以给。无何装尽，逆旅主人又逐之，窘无所之。有刘媪者，奇其貌，谓必不长贫贱，馆之家，属勤业以待再试。董日夜淬厉，期得第自振，且酬媪德。榜发，仍落第，恚甚，谋自尽，蹀躞街市，未有所也。倚一高门痴立，俄有人启门，呵问谁某，董告以下第生，其人大喜，邀入款语，出红笺倩书谢柬，署名则侍郎某也。既而留食，互述生平，知为侍郎司阍仆，以荐初至，适书谢柬，大为主人称赏，因请留董代笔，薄奉旅资。董方失路，欣然诺之。自是一切书牍，皆董拟草，往往当意，侍郎益信任仆。居顷之，侍郎有密事，召仆至内室拟稿，仆惶窘良久，不能成一字，侍郎穷诘，乃以实告。侍郎大骇，急延董至厅，具衣冠见之，且谢曰："使高才久辱奴辈，某之罪也。"因请为记室，相得甚欢。侍郎家有婢，敏慧得夫人意，夫人欲嫁之，婢不可，强之，则曰："身贱终随舆隶，必欲如董先生者乃事之。又安可得，故宁不嫁耳。"夫人以告侍郎，侍郎哂曰："痴婢，董先生神志不凡，行且腾上，肯妻婢耶？"会中秋，侍郎与董饮月下，酒酣，从容述婢言，且愿纳为妾，董慨然曰："某落魄京师，尽京师不加一睐，公独厚爱之，彼女子亦有心，何敢言妾？正位可也。"侍郎终以为疑，谋诸夫人，女婢而婿董焉。逾年，董举乡试，成进士，后官吏部侍郎，生子为富川相国。相国登庸时，太夫人犹在。①

---

① 《清代名人轶事》，[清]葛虚存著，琴石山人校订，马蓉点校，书目文献出版社1994年9月第1版，第274页。

这是说浙江富阳人，乾隆朝曾任工部、礼部尚书的董邦达先生未中进士前，曾留滞京师，住在武林会馆，盘费用尽，会馆的人"藐之甚"，忍无可忍，典当行装去住店。不久，又因行装当尽被逐出。困窘至极，被一老妇人收留，苦读备考，没想到再度落第，无颜回见老妪，徘徊街头，不知所往。幸被某侍郎家仆发现，留他做自己的代笔人，为家主撰写书牍。自然不久被侍郎发现，延请董邦达做了文书。一年后，董先生高中进士，官至礼部尚书⋯⋯

　　董邦达是书画名家，尤其擅长山水画。他的绘画作品，后人有将其与五代董源、明代董其昌相提并论，谓之"三董相承"。那家仆，大约只看到董先生毛笔字写得好，侍郎却是知道那是高超的书法，所以，在得知真相后，才有"侍郎大骇，急延董至厅，具衣冠见之，且谢曰：'使高才久辱奴辈，某之罪也'"。《楹联丛话全编》里，还记有董先生的一段传闻：

　　　　董文恪公未第时，游京师，甚困，偶于剃发店中书一联云："相逢尽是弹冠客；此去应无搔首人。"一日，某亲王过而见之，大加叹赏，延之入邸，遂以书画闻京师。①

　　据《蕉廊脞录》卷二《京师武林会馆》称："京师武林会馆在长巷二条胡同，创自前明。康熙六年（1667）重修，有碑记其事⋯⋯其初闻为绸业公所。其后馆役孙玉私售器具，并出赁收其租金，历年久，竟无过问者。同治二年（1863），京官呈请中城御史查挐清釐，仍归入会馆。光绪四年（1878），以其地僻远，乃售去，得白金二千两，别购市屋收租息，以佐会馆之用。越数年，复于崇文门西城根购阿克丹侍郎旧宅，为仁钱试馆。光绪庚寅（1890）夏曾佑、壬辰

---

　　① 《楹联丛话全编》，[清]梁章钜等编著，白化文、李鼎霞点校，北京出版社1996年9月第1版，第217页。

(1892）榜眼吴士鑑，皆寓试馆闻捷音者也。"[1]文中所称"仁钱"，指的是清时杭州府仁和、钱塘两县。

在乡约中有彰善纠过环节，在约正主持下，由约史褒扬做善事的，批评有过失错误的，并听取同约乡人的意见，最后，约史将有关内容分别记录在彰善簿、纠过簿。会馆的规约中，尚未看到这样的有关文字。但在文学作品中，能看到相应内容。

吴趼人先生所著《二十年目睹之怪现状》中的第七十三回"书院课文不成师弟　家庭变起难为祖孙"，就有同乡京官在会馆规劝不孝行为的故事：

> 伯述道："他是我们历城（山东历城县也）同乡。我本来住在历城会馆。就因为上半年，同乡京官在会馆议他的罪状，起了底稿给他看过，要他当众与祖父叩头伏罪。又当众写下了孝养无亏的切结，说明倘使仍是不孝，同乡官便要告他。当日议事时，我也在会馆里，同乡中因为我从前当过几天京官，便要我也署上一个名。我因为从前虽做过官，此刻已是经商多年了，官不官，商不商，便不愿放个名字上去。……"

第七十四回"符弥轩逆伦几酿案　车文琴设谜赏春灯"还有：

> 伯述道："我本来怕理这等事，也懒得理。此刻看见这等情形，我也耐不住了。明日我便出一个知单，知会同乡，收拾他一收拾。"[2]

---

[1]《蕉廊脞录》，[清]吴庆坻撰，张文其、刘德麟点校，中华书局1990年3月第1版，第66页。

[2]《二十年目睹之怪现状》，吴趼人，大众文艺出版社1999年5月北京第1版，第342—346页，第347—352页。

由小说中"同乡京官在会馆议他的罪状""出一个知单,知会同乡,收拾他一收拾"等文字,似能看到会馆在"议"类似事情时,也有个相关的"程序",反映出在会馆生活中,有着对乡约"彰善纠过"在京师的延续。而且,还有如乡约所规定的,当某人对过错坚持不改,甚至怙恶不悛,则"同约之人执送之官,明正其罪",而上引第七十三回中,也有"倘使仍是不孝,同乡官便要告他"的文字。

在会馆规约的名称上,总可见"公议"二字,如《会馆公议条规》或《新议馆规》。规约文本中,也常常可见"公同议(商)定""公同酌议(商)",甚至还有写为"阖(合)邑公议"等字样。如喜金的缴纳,从文字上,就有"公议"或者"公同"的说法。如果联系到这些同乡的士人都是从乡约中走出来的,他们早就有了乡人共同商议的"训练",桑梓之情、桑梓之心,也使他们有着对规约的认可和尊重。

但在馆规中,有些条款带着明显的强制性,例如喜金的数额和缴纳的时间规定,都是具体、明确的。

最有意思的,当数福建的邵武会馆。据《闽中会馆志》记载,邵武会馆的规约有二:一为乡先辈公议的馆规,一为新订管理规则。前者为清代制定,后者为1915年制定。

邵武会馆《乡先辈公议馆规》中有关于喜金的规条,写为:"到馆后,于未出京时,即须请缴,不得蒂欠。"其内容和文字,与其他会馆的规约大体一致。

1915年邵武会馆制定了《新订管理规则》。在管理规则之外,又单独制定了《邵武会馆公订捐金简章》,这个简章规定:

  第一条 宗旨 本馆议征募捐金维持馆务为宗旨。
  第二条 范围 凡邵属四邑同人到京者,不论寄宿馆内馆外,均应恪守,绝对实行。

然后,依输金性质分为名誉捐、职务捐、授职捐、毕业捐、应试捐、特别捐等6种。在附则中还专门申明：凡本章如有缺点，或与他项抵触者，得以随时损益改良，但非邵属四邑同人齐集，公同会议，不得擅行变更。①

总之，会馆不是乡约。会馆的规约也不是乡约的规条。在当时的社会背景下，二者又有一定的内在联系。"敦笃乡谊""敦睦修义"，或者可以说就是它们之间的血脉关联。这就像雍正元年（1723）《高安会馆记》中所说：

> ……此会馆之设，所以聚一乡一邑之人，使得周旋洽比，缓急相需，无异比里族党之姻睦，而且讲道论文，相规相劝，以成其德业，其裨于士人，抑又多矣！……②

"聚乡人，联旧谊，恤寒畯，启后进"，《闽中会馆志》中陈宗藩先生所撰"序"中这句话，其实也含蕴着乡约与会馆之间的联系：

> 笃乡谊对榻盍簪，
> 矢忠荩同舟共济。

---

① 《闽中会馆志》，李景铭，1943年。
② 《北京会馆基础信息研究》，白继增、白杰，中国商业出版社2014年12月第1版，第313—314页。

第五章

建筑形象与环境氛围

一、胡同名中的会馆

有成语叫"众口铄金",言众口所论,万人所言,金性坚刚,尚为销烁,更何况人。一块至刚至硬的金属,能让大伙儿的嘴生生地给糟蹋没了。故又有"铄金销骨""铄金毁骨",比喻毁谤太多,害人之烈,以至使人无以自存。

在北京老字号中,有的店铺字号,却是由"众口"而"成金"的。例如著名的饭庄砂锅居、烤肉季和白魁老号等。

西四的"砂锅居"开业于清乾隆六年(1741)。清道光二十五年(1845)版《都门纪略》中有"白肉片,会(烩)肝肠,烧下碎,烧下颏,和顺白肉馆在西四牌楼缸瓦市路东"的记载[1],可知那时叫"和顺白肉馆",还没有"砂锅居"这个名称。由于它用一口特制的大砂锅煮肉,北京人都称其为"砂锅居"。再后来,店家索性换了牌匾,干脆就叫"砂锅居"了。《西长安街记忆》[2]一书中,有1961年拍摄的砂锅居门面老照片:上面是"北京砂锅居",下面是"公私合营和顺居饭馆",可见到20世纪60年代,砂锅居饭庄仍然是两个名字——原名和俗称兼而有之。再后来,原来的店名"和顺居"终是被"砂锅居"这俗称替代了。

什刹海畔的烤肉季,也有字号,"原名是'潞泉居'"。但人们就爱称它"烤肉季"。1927年,季德彩的孙子季阁臣在后海岸边搭起一个板棚,将烤肉摊儿变成了坐商,继续经营烤羊肉,并按照人们叫惯了的称谓,立字号为"烤肉季",一传至今。[3]

前门煤市街的"馅饼周",大名"同聚馆",但人们就是喜欢称

---

[1] 亦见于同治三年版《都门纪略》,荣禄堂重镌。
[2] 西长安街街道工委、西长安街街道办事处、西城区档案局编,2016年12月印制,第154页。
[3] 《北京文史资料精选·西城卷》,北京市政协文史资料委员会编,北京出版社2006年9月第1版,第279页。

呼其为"馅饼周",就像称呼老哥们儿似的,从来不叫大名,老周、老李的,近乎、亲切,以致"同聚馆"的名字反而被淡漠了。

东四隆福寺街的白魁羊肉馆,开业于清乾隆五年(1740),原名叫"东长顺"。因为店主白魁制作烧羊肉很出名,人们就自然地把白魁与烧羊肉连在一起,简称"白魁"。慢慢地,"东长顺"的字号被人们忘记了,白魁也索性以他的名字作为了字号。后来,店铺转到黑姓人手中,但牌匾没有换。现在的白魁,已经发展成为大饭庄了,人们仍旧称其为"白魁老号"。

这几个例子堪称是"众口铸金"。在北京,这可是很不容易做到的事。天子脚下的京城百姓什么没见过?话是这么说,但当着诸多的会馆出现在胡同里,门头匾额上的"宜分万""江夏""云间""和舍""协中""平介"等地名,让人愕然瞠目。再加上不同模样、服装,特别是不同口音的人们从身边走过,新邻居带来很多新鲜事儿……会馆成了北京的新地标,久而久之,不知不觉间,北京的胡同名里也增加了新的系列,虽然数量不多。换言之,北京那些由会馆而得名的胡同,是老百姓给叫出来的,后来,被官方认可。

(一)会馆胡同

大略算来,由会馆而得名的胡同有:姚江胡同、登莱胡同、武进馆夹道、顺德馆夹道、福州馆街(又分前街、后街)等。

还有些会馆,虽然没有登上胡同名之列,但也是北京著名的地理标志,有着相当于胡同名的地位,如:桐城试馆、中山会馆、湖广会馆、南海会馆、安徽会馆、嵩云草堂(河南会馆)、四川会馆(四川营)、江西的怀忠祠(怀忠会馆)、谢枋得祠(江西会馆);以及因为名称特殊而格外引人注目的,如:仁钱会馆、上湖南会馆、宜分万会馆、河陕汝会馆、河郏汝会馆等。

姚江胡同,在琉璃厂东街,戴月轩对面,长24米,宽2米,原名叫姚江会馆夹道,因为小胡同的1号曾经是浙江余姚会馆所在地。会馆的正门在其南的东南园。余姚境内有源自四明山的姚江,河流之名就成了余姚的别称，别称跟着余姚人就进了北京。

据王灿炽先生所编《清末民初北京会馆地址新旧地名对照表》，余姚会馆，东起东南园头条，西止小沙土园胡同。①应该说姚江会馆的选址很有特色，它把后门开到了琉璃厂街旁小巷，南出北去，随心所欲。所有的会馆都比不了姚江会馆的人们，他们抬脚就逛琉璃厂，天然地守着一个书肆堆就的"古籍图书馆"。

登莱胡同，明清两代没有这个胡同名。作于明嘉靖三十九年（1560）的《京师五城坊巷胡同集》"北城·白纸坊"中，能对应到今登莱胡同位置的胡同名有"保应寺""干面胡同"。在这两个胡同名字的前面，还有个"露泽园"，其小注是"藏暴尸"三个字。

清光绪十一年（1885）问世的《京师坊巷志稿》，"外城西城"记载有："干面胡同，井一。南有宝应寺，详寺观。井二。寺旁为明珰王安墓，其外山左义园也。井一。"②我国古代方位的确定，以坐南朝北为据，太行山的左侧为山东省，故将山东称为"山左"。从《京师坊巷志稿》的这个记载看，至清末光绪间，明代的"保应寺"已写为"宝应寺"了。干面胡同南是宝应寺，寺外有明代太监王安的墓地，墓地外是山左义园，即山东墓地。

《北京会馆碑刻文录》收录有四通登莱义地的碑刻，即道光二年（1822）《山左义园历次置地碑》、道光五年（1825）《增置宝应寺义田房间记》、同治六年（1867）《登莱义地碑记》、光绪二十九年（1903）《重整山东登莱义园宝应寺公产碑记》等碑文③。从碑文的名称上看，就有自道光二年时称"山东义园"，45年后变为"登莱义地"之称；再37年，全名称为"山东登莱义园宝应寺公产"。其中，宝应寺也从

---

① 《北京史苑》第四辑，北京市社会科学院《北京史苑》编辑部编，北京出版社1988年5月第1版，第311页。

② 《京师五城坊巷胡同集 京师坊巷志稿》，[明]张爵、[清]朱一新，北京古籍出版社1982年1月出版，第239页。

③ 《北京会馆碑刻文录》，王汝丰点校，北京燕山出版社2017年12月第1版，第6—13页。

打头的位置，变到了全名的后半部，而且，还成了登莱义园"公产"的组成部分。

碑文的记述中说到，登莱义地创始何时已不可考。乾隆元年（1736）登莱二郡的商贾在已有义地的基础上，多次添置土地，并请宝应寺僧人看护墓园。这就是说登莱义地早在1736年以前就存在了。

嘉庆、咸丰年间，登莱二郡人曾经捐资重修观音殿，竖碑建亭，"二郡借庙以休息，而庙遂因二郡以辉煌"。自道光五年（1825），"庙宇田产遂由二郡京官综理"，宝应寺成为义园公产。1900年庚子事变后，二郡绅商捐资又一次对义园重加整理。这时，义园的名字还是叫"登莱"。换言之，从乾隆元年以前，就是登莱二郡的义园，一直到光绪二十九年（1903），还是"登莱义园"。那么"登莱胶"的名字是什么时候出现的？

光绪三十年（1904年），原属莱州府管辖的胶州升为直隶州，直属山东布政使司，辖高密、即墨二县。其规制级别与府相同。估计应是这个时候，北京的登莱义园也随之更名为登莱胶义园。至于义园公所之称，就是更晚近的事了。

据《北京地名典》称："登莱胡同，位于宣武区中部偏西。东起白广路二条和德源胡同，西至南线阁街。因有山东登莱胶寄骨所得名。此胡同北段称干面胡同。南段明代称宝应寺。……相传，寺址在今二十九号，现为宣武区师范第二附属小学。其三十一号原为山东登（登州）、莱（莱州）、胶（胶州）寄骨所，以南为登、莱、胶义地（也称山左义地。在今宣武体育场篮球场一带），故后又称登莱胶胡同。1965年与干面胡同合称今名。"[1]省去一个"胶"，就叫了登莱胡同。

武进馆夹道，因武进会馆而得名。

武进会馆，原名为"武阳会馆"，是常州府的武进、阳湖两县合立，故馆名"武阳"，位于前青厂路北13、14号，大门改开于后

---

[1]《北京地名典》，王彬、徐秀珊编，中国文联出版社2001年3月第1版，第310—311页。

青厂40号。据《京师坊巷志稿》卷下"外城北城"的"前、后清厂"条云：前、后清厂，清或作青。前清厂井一。有武阳、四川、广西、凤翔、汉中、榆林诸会馆。旧有顺德会馆，今废。以西曰鹿角胡同。……孙渊如年谱：乾隆五十二年（1787）丁未，会试中式。殿试一甲二名，授编修。时寓清厂，即今武阳会馆。[①]

文中所说"孙渊如"，即清代著名学者、书法家、藏书家孙星衍（1753—1818），字渊如，号伯渊，阳湖（今常州市）人。孙先生可说是"活到老，学到老"，自少年时就以文学见长，毕生研究经史、文字、音训、诸子百家，治学范围之广，非常人所及，且多有著述。他积三十多年之功，刊成的《尚书古今文注疏》，为清代古文经学最高成就的标志，孙星衍因此成为公认的乾嘉学派（古文经学派）代表人物之一。他的金石学代表作《寰宇访碑录》12卷，收录周秦至元代石刻8000余种，每件石刻注明撰人、书人、书体，为收录石刻种类较多的一部石刻文献目录。其他撰著，有《周易集解》10卷，《夏小正传校正》3卷，《明堂考》3卷，《考注春秋别典》15卷，《尔雅广雅诂训韵编》5卷，《魏三体石经残字考》1卷，《孔子集语》17卷，《晏子春秋音义》2卷，《史记天官书考证》10卷，《金石萃编》20卷，《续古文苑》20卷，《诗文集》25卷等。他所辑校的诸子、历史、金石、医学等方面的古籍，都以选择独到、校勘精严而著称。

孙星衍先生于乾隆五十二年（1787）以一甲进士授翰林院编修。其后历任刑部主事、员外郎、道台、署理按察使等职，所为官处，皆有清廉政声。嘉庆十六年（1811），在任代山东布政使时以病退休。3年后客居扬州，参与校刊《全唐文》。嘉庆二十一年（1816），主持南京钟山书院，并先后主讲扬州安定书院、绍兴书院、杭州诂经精舍等书院。嘉庆二十三年（1818）病逝，享年66岁。

孙星衍先生在北京还曾经住过琉璃厂（乾隆五十四年，1789）、

---

① 《京师五城坊巷胡同集　京师坊巷志稿》，［明］张爵、［清］朱一新，北京古籍出版社1982年1月出版。

孙公园（乾隆五十八年，1793）等地，但武阳会馆，大约因为是孙先生中进士时的寓所，所以被不少著述提及。

据《北京宣南会馆拾遗》记述，武阳会馆"馆西侧折弯小巷，原以馆名而得胡同名，故称'武进馆夹道'，1965年整顿街巷地名时，将其部分并入顺德馆夹道，部分并入后青厂胡同"[1]。民间所称的武进馆夹道就这样消失了。不过，顺德馆夹道却留了下来。

顺德邑馆建于清嘉庆十九年（1814），由京官温汝适所购建。位于西城区海柏胡同16号（旧为海北寺街路南28号），占地7.04亩，四进院有房136.5间。现为市级文物保护单位。温汝适（1754—1820），乾隆四十九年（1784）进士，于嘉庆十四年（1809）撰写《重修仙城会馆碑记》碑文，落款可见其所任官职有"督察院副都御使、前通政使司太仆寺卿、国子监祭酒、左春坊左庶子充日讲起居注官"等[2]。温先生博学工诗文，著述有《旧雪斋诗抄》《旧雪斋文抄》《曲江集考证》《咫闻录》《日下纪游略》《韵学纪闻》等，还是著名的藏书家。

顺德邑馆西墙外，原来有个1.3米宽的小胡同，由海柏胡同可通往前青厂胡同，总长190米，窄小狭长，被称为"顺德馆夹道"。

（二）古藤书屋

顺德邑馆所以著名，很大程度因为它曾是清初著名词人、史学家、考据学家、藏书家朱彝尊的故居，著名的海波寺街"古藤书屋"就是这里。

朱彝尊（1629—1709），字锡鬯，号竹垞（chá），浙江秀水（今嘉兴）人。清康熙十八年（1679）参加博学鸿儒科殿试，朱彝尊、严绳孙、潘耒、李因笃四人以布衣入选，时称"四大布衣"。录取后，四人均授翰林院检讨，入史馆纂修《明史》这一年，朱彝尊51岁。其后，他曾任日讲起居注官、南书房供奉等职。康熙二十二年（1683），

---

[1]《北京宣南会馆拾遗》，白继增，中国档案出版社2011年1月第1版，第285页。
[2]《北京会馆碑刻文录》，王汝丰点校，北京燕山出版社2017年12月第1版，第416页。

还曾经被赐禁中骑马，赐居禁垣（景山之北，黄瓦门东南）。次年，因私带抄胥入内廷抄资料被劾，降一级，迁出禁垣，移居宣武门外海波寺街。二十九年（1690）补原官。康熙三十一年（1692），64岁的朱彝尊告病还乡。晚年，朱彝尊四处游历，治学著书。81岁无疾而终。

在海波寺街，院子里有青藤，朱彝尊将所住南房命名为"古藤书屋"。

在古藤书屋，他用两年多时间，从1600多部古籍中选录有关北京的记述，考订故实，厘清历史，撰写了历史上第一部北京地方史志专著《日下旧闻》，学者、刑部尚书徐乾学出资雕版，康熙二十七年（1688）该书问世。今天我们看到的《日下旧闻考》（北京古籍出版社1981年10月出版），是乾隆三十九年（1774）窦光鼐、朱筠等奉旨根据《日下旧闻》增补、考证而成，由于敏中、英廉任总裁编纂。如此说来，古藤书屋是名著《日下旧闻》诞生的地方。

"藤花不是梧桐树，却得年年引凤凰"，在古藤书屋，清初号称"南朱北王"的诗界领袖级人物朱彝尊与王士禛曾经聚会，据《藤阴杂记》记载："渔洋戊辰（康熙二十七年，1688）来京，竹垞邀饭古藤书屋，食鲍鱼半翅，甚美。观米海岳《研山图》，作歌。"[①]这是说王士禛1688年来北京，朱彝尊曾经在古藤书屋以鲍鱼宴请，两人一起品鉴米芾的《研山图》，并相互歌诗唱和。由此可见，朱彝尊和王士禛，不但是文学家、史学家，还是金石书画等方面的鉴赏家、收藏家，很可能，还是美食家。戴璐先生文中说到的"鲍鱼"，若从朱彝尊是浙江嘉兴人的角度看，所指或应是鮰鱼，为我国名贵的"江鲜"，俗称"江团"，肉质白嫩，鱼皮肥美，兼有河豚、鲫鱼之鲜美，而无河豚之毒素和鲫鱼之多刺，有"不食江团，不知鱼味"之说。

清初著名词人蒋景祁写有《集竹垞太史古藤书屋分赋·惜黄花》词，一同作赋的有黄庭、姜遴、陈枋、蒋运昌等诗人。

清初"国朝六家"（施闰章、宋琬、朱彝尊、王士禛、查慎行、

[①]《藤阴杂记》，[清]戴璐，北京古籍出版社1982年10月出版，第83页。

赵执信）之一的著名诗人、诗词理论家查慎行，更是古藤书屋的常客。他有诗句称："僦居会向春明宅，好借君家善本书。"诗中"春明宅"，取典于"宋次道善本引客"。据南宋朱弁《曲洧旧闻》卷四记载："宋次道龙图云：'校书如扫尘，随扫随有。'其家藏书皆校三五遍者。世之蓄书以宋为善本。居春明坊昭陵时，士大夫喜读书者多居其侧，以便于借置故也。当时春明宅子比他处僦直常一倍高。陈叔易常为予言此事，叹曰：'此风岂可复见耶？'"为了能看到善本书，士人宁愿承受比别处高一倍的房租，也要住在宋次道家附近。查慎行将朱彝尊的古藤书屋比作宋次道所居"春明坊"，表达自己要是住在古藤书屋附近，就能随时可以来借阅踏破铁鞋无觅处的善本书。此外，查先生还有多首诗作写在古藤书屋与朱彝尊、李西崖等的聚会、唱和，如《同竹垞、西崖、他山、药亭四人联句》《闰夏共饮限藤柽（chēng）二字》等诗作。

至于清代著名剧作家孔尚任，也就是名剧《桃花扇》的作者，因为就住在附近，更是古藤书屋的常客。"藤花不是梧桐树，却得年年引凤凰"，就是孔尚任的诗句。

仅仅两三个事例，就能看朱彝尊先生的古藤书屋吸引当年文学界、史学界、收藏界等龙门级人物频频聚首的盛况。记载中，古藤书屋是南房，房前有亭，名曝书亭。古藤下，曝书亭中，烧炉试茶，吟咏联句。朱彝尊先生的诗作中，关于这种聚会的诗作，也有多篇。

还要说到的是，朱先生在古藤书屋住了大约五六年。在其先，据《藤阴杂记》所载赵恒夫吉士《饮于中翰章云汉翔古藤书屋》诗后的"自注"云："寓为金文通甲午旧邸，递传龚芝麓宗伯、何蕤音侍御、朱竹垞太史，以及于中翰，五易主矣。予俱叨饮其中，为之志感。"

赵吉士（1628—1706，号恒夫，安徽休宁人，学者、诗人）说，朱先生的古藤书屋，最早是金文通的旧居，其后是龚鼎孳、何元英，再为朱彝尊。朱先生之后，是于汉翔（1646—1732）。先后五人居住在古藤书屋，五人还都是进士，只是金榜题名的时期不同。

龚鼎孳（1616—1673），字孝升，号芝麓，安徽合肥人，明崇祯七年（1634）进士，曾在兵部任职。明亡后，先降李自成，后降清。顺康间曾任太常寺少卿、刑部右侍郎，及左都御史、刑部尚书、兵部尚书、礼部尚书等。明末清初诗人、文学家，与吴伟业、钱谦益并称为"江左三大家"。

何元英（生卒年不详），字蕤音，浙江秀水县人。顺治十二年（1655）进士，官至通政使司参议。书法家。

于汉翔（1647—1732），字章云，江苏常州金坛人。康熙二十一年（1682）进士，曾任中书舍人、礼部郎中、山西学政。诗人。与文坛名流结社，曾经文章风流，名噪一时。著有《南楼集》《紫薇集》《容台集》等。他是前面说到的《日下旧闻考》编纂总裁于敏中的祖父。金坛于家，从清代初年至清中后期，中进士的就有数十人，秀才、举人不可胜数，尤其是雍正、乾隆两朝，更是出现了于振、于敏中"兄弟状元"，使金坛于家声名鹊起。由此想及于汉翔先生住古藤书屋时，一定是胜友云集，往来络绎。

海波寺街，一个连海波寺都旧迹无寻的胡同，就是那胡同里一个寻常院落，由于有了五位名人（同时又是高官）的先后居停，古藤就成了梧桐树，年年引得数不尽的凤凰来。古藤书屋、海波寺街，它们所见过的历史、文化、艺术等诸多领域、范围的名人名家之多之广，真的是数不尽、说不全，片言只语讲不明白。由此，它也就成为北京胡同历史文化中，一个不得了的景观。甚至，就是在全国乃至世界上，都或是屈指可数、名列前茅的。像这样的胡同，北京，可不止一两条、两三条。

二、会馆的建筑形象与氛围

邓云乡先生在《四合院的冬·春·秋》文中说:"四合院之好,在于它有房子、有院子、有大门、有房门。关上大门,自成一统;走出房门,顶天立地;四顾环绕,中间舒展;廊槛曲折,有露有藏。而且不同于西方式的房子在中间,院子在四周的庭院,它是房子在四周,院子在中间,是封闭式的,它看不到外界,外界也看不到它。但主动权却在它,打开大门、便可走出;而不开大门,外人便不见其堂奥之美了……"[1]

(一)会馆的建筑形象

南城和北城的四合院不一样。光绪间震钧的《天咫偶闻》说:"内城房屋,异于外城。外城式近南方,庭宇湫隘。内城则院落宽阔,屋宇高宏。"[2]

会馆购置的房屋院落既在南城,自然会遇到如震钧先生所说的情况。所以,在不少碑记中,能不断看到"湫隘""低洼""潮湿"等文字。南城的地势低,还有人为因素。无论住家还是店铺,多把渣土铺垫到路面上,积年累月,以致院子里的地面,往往低于街道。

另外,北京的斜街,内城以什刹海一带为多,且斜街走向,样式繁多;外城的前门外大街(中轴线)以东,因依河道建房,胡同多东南走向,大街以西,则因与金中都故城关系,形成若干西南向斜街。这就使南城的院落,不能保持坐北朝南的格局,而多有变化。再有,院落内房屋也杂乱无章。如果所购院落基本状况尚好,只要稍加修整,就能投入使用。但若是老旧民居,摇摇欲坠,就得大兴土木之工了。

---

[1] 《北京四合院》,邓云乡,河北教育出版社2004年1月第1版,第86页。
[2] 《天咫偶闻》,[清]震钧,北京古籍出版社1982年9月第1版,第212页。

乾隆二十五年（1760），创建的福建同安（今厦门市同安区）会馆，系同安籍京官陈胪声兄弟购置捐建。据《同安会馆记》记述："岁丙寅，余与从弟奇烈来谒补，于正阳门外大街西板章胡同，典屋以居。屋凡三重，南面合三十二椽，颇宽敞，可下数十榻。因顾而思曰：吾侪为京官仆马所占有几，盍以公诸邑人乎？爰稍加修葺，颜其门曰同安会馆。……卖屋者顾氏，先后得价银六百四十两，皆余兄弟所捐。"[①] 该馆在板章胡同五号（现门牌3号），有房32间，可住数十人。购置后，稍加修整，大门上书写"同安会馆"，一切便就绪了。"于是邑人之至京师者，皆得欢然相聚于此，无虞乎旅次之湫隘矣！"

道光十五年（1835）新建的广东南海县馆，买的是雍正间曾任工部、礼部尚书的董邦达先生故第，也是董先生之子、相国董诰的诞生地。据《新建广东南海县会馆碑记》记载：

> 道光癸未，……购宣武门外米市胡同董文恪公邦达故第，仍其式廓，略加修治，始于甲申之冬，迄于乙酉之春。……此馆为董文恪公子文恭相国诰岳降福地，形势安恬，堂庑爽恺，花木兢秀，邱壑多姿，庶几旅人于处，君子攸芋乎。[②]

从中可见，这个院落有着安谧、恬然的格局，房屋开敞、舒畅，花草树木红绿掩映，山石点缀相间，又有董先生父子两代的风骨和文韵流传，确是难得的环境氛围。简略整理，就是一个独具特色的会馆。

不是所有的院落购置都像同安会馆、南海会馆那样幸运。更多的是得大兴土木，而且，几乎每年都得及时维修，五年十年就得大修。换言之，就是买房容易养护难。

---

① 《北京会馆档案史料》，北京市档案馆编，北京出版社1997年12月第1版，第1336页。

② 《北京会馆碑刻文录》，王汝丰点校，北京燕山出版社2017年12月第1版，第172—173页。

海南岛的琼州会馆，据乾隆四十七年（1782）的《琼州会馆碑记》记载，乾隆三十七年（1772）在大外郎营买下的房屋和空地，"其屋三重，围以旁屋，计十七间。又买左隙地，纵十二丈，横五丈五尺"。十年后，乾隆四十七年（1782）才筹得经费改造，"屋之西向者，易而东向。凡为屋堂三间。其外为大门"，"通为屋三十二间有半，其东北隅尚余隙地一段，以俟他时补屋"，尽管还有一块空地，但已经"基广而势完，升堂内寝，绕以杂室，庖湢厩楲，纡曲有容"。[①]别小看了这段文字中那句"屋之西向者，易而东向"。这是说把东房改为了西房。大凡住过北京四合院的人都知道那句"有钱不住东南房"。东房夏天的酷热，冬天的奇寒，都是让人难以忍受的。

琼州至北京9000余里，因为进京的士人少，多年来没有自己的会馆。"公车之上南宫，选人之赴吏部，往往寄寓全省行馆"，但省馆房间有限，以致往往琼州人不能入住。有些财力的，只得去租住民房，或者去住旅馆，但房间窄小，人来人往，不得安歇，还会遇到房东、店家没完没了的盘剥勒索。所以，一当会馆落成，有了可住的房间，还有了聚会的厅堂，厨房浴室马厩，各种设施一应俱全，"琼人万里而来者，息肩投足，至若家居，乡语喧哗，忘其为客，不复有（投诸逆旅的）湫隘杂沓之虞，与夫要挟苛索之患矣"。进至会馆，全是故乡人，讲着家乡的话，就是海南人的一统天下，就是"至若家居""忘其为客"的安全岛，更再不会有人说琼州没有自己的会馆。琼州的会馆一点儿不比别人的差！

更值得一说的是上湖南会馆。

康熙五十二年（1713）《重修上湖南会馆碑记》中说，上湖南会馆有两个，都在前门大街东的草厂十条胡同。大馆近北口，近南口的是后建的小馆，在长沙、蕲州两馆之间。大馆为前明大宗伯曾文恪与衡、永、郴三属人士创建，始创年代不详。但从馆内遗存瑞春堂匾额

[①] 《北京会馆档案史料》，北京市档案馆编，北京出版社1997年12月第1版，第1376—1377页。

所载，是万历癸巳（1593）年时，就已经有了这个会馆。其后百余年间，会有多次修缮，但至康熙四十八年（1709）时，已经是败垣圮屋，残破不堪。而且，由于人们不断地用"煤土填积街衢"，以致街道比院内的地面高出许多。在会馆重修时，"以街道较之后祠，筑基须高三尺余，估费六十五金，中堂增高四尺，估费百六十金，门房增高之费，与后祠等"[①]。从后祠、中堂到门房，都要垫高，就意味着整个院落要填土一米以上，才能与外面的街道地面取平。取土、运输，都得耗费大量的人力、物力和时间。这在当年，不啻是个大的工程。

康熙四十八年，上湖南籍京官、外官唐崇勋等十人捐资重修会馆，垫高院落地面，又修缮先贤祠，加盖南房，修筑短墙，增高门房等。其工程从动议修缮馆舍起，至全部完成，跨了康熙己丑、庚寅、壬辰三个年度，自1709年开始至1712年竣工。[②]

在这个碑记中，最让人感兴趣的是会馆对大门的改造："虽所费浮于所估，而堂阶闼阂巍然改观矣，移门左侧，从京师式也。"这是说修缮工程的最后，按照京师的式样，把大门移至院子的左侧。换句话说，就像北京坐北朝南的大四合院，大门的位置按规矩，总是建在东南角的位置。

"从京师式"4个字告诉我们，这十位湖南人在谋划和改建施工过程中，是考虑并重视了北京四合院建筑的规制，并有所遵从。由上湖南会馆的修缮工程，想及其他绝大多数各地在京的会馆，至今还没有看到它们在建筑方面违规违制的有关记载。

在胡同里，从外观上看坐落其间的会馆，除了广亮大门、金柱大门，让人能觉得会馆的官员式的背景之外，人们一般不会察觉它们与众不同的特殊之处。若大门是"如意门"形制，就让人更觉得普通、平常了。至于会馆里面的大厅堂、戏楼、魁星楼、先贤祠等建筑，正

---

① 《北京会馆档案史料》，北京市档案馆编，北京出版社1997年12月第1版，第1356页。

② 参见《北京会馆档案史料》，北京市档案馆编，北京出版社1997年12月第1版，第1356—1357页。

因为被包藏在深宅大院里，很可能多年邻里街坊都未必清楚。

福建的汀州会馆，坐落在前门外长巷二条胡同26号（今46号、48号），现为北京市市级文物保护单位。据《闽中会馆志》记载，它是明万历十五年（1587）吏部尚书裴应章首倡并集资创办的。因为后来在32号（今43号）又建了汀州会馆南馆，故称老馆为汀州北馆。北馆是北京至今保有的唯一有福建风格的建筑，院内的房屋，梁柱门窗全部采用江南优质杉木制成，屋顶起坡平缓，前廊后庑，廊内装修为一色的花格子卷帘雕花门窗，廊顶露明，雕刻出象鼻形椽子，挑尖梁上有双象形蜀柱，梁头镂雕天马、神牛等多种动物纹饰。现在还有两个院子的东房，屋脊两端翘起约45度角，下方隐约能看见绘有花纹的石雕。两端翘起的部分叫作"蝎子尾"，下方挂花的雕刻叫作"平草"。这个建筑细节恰恰表现出福建汀州的建筑特色。如果走在长巷二条，走过汀州会馆的门前，是看不到这些"景致"的。①

正如张驭寰先生在《古建筑勘查与探究》一书中所说："清代200多年间，建设了许许多多的会馆，它的基本形制和大型住宅基本上是相仿的，实际上也就是一组大型住宅的规模。不过其中只加建了戏楼和魁星楼以及大客厅等，其他与住宅无大差异。"②"华而不侈，朴而不陋"，再加上"含而不露"，或者就是北京诸多会馆的建筑风格特色。

（二）会馆的氛围

位于南半截胡同的鲁迅先生故居绍兴会馆，市级文物保护单位，始建于道光六年（1826）。在绍兴会馆之前，曾经有个稽山会馆，后拓建为绍郡乡祠。据《山阴会稽两邑会馆记》记载："吾越之有会馆，最初曰稽山，仅醵（jù）祭为社耳。拓而为绍郡乡祠，乃始可以馆士。建馆初以醵祭为重，作歌吹合于前庭，士多厌喧而避处他所，

---

① 参见《长汀文史资料》第八辑，中国人民政治协商会议福建省长汀县委员会文史资料编辑室编，1985年6月1日，第42—43页，王其淼：《略谈北京汀州会馆》。

② 《古建筑勘查与探究》，张驭寰，江苏古籍出版社1988年6月第1版，第318页。

馆日以敝。"①由于会馆以"醵祭"为重,整日"歌吹于前庭",一进大门,就是吹拉弹唱,使来馆的士人们不堪其扰,都另寻安静去处聚会,会馆很快就凋敝了。

1. 斯文在兹

馆记中"士多厌喧而避处他所"句,用了个"士"字,其所指,应是既有士绅也包括试子,他们都有对会馆环境氛围的要求。所以,新馆从始创,在基础设施齐备后,就首先"亟去歌吹之事",并"于堂中奉祭邑先儒,使后进有所景仰","颜其堂曰仰蕺斋舍",让士人学子知道,要学习、继承浙学大家刘宗周先生和他创始的"蕺山学派"的学问与学风。会馆虽在京师,但一如家乡故里的"蕺山书院","可以论道课艺,辅德资仁",以淑一身,以淑天下。"而燕游之习,匪僻之干自不能入"。

这就是说,新馆的创始人们敏感、明确地看到——会馆不是"歌吹之地",而应当是景仰、传扬家乡先贤学术文章的地方,是影响和激励学子们刻苦学习,修齐治平的"书院"。他们看到,"都门会馆不下数百区,或仅供栖息而已,或祀司中司命以祈科目,皆不足法"。会馆不能只是提供试子们住宿的地方,会馆也不能只是祭祀司中、司命这样的主生死、成败及善恶的神祇的地方。山会邑馆应该效法"徽歙馆祠紫②,阳衡永馆祠濂溪③"那样,奉祀家乡的学术名家。于是,新馆"亟去歌吹",而营造崇尚大儒先贤、相互切磋、潜心治学的环境氛围。④

"徽歙馆祠紫",讲的是安徽会馆对朱熹的崇祀。

---

① 《北京会馆档案史料》,北京市档案馆编,北京出版社1997年12月第1版,第1322—1323页。

② 紫阳,宋代理学家朱熹的别称。

③ 周敦颐,理学濂溪学派创始人。

④ 引文均见《北京会馆档案史料》,北京市档案馆编,北京出版社1997年12月第1版,第1322—1323页。

安徽会馆，坐落在琉璃厂西街南，后孙公园胡同，坐北朝南。会馆院落沿中轴线有正院（中院）、东院和西院。中院第三进，有匾称"斯文在兹"，崇祀闵子、朱子暨历代名儒名臣，忠节孝义诸先达。神楼上崇祀文昌帝君、关圣帝君像。李鸿章在同治十一年（1872）安徽会馆建成时撰写了《新建安徽会馆记》，文中描述刚刚竣工的安徽会馆的格局时写道："中正室，奉祠闵、朱二子，岁时展祀。前则杰阁飞甍，嶕峣耸擢，为征哥张宴之所。又前曰文聚堂，闳伟壮丽。东偏若思敬堂，藤间吟屋，宽闲深靓，可以觞宾。其后曰龙光燕誉，则以待外吏之朝觐税驾者也。以北有园，广数亩，叠石为山，捎沟为池，花竹扶疏，嘉树延荫，亭馆廊榭，位置帖妥。"他首先讲到的是会馆中院神楼，奉祀着闵子骞和朱熹两位圣贤。

闵子骞，以孝行名闻天下，被尊为"笃圣"。孔子七十二贤人之一。《论语》先进篇有云："德行：颜渊，闵子骞。""鞭打芦花"（芦衣顺母）的典故，讲的就是闵子的逸事。这个故事发生在安徽宿州的萧县杜楼镇孟窑村附近的一个小村落。当地老百姓为纪念闵子骞的孝行，把村名改为"孝哉闵子骞鞭打芦花车牛返村"，简称"车牛返""鞭打芦花车牛返"，是中国最长的村庄地名，有着2700多年历史。今宿州市闵子祠，始建于汉，后历代都有修葺。现为安徽省重点文物保护单位。因此，安徽会馆以乡人的身份祀奉闵子，神堂正厅高悬李鸿章手书"斯文在兹"匾额，期以"笃圣"孝贤之遗风，砥节砺行。

朱熹，宋代著名理学家、思想家、教育家、诗人，儒学集大成者，世人尊称为朱子。朱熹是唯一非孔子亲传弟子而享祀孔庙者。朱熹祖籍徽州府婺源。所以，安徽会馆奉祀朱子，也是同乡之礼。

在安徽会馆，还有石刻朱子诗章，以及集朱文公书法字迹的楹联："堂室生辉，恩光天赐；山川拱秀，士气云兴。"

歙县有紫阳山，朱熹之父朱松曾在紫阳山读书。朱熹后居福建崇安，题厅事曰紫阳书室，以示不忘。后人因以"紫阳"为朱熹的别称。《重修歙县会馆录》中的《续修会馆录节存原编记序》也提及：

"吾歙为秦旧县，黄山练水，世毓名贤。程朱遗范，渐摩熏染。"这便是"徽歙馆祠紫"句中"紫"的来历。

另外，在李鸿章《新建安徽会馆记》中，还可见文聚堂、思敬堂、藤间吟屋等名称及匾额，体现的是文气十足的特点，尽管会馆主要是清时安徽军界的聚会之所。

至于"阳衡永馆祠濂溪"，句中的"濂溪"，指的是周敦颐先生。

周敦颐（1017—1073），字茂叔，号濂溪，世称"濂溪先生"，湖南道州楼田堡（今永州市道县清塘镇楼田村）人。北宋著名思想家、哲学家、文学家、教育家，著有《太极图说》《通书》《爱莲说》等，是宋朝儒家理学思想的开山鼻祖，被称为"上承孔孟，下启程朱"。其人品和思想，影响历千年至今，仍受到广泛崇敬和研学。

"阳衡永馆"指的是湖南衡州、永州等地的在京会馆，都奉祀濂溪先生。

及至道光二十七年（1847），又有《绍兴县馆晞贤阁记》云："岁己丑（道光九年，1829），辟山阴会稽之馆，以尊贤为先，名其前堂曰仰蕺堂。之后有楼三椽，南面轩爽可以栖神明。初议但奉蕺山刘子，顾念崇道兴学必溯渊源，开刘子者为阳明王子。王子故居山阴，两邑学者多其及门，教泽宏远，则并祀为宜。王子之先有若传经于汉，闻道于宋，淑艾于元明者，推而上之实唯言子。亲承圣诲，奉道南行，其子孙多居越中。吴与会皆其施教地，教所被即神所归，越中旧亦有祠，祠越先贤之可以统儒先而启王刘之道脉者当自言子始。爰奉言子于中龛，而袝诸儒焉。王子为龛于东，刘子为龛于西，高弟子各袝其侧。祠位既立，乡长者率后进释菜于庭。稷辰起而喟曰，是足以望道矣。于是名斯阁曰晞（xī，仰慕）贤，众皆以为然。自是以来十八九年春秋用享，稷辰恒斋僳（lì，庙主）将事，祝嘏（zhù gǔ，祝祷；祭祀）之际，俨然如见先贤先儒之精爽式临于吾前，堂上堂下，彬彬济济，罔敢不肃。前岁秋，邑子童濂于吴门范金为祭器，运致馆中，稷辰更与两邑同人考礼征图，补其未备，肴列粢然，仪节加谨，知先贤先儒必歆格之喜，响道者多而学绪之寖昌也，斯时不既称盛矣乎。"①

这段话至少讲了三层意思。

第一，仰蕺堂奉祀内容是经过认真、考究的论证的。最初命名仰蕺堂时，想是奉祀蕺山刘宗周先生。但"崇道兴学必溯渊源"，刘宗周的学说源自王阳明，山阴、会稽两邑学人多出其门，所以，刘子、王子应该并祀。由王子再向上溯，能追溯到孔子三千弟子中唯一的吴地人，七十二贤人之一的言偃（前506—前443）。言偃，字子游，常熟人。他"亲承圣诲，奉道南行"，"吴与会皆其施教地"，且"其子孙多居越中"。越中原来就有崇祀言子的祠堂。山会邑馆应该中间奉祀言子，王子在东，刘子在西，高足弟子在左右。

第二，年复一年的祭祀活动也是认真、庄重，一丝不苟。"堂上堂下，彬彬济济，罔敢不肃"。

第三，有乡人从绍兴运来祭器，"两邑同人考礼征图，补其未备，肴列粲然，仪节加谨"，在祭祀的礼仪上，也不断完善。

从如上三个层面可见，会馆祭祀先贤，一讲祭祀谁，为什么；二讲祭祀仪程的严肃、认真；三讲仪节的严谨、考究。总之，一行一动，有根有据，有依有法。这样的祭祀活动，呈现的是一种氛围追求和营造，由此及于其他，就会形成一种会馆生活的方式，实则，就是会馆文化气场。

2．家乡的神

（1）"规定动作"

会馆设文昌殿或魁星楼，奉祀文昌帝君等佑护文运与考试的神祇星宿，是要遵从官方祭祀礼仪，不能草率行事。在湖南善化会馆《善化馆志》中，就收录了《文昌祀典考》、《通礼祀典》及《善化县志》中的《通行祭仪》，并在此基础上，对会馆的文昌祀典做出文昌诞祭

---

① 《北京会馆档案史料》，北京市档案馆编，北京出版社1997年12月第1版，第1324—1325页。

的相应规定：

> 馆中祀事，不能求备，即论礼亦当从杀（减省）。兹定每年二月初三日举行诞祭，先二日，值年以伻（bēng，①出使，令使。②使者）告同邑京官及子弟辈在京者，咸来与祭。祭之前一夕，值年亲临净室，精洁祭品及一切应用之物，向神座前启帘，行一跪三叩礼，预告祭期。祭日，准辰初刻（上午7:15）齐集，咸蟒袍补服，陈设祭品，不设牲牢，不奏乐，不赞礼，不读祝。主祭官就位，击磬、上香、献帛、酌酒，行三跪九叩礼，化楮、焚帛，鸣鞭声爆。礼成而退。所用祭器，铏二、登一，用高足红花大碗代之。笾豆各十，用高足红花小碗代之。簠簋各二，用四方博古中碗代之。帛设于盘，用白色新绸为之。祭品详后。

在馆志中，还有"祭品""祭品制造法"，以及"新立文昌帝君神座告文"，又有奉祀的会馆条规，就像今天所谓"实施细则"：

"每年二月初三日文昌诞祭，值年先期精洁祭器，知会同人。是日辰刻，排班行礼，敬谨将事。同人在馆，恭领神惠，概由值年提款办理，不派香资。"

"神前早晚香烛，责成长班经理，月给香烛、灯油之赀当十京钱四缗。每逢朔望，值年轮流行礼。有公事不能到，须先期约定替代行礼之人。"

"神座前食案、香案及香炉、烛台等件，责成长班收拾洁净，不得移动。桌案之上尤不得安放酒食、杂物，以昭诚敬。"①

除文昌帝君的奉祀，还有对城隍、关帝等神祇的祭典，也都有相应的规范。

---

① 《湖湘文库：湖南会馆史料九种》，袁德宣，岳麓书社2012年11月第1版，第43—53页。

（2）家乡神祇

不少会馆把家乡的神祇也带到京城奉祀。

例如，福建的邵武会馆在其嘉会堂供奉武圣肖像，东神堂则附祀有：玄坛赵元帅老爷神位、增福财神老爷神位、敕封邵武县城隍侯王神位、敕封泰宁县城隍侯王神位、敕封邵武府训顺侯王神位、敕封建宁县城隍侯王神位、敕封光泽县城隍侯王神位、本馆土地福德正神神位，西神堂则附祀府县先贤。

泉郡会馆祭祀的"神牌"则有：大仙爷神位；福德正神神位；大学士李文贞先生神位；五文昌夫子神位；泉州府城隍神位。李景铭先生说："以大仙爷神位与文贞先生光地神位并列，似不合宜。文贞安溪人，著有榕村全集，清初之理学名臣也。世谓中国道统至有清以帝王名相相承继者，即指圣祖与文贞言。"[①]

五文昌夫子，又称"五文昌""五文昌帝君"，是道教奉祀的五位神明，即"文昌帝君""魁星星君""朱衣神君""纯阳帝君""文衡帝君"。相传此五神皆有护持文运之职能，而为士人学子所奉祀。各地或有加奉"至圣先师""仓颉先师"等神祇。

福德正神，民间俗称土地公，是财神与福神。民间习俗拜土地公，祈求一年农业丰收和地方平安。除我国东南沿海省份外，东南亚国家华人也多奉祀福德正神。

大仙爷，是一位不见佛道经典著录的民间信仰的神仙，民间奉祀其为"财神爷"，清代的官员则以其为"守印大仙"，即守护官印的狐仙，并在官府内设专门的祭拜地。在今福建、台湾及山西等地明清衙署遗迹中，仍能看到。清人吴炽昌《客窗闲话》有"无真叟"，讲述的是浙江人章生，在闽游幕，在台湾县署（时台湾隶福建），见到有楼为狐仙供奉之所，并得知狐仙"奉天狐命派司是邑印信"。吴炽昌约生于乾隆四十五年，他的《客窗闲话》及续集，分别刻成于道光十九年（1839）、道光三十年（1850）。由是可知，嘉庆、道光时已经

[①]《闽中会馆志》，李景铭，1943年。

有狐仙司印之说①。北京的东岳庙,中路北端的二层后罩楼,原来也曾有大仙爷殿,其他为玉皇阁、碧霞殿、斗姆殿、关帝殿、灶君殿、文昌殿、喜神殿、灵官殿、真武殿等,现已改为北京民俗博物馆的展厅。

尤需特别指出的是,福建一些会馆奉祀着著名的天后妈祖。据《闽中会馆志》记载:

汀州会馆:"馆之正殿祀天上圣母像。其神像及长案五供俱存";"神殿匾额二,一曰'德配坤元',咸丰六年华鼎初立;二曰'慈恩广被',光绪壬寅沈翔清立。""每年三月二十三日圣母圣诞,在本馆行大祭一次"。②

建宁会馆:"神龛专供天上圣母,神牌书三十二字封号。案前五供尚余三供。馆丁云每年三月二十三日、九月九日,仍奉祀典无阙。"③

福州会馆:据《林则徐日记》,嘉庆二十一年(1816)十二月二十八日:"壬寅。晴。早晨赴福州旧馆,移奉文昌帝君、武圣、天后神座安供福州新馆,午后设供,在馆中晚饭罢回寓。"又,道光十七年(1837)二月二日的日记有:"早晨诣福州会馆,拜文昌、天后。"④这两则日记明确记载了福州会馆的神祇供奉,不但有文昌帝君、武圣,还有"天后",即"妈祖",而且,新馆初建,即行供奉,一丝不苟。至1944年,据《闽中会馆志》记载,福州新馆"天上圣母像,神龛及塑像、宝帐仍存"⑤。

这些都是北京会馆"妈祖文化"的重要历史记载。

从上述举例可见,不少地方的会馆,都把家乡的天后、城隍、土

---

① 《客窗闲话》,[清]吴炽昌,石继昌点校,时代文艺出版社1987年12月第1版,第32—35页。

② 《闽中会馆志》,李景铭,1943年,"汀州会馆"。

③ 《闽中会馆志》,李景铭,1943年,"建宁会馆"。

④ 《林则徐集·日记》(中国近代人物文集丛书),中山大学历史系中国近代现代史教研组、研究室编,中华书局1962年4月第1版,第68页,第225页。

⑤ 《闽中会馆志》,李景铭,1943年,"福州新馆"。

地公、福德正神乃至大仙爷等，带到京师来奉祀，与家乡的神寸步不离。同时，各地地方神祇随会馆创建而进京，也丰富了当年京师的信仰文化。

（3）乡贤供奉

福州会馆，据《闽中会馆志》记载，"馆内中院，祀叶文忠夫妇塑像，高二尺余，文忠夫人穿霞帔绣鞋，可见明朝妇女仍尚缠足，侍从两列，男女各一。西院燕誉堂后三楹，祀长乐城隍神位。东院即景福堂，祀福德尊神，即俗所称土地公。"[①]

相国叶文忠，即叶向高，文忠是其谥号。福州会馆对乡贤叶向高（参见第三章人物介绍）的奉祀，规格是相当高的。在会馆中院设专门的神堂，为乡贤夫妇塑像，还塑有侍从，形成一组立体的"神像"。叶向高夫人塑像的服饰，还有着明代妇女服装的特点，可见崇祀的认真、细致。如果这组塑像流传下来，又将是重要的文物了。

泉郡会馆奉祀大学士李文贞，即李光地（参见第三章人物介绍），泉州府安溪人，曾捐宅建安溪会馆。"文贞"是去世后皇帝赐予的谥号。李光地先生，是泉州名闻天下的乡贤。

邵武会馆西神堂则附祀：宋风雅宗匠沧浪严公讳羽老先生神位、宋理学名儒果斋李公讳方子老先生神位、宋理学名儒德言刘公讳刚中先生神位、国朝修辟本馆诸先生神位、明始创本馆诸先生神位、建馆以来凡有在馆中物故诸先生之位、在馆已故无祀诸公神位、本郡在京已故诸公之神位。

建于清康熙十年（1671）的河南会馆（嵩云草堂），位于西城区达智桥胡同55号（旧为达智桥路北19号）。同治十三年（1874），兵部尚书毛昶熙等人，又在馆东建起了精忠祠和报国堂，供奉岳飞画像。

道光十八年（1838），湖北黄陂邑馆在修缮工程告竣时，也是马上就"敬立神座，中祀文昌，司科名也；旁祀二程，尊先贤也；从祀星六方伯，报义举也"。"二程"，指的是宋代理学家程颢、程颐，生

[①] 《闽中会馆志》，李景铭，1943年。

于黄陂县（今黄陂区前川街），并在此地生活学习了十五六年，自然是黄陂的名人。姜星六先生"捐千金改置潘家河沿之南北院"，为纪念他的义举，也安置神位奉祀。①先贤的供奉，不但包括对国家社稷有重大贡献的历代人物，还有在会馆创建、修缮方面做出贡献的同乡。

《北平湖广会馆志略》一书，还专门为创修、续修湖广会馆的诸公辑录了"列传"，如明代创建人张文忠（张居正）公传、清代创建人刘文恪（刘权之）公传、清代创建人李少宰（李钧简）传、清代捐宅人叶给谏（叶继雯）传、叶郎中（叶志诜）传、叶观察（叶沣）传、蒋副宪（蒋祥墀，道光重修人）传、何文安公传（何凌汉，道光重修人）、曾文正公传（曾国藩，道光重修人）、谭文勤公传（谭钟麟，光绪重修人）、张通参（张仲炘，光绪重修人）传等，计11人的传略。

对于家乡先贤的供奉、祭祀，各家会馆在力所能及的条件下，还相互学习、借鉴，不断改进。

据《北京湖广会馆志略》记载，晚至1943年时，湖广会馆主事人还提出："本馆正院北房五楹为乡贤祠，供奉两湖先贤，仅有总神位一座，殊不足以答神庥而资瞻仰。查北平越中先贤祠、山右三忠祠、楚学精庐所供乡贤，均每人分列神位。两湖自周鹭子以次，代有名贤，自应仿照办理。唯兹事体大，应请旅京耆宿名儒慎重将事，藉免遗误。至本馆创建续修诸公，亦应设位供奉，以隆报享。"②

除了在会馆设祠供奉，每年节祭祀之外，诸多会馆还编辑《馆志》《馆录》等，刊印成册，既在同乡中广为分发、传播，还特别存档珍藏。每逢主事人更换，还有移交手续。由此，这些会馆的乡贤历史资料，才得以流传下来。

---

① 《北京会馆档案史料》，北京市档案馆编，北京出版社1997年12月第1版，第1350页。

② 《湖湘文库：湖南会馆史料九种》，袁德宣，岳麓书社2012年11月第1版，第260页。

3. 题名匾上的气象

知道湖广会馆的人很多，无论北京人还是各地的人们，都知道湖广会馆是中国近代史上见识过诸多重大事件的地方。诸如八国联军入侵的时候，这里被美军占为司令部，那是光绪二十六年（1900）的事。特别是1912年孙中山先生来北京，五次到湖广会馆参加会议并发表演说，在这里召开了国民党第一次大会，宣布国民党的成立。这些在不少的报刊书籍中多有记载，就是湖广会馆现在的宣传册子，也有梗概介绍。但被说得最少的，是湖广会馆大戏楼里的题名匾（亦称"题名版额"）。那些匾额已经佚失很久，无法寻回了。

幸好，有人勘察过，并做了记录。

张驭寰先生早年做过湖广会馆的勘察。他在所著《古建筑勘察与探究》中记述道：

戏楼：坐南面北，南北9间，东西6间，两层共计54间。楼内周围列置圆柱。正南面设舞台，池座16间，雅座18间，楼座亦为18间。舞台的两侧和前面均为方形采光窗。第一层雅座和池座隔栏杆互相衔接。第二层楼座各柱间，下设栏杆，上装花格，在花格上悬金匾，书写："一等侯爵""世袭一等侯爵""大学士""协办大学士""状元""榜眼""探花""会元"等。其中，还有熊伯龙之顺治乙丑科榜眼，是最早的一块。金匾排列，颇有荣耀乡里的感觉，同时也增添了戏楼的装饰艺术。[1]

《北平湖广会馆志略》中有"乡宦科第匾额"的记录，为张先生的勘察做出了佐证。那些金匾包括：

大学士匾：大学士康熙朝余国柱、大学士康熙朝吴正治、大学士康熙朝熊赐履、大学士嘉庆朝刘权之、大学士道光朝叶名琛、大学士同治朝曾国藩、大学士同治朝左宗棠、大学士同治朝曾懋谦。

协办大学士匾：协办大学士乾隆朝彭维新、协办大学士乾隆朝陈大受。

---

[1]《古建筑勘查与探究》，张驭寰，江苏古籍出版社1988年版，第317页。

封爵匾：一等侯爵同治朝曾国藩、一等伯爵同治朝曾国荃、一等伯爵同治朝左宗棠、一等子爵同治朝李承典、一等子爵同治朝鲍超、一等男爵道光朝叶名琛、一等男爵同治朝胡林翼、一等男爵同治朝萧孚泗、二等男爵光绪朝杨玉珂、二等男爵光绪朝刘锦棠。

鼎甲匾：状元顺治己丑刘子壮、状元嘉庆乙丑彭浚、状元嘉庆辛未蒋立镛、状元道光乙巳蔡锦忠、状元嘉庆己卯陈沆、状元光绪丙戌赵以炯、状元光绪己丑张建勋、榜眼顺治己丑熊伯龙、榜眼嘉庆辛酉榜眼嘉庆辛酉刘彬士、榜眼同治癸亥龚承勋、榜眼同治戊辰黄自元、榜眼光绪丁丑余联沅、榜眼光绪庚辰曹贻孙、榜眼光绪甲午尹铭绶、榜眼光绪戊戌夏寿田、探花嘉庆丙辰帅承瀛、探花嘉庆戊辰石承藻、探花嘉庆己卯胡达源、探花嘉庆庚辰陈銮、探花道光癸巳蒋恩淳、探花咸丰庚申欧阳保极、探花光绪庚辰谭鑫振、探花光绪甲午郑沅，探花光绪乙未王龙文、传胪咸丰壬子彭瑞毓、传胪咸丰庚申黎培敬、传胪光绪丁丑孙宗锡、传胪光绪丙戌彭述、传胪光绪己丑杜本崇、传胪光绪庚寅萧大猷、传胪光绪丁未萧荣爵[①]。

博学鸿词匾：博学鸿词康熙己未曹宜溥。

朝元匾：朝元道光乙巳孙鼎臣、朝元同治乙丑李士彬、朝元光绪己丑陈曾佑、朝元光绪甲

会元匾：会元雍正癸卯杨柄、会元乾隆甲戌胡绍鼎、会元同治甲戌秦应逵、会元光绪甲辰谭延闿。

南元匾：南元乾隆丁酉廖文璜、南元道光壬午魏源、南元光绪辛卯贺伦夔。

总计匾额63方。其中，大学士8方，协办大学士2方，封爵10方，鼎甲43方（状元7方，榜眼8方，探花9方，传胪7方，博学鸿词1方，朝元4方，会元4方，南元3方）。

该《志略》中对上述匾额的总体情况还做出如下说明：

"右列宰执、封爵、鼎甲、朝元、南元匾额计六十余人，可见有

---

① 萧荣爵先生是光绪二十一年（乙未，1895）中二甲第一名进士，例称传胪。

清一代人才之盛。民国以后无人整理，匾额坠落者约十余方。当年之黄阁耆元、玉堂清品已成陈迹，自应照旧保存以告来者。再，沈国治《星匏馆随笔》载：'京师各省郡县会馆，多于馆中悬额，罗列本朝科第姓名，大约自顺治始。独山会邑馆所记有崇德元年（1636）进士沈文奎，是知会馆之有科第匾额，始于清初。唯省馆以其太繁，故非鼎甲、朝元、会元、南元，不得与此荣典耳。'"①从这个记述看，湖广会馆对其他会馆的科第匾额是有较深入的了解的，所以能说出"独山会邑馆所记有崇德元年（1636）进士沈文奎"，并推断"会馆之有科第匾额，始于清初"。而且，各郡州县馆，可能科第匾额更细致，省馆以其太繁，"故非鼎甲、朝元、会元、南元，不得与此荣典耳。"

由湖广会馆的这个记录，对照《古建筑勘察与探究》的记载，则至张驭寰先生勘察时，已经有些匾额缺失了。所以，他看到最早的匾额只是"榜眼顺治己丑熊伯龙"那一方，没有了"状元顺治己丑刘子壮"等匾额。

就在湖广会馆大戏楼，"前清乡人团拜时，演剧联欢，为一时盛会。他省喜庆、彩觞，亦多假此举行。民国以后，曾演义务戏数次，谭鑫培、余叔岩诸名伶亦楚人也，皆曾经出演"②。当年，同乡团拜，或者其他省份地方的喜庆活动，人们走进大戏楼，60余方匾额，装饰着二楼檐口，金光闪闪，一道湖广会馆独家风景线。来客不由自主就会被这道风景线吸引，辨认匾上的人物，搜索记忆中的印象，耳边传来旁人念叨人物们的逸事奇闻的声音，不单是功业勋绩，还有学问著述、书法绘画，也有他们曾经的艰难困苦，乃至后来的宦海沉浮……

《清代名人轶事》中有"方敏恪轶事"：雍正五年（1727）丁未会试，陈勇（fū）南公，与仁和沈椒园先生共坐一车，每日恒见一少年步随车后，异而问之，自言："桐城方氏子，将省亲塞外，乏资，故

---

① 《湖湘文库：湖南会馆史料九种》，袁德宣，岳麓书社2012年11月第1版，第290—291页。

② 《湖湘文库：湖南会馆史料九种》，袁德宣，岳麓书社2012年11月第1版，第280—281页。

徒步耳。"二公怜其孝，援令登车，而车狭不能容，于是共议每人日轮替行三十里，俾得省六十里之劳。到京别去，不复相闻问矣。后二十余年，勇南公以云南守赴都，椒园先生时陈臬（chén niè，任司法官职）山左，亦入觐，途中忽有直隶总督差官来迓，固邀至节署相见，则总督即方氏子。欢然握手，张筵乐，饮十日，称为车笠之交，一时传为美谈。[①]

文中说到的时任直隶总督的方敏恪，即方观承（1698—1768），安徽桐城人，清代著名水利和植棉专家[②]。康熙五十年（1711），因戴名世《南山集》文字狱案，方观承的祖父、父亲受到牵连，两年后，戴名世被斩首，方观承已经去世的祖父方玄成被开棺戮尸，父亲方登峄等被发配黑龙江卜奎（今齐齐哈尔）。每年方观承从南京去卜奎看望父亲，因无盘费，都是步行往返近4800公里。雍正五年（1727），两举子进京赶考，途中遇见方观承，看到他步行去卜奎省亲，为其孝感动，邀上车同行。但地方狭小不能容，两人竟就轮流替行30里，以此帮助方观承。及至京师，又赠送毡笠给方观承。20年后，陈勇南已任云南知府，沈椒园在山东任司法官，两人同时进京述职，途中遇直隶总督派来的官员迎接，没想到，总督就是当年路遇的少年方观承。三人的"车笠之交"一时传为美谈，还经多种笔记流传下来。

在安徽会馆的科名题版上，没有方观承的名字，他是被定边大将军平郡王福彭选为谋士，后经举荐，任内阁中书，再任直隶清河道台、直隶按察使、直隶布政使，直至直隶总督的。他的祖父方孝标（1617—1697），顺治六年（1649）进士，但在《北京安徽会馆志稿》中，与湖广会馆等省馆一样，只收录鼎甲等，所以，也没有记载。只是在榜眼匾中，能看到戴名世的名字。另外，《志稿》中收录了徐宗亮的《戴先生传》，里面能看到有关事件的梗概。换言之，在安徽会馆，看到题名匾上戴名世先生的名字，谈及当年的文字狱案，桐城方

---

① 《清代名人轶事》，[清]葛虚存著，琴石山人校订，马蓉点校，书目文献出版社1994年9月第1版，第279页。

② 其谥号实为恪敏，书中误为敏恪了。

家就自然会被提起……

方观承的故事,还有更精彩的。《清代名人轶事》"方敏恪轶事"记述道:

兹见武曹先生所记《方敏恪公轶事》有相类者,用附录之,曰:吾乡乔坚木丈,尝归自京师,返道过保定。时直隶总督为方敏恪公,乔方出也,公留署累日。一夕酒半,乔自陈屡赴公车,佗傺不得志。公曰:"甥得毋有饥不食耶?"乔作而对曰:"未也。"公曰:"得毋有寒无衣耶?"乔作而对曰:"未也。"公笑曰:"嘻,是奚足怖。吾方穷时,将游京师,至宝应(今扬州市宝应县)资罄。岁将暮,寒风栗烈,敝缊(yùn,乱麻、旧絮)袍仅行线存,中无里衣,束带长尺余,两端以贯续之,纳履则足之前后皆见。将诣汝母,丐数金北上。甫抵门,仆者衣冠甚都,列坐于门之两楹,余逡巡欲入,仆诘曰:'客奚为者?'余曰:'将探吾戚。'仆笑曰:是安得有若戚?得毋为行窃计耶?'余自顾窭人子(jù rén zǐ,穷人家子弟),欲言之,恐碍汝母,迟回久之,终弗入。乃信步折而东,又屈曲西行里许,至卢家巷。巷门为南北通衢,有屠,门市者如今。屠每割,必倩对宇列肆者书,数往来甚烦,列肆者每厌苦之。余倚柱而笑,屠顾见曰:'客何为者?作字比不得切肉也。'余拱手曰:'非敢然也。见长者行甚苦,小子略识字,幸不弃,可代劳耳。'屠喜曰:'客乃能书。'即借肆中纸笔,置几旁,屠者手切肉,权轻重,朗口诵数,余奋笔疾书。食顷,已更数十纸,屠笑曰:'客之书,更速于我之切也。'会日暮,屠者荷余肉行,顾余曰:'吾知客未饭,盍从我于家。'余随之数百步,门临河畔,茅屋三间,一女应门,可十八九许,屠呼老妪出曰:'吾幸延客,速作饭。'叩其姓,胡也。亦返问余,叹曰:'是缙绅宦家子也。'坐余以堂。少选,提一壶酒,命女温之，烛至，命姬、女俱坐，曰：'客幸不见外，我老无子，迫岁甚忙，又无伙伴，客能留卒岁，当必有以将意。'余曰：'某穷途，长者见收，幸甚。'屠大喜，酒至，辄取盎中盐菜为副，切肉置大盘，是时余已饿竟日，酣饮快意，视今日之节制韰辅，其乐十倍。饭罢，庋门扇为床，布草荐，取布被覆焉。天将明，呼余起，日记数以为常。除夕，为置酒肴羹肉，共食如初。元日，余揽衣起，则非复故衣，一蓝布袍，新布絮袄，近身里衣絮裤，内外补缀完整，布袜履各一。余惊起拜谢，屠笑曰：'客此去当作官人，区区者奚足言？'开岁五日，余欲去，屠曰：'此间灯事甚闹，幸更延十数日。'余心德之，不能却也。望后，乃辞以行，屠者曰：'固知客不能留也。'又置酒肴为饯。翌日，赠钱四千、襆（pú，被单）被囊一，将所覆被并钱纳焉，送至河干，余拜，屠亦拜。附船至山东，囊中余钱数百，有故交自北来，身无一钱，分半与之。遭遇圣恩，以有今日，皆胡长者赐也。及为直隶布政司时，遣一介以千金报德，且戒曰：'若肯来，即备舆马，迎至署中。'至则门巷萧条，胡夫妻身殁已久，女适谁氏子，亦不知所终。"言至此，公泣数行下，座客为之改容。乔怃然如有所失焉。[1]

素昧平生的胡屠户，在方观承山穷水尽的时候，伸出了援手。及至方观承官至直隶总督，派人去寻找恩人的时候，胡屠户夫妻已经过世，女儿也没了下落，想报恩而不得了。

《清稗类钞》"方恪敏父子叔侄总督"载："桐城方恪敏公观承以布衣赐中书，官至太子太保、直隶总督。子勤襄公维甸继之。而犹子来青宫保亦官至兼圻"[2]方观承之子方维甸，乾隆四十六年（1781）进

---

[1] 《清代名人轶事》，[清]葛虚存著，琴石山人校订，马蓉点校，书目文献出版社1994年9月第1版，第279—281页。

[2] 《清稗类钞》，徐珂编撰，中华书局2010年1月第1版，第1340页。

士，历任军机大臣、直隶总督、闽浙总督。其侄方受畴（号来青），亦官至直隶总督、兵部尚书、太子少保。

当年，还有年届古稀步行进京赶考的。

《清稗类钞》记有"杜要徒步赴会试"："新化（今湖南娄底市新化县）杜要，字明若，屡困场屋，俛得俛失，年六十四，始与同县杨琨、杨振铎同举于乡。已而琨与振铎相继登明通榜，要年辈先于二杨，耻居其后。干隆丙辰，年已七十矣，徒步赴京，应会试。高宗登极，恩命，搜年老举人朱墨卷进呈，遂特赐要以国子监学正。"[①]从娄底市至北京，约1600公里，杜要以七十高龄徒步到京城应试，应该说也是创下了科举史上的一个纪录。

同样在《清稗类钞》中还记载有"老年科名"的纪录："老年得科目者，康熙朝，陈检讨维崧举宏博，年逾五十。丁丑，姜西溟宸英七十三中探花；癸未，王楼村式丹五十九得会状。又宫恕堂鸿历五十八，[②]查他山慎行五十四；己丑，何端惠世璂五十八；壬辰，胡文良煦五十八；乙未，裘琏七十二；辛丑，陆坡星奎勋五十九：俱入翰林。乾隆丙辰，刘起振八十授检讨；己未，沈归愚尚书六十八入翰林。张总宪泰开六十二；癸丑，吴种芝贻咏五十八中会元。嘉庆丙辰，元和王严八十六中式，未及殿试卒；己巳，山东王服经八十四入翰林。"

乡试，乾隆丙午乡试，粤东诸生谢启祚，年九十八中式。老先生还戏作《老女出嫁》诗云："行年九十八，出嫁不胜羞。照镜花生靥，持梳雪满头。自知真处子，人号老风流。寄语青春女，休夸早好逑。"丁未应会试，特恩授司业衔。己酉，恭祝高宗八旬万寿，晋秩鸿胪卿，濒行，赐诗额以宠之。又十数年卒，盖寿近百二十岁矣。同一年，番禺刘朴石孝廉彬华则以年仅十五而中式，老少同榜，年龄相距为八十三年。抚军某《鹿鸣宴纪盛》诗，有"老人南极天边见，

---

① 《清稗类钞》，徐珂编撰，中华书局2010年1月第1版，第662—663页。
② 《清稗类钞》，徐珂编撰，中华书局2010年1月第1版，第589页。

童子春风座上来"句。①

福州会馆的题名匾，据《闽中会馆志》称，"大抵自顺治至道光止，福州所属乡会试之题版，均悬老馆。咸丰至光绪，则悬新馆。""福州府属十县，自顺治开科，迄光绪停罢科举，凡二百六十余年，其中掇乙科②登黄甲③者，不下数千人。乃福州老馆题名版额，自顺治至道光，所存而可考稽者，仅八百八十七人；福州新馆题名版额，自咸丰至光绪，所存而可考稽者，仅四百八十五人。其余姓名籍贯，半为风尘剥蚀，若存若亡，有全泯灭者。以所存二者合计，凡一千三百八十二人。而此一千三百八十二人中，其见于史传、府志及私家著述，有政绩文章、经济学术，可纪者，不过四十余人而已"。

从题名匾的情况看，1943年李景铭先生亲自在福州会馆清点，"福州老馆亦有林鸿年、王仁堪两匾。然初次往查，林存而王已遗失。诘之长班，始云乡人借以覆瓿（bù），卒令长班复悬原处。此外，尚有题版三十余事，除燕誉堂高悬者外，余则多被驻馆者卸下，或以庋物，或以代榻。"即老馆原有林鸿年、王仁堪两匾，王仁堪的题名匾已经丢失了。原来悬挂于会馆燕誉堂的大小题名版额，只剩下30余方。其中大字题版还能辨识的有13方，涉及文武状元、榜眼、文武探花、朝元、文武会元等。小字题版则自顺治二年至道光间的乡试、会试中式名单，但也有因匾额损坏而无法辨认的。光绪间的乡会试中式名单则没有刻版。

按保守且粗略地估计，福州会馆的题名匾，至1944年李景铭先生撰写《闽中会馆志》时，至少丢失了一半。依照当时还残存的30方，原来可能的题名匾数额，也在60方以上，可以与湖广会馆比肩。

福州会馆有燕誉堂，是聚会的厅堂，大字题板、小字题板，几十通匾额，几乎挂满墙壁，溢彩流光，让人眼花缭乱。

创建于嘉庆二十三年（1818）的福州新馆正院、后院的廊上，张

---

① 《清稗类钞》，徐珂编撰，中华书局2010年1月第1版，第646页。
② 明清科举，称举人为"乙科"。
③ 1.科举甲科进士及第者的名单。因用黄纸书写，故名。2.指进士及第者。

挂着咸丰至光绪间的科名题板。这里更让人们喜闻乐道的，是五子登科、六子登科甚至七子登科的故事。别看人物的名字镌刻在小字题板上，但那事迹却穿过会馆的深宅大院，传扬京城，再及全国各地。

据《闽中会馆志》记载：

> 某科乡试中式之郭元昌、同治甲子科乡试中式之郭守昌等，皆郭阶三之孙。阶三有五子，柏心（道光壬辰举人）、柏荫（道光壬辰进士）、柏蔚（道光甲午举人）、柏苍（道光庚子举人）、柏芗（咸丰辛亥举人），世称五子登科。"

> 同治乙丑科会试中式之叶大同、庚午科乡试中式之叶大湜、壬戌科乡试中式之叶大涒、戊辰科会试中式之叶大焯、光绪丙子科乡试中式之叶大冰、丙戌科会试中式之叶大涵，皆叶云滋子。云滋早卒，太夫人邱氏在堂，及见三子捷秋闱、三子捷春闱，故世称之六子科甲。云滋为申万孙。申万为观国子，观国五子均登科……叶氏自署门联曰"系出石林，世登玉署"，诚无愧色。叶家不但五子登科、六子科甲，还以"五世八翰林"创科举史上的奇迹。①

> 同治乙丑补行甲子科乡试中式、戊辰科会试中式之陈宝琛，即子良刑部长子。有弟五人，曰宝瑨（光绪庚寅进士）、曰宝璐（光绪庚寅进士）、曰保琦（光绪乙亥举人）、曰宝瑄（光绪癸巳举人）、曰宝璜（光绪甲午举人），世所称六子科甲者，可与叶氏媲美联芳矣。

陈家还有叔侄兄弟同榜进士的事迹："宝瑨（字仲勉）子懋鼎（字徵宇）解元，与其父及叔宝璐（字叔毅）同于庚寅捷南宫，故其门扁

---

① "五世八翰林"指：叶观国，翰林院编修；子申万，翰林院检讨；申芗，翰林院庶吉士；孙敬昌，翰林院庶吉士；玄孙大焯，翰林院编修；大道，翰林院编修；耳孙在琦，翰林院检讨；在藻，翰林院庶吉士。

（匾）曰父子叔侄兄弟同榜进士。"①

《旧典备征》"科名佳话"中，记载了如父子鼎甲、叔侄鼎甲、兄弟鼎甲，兄弟祖孙鼎甲、父子鼎甲传胪、祖孙鼎甲传胪、叔侄鼎甲传胪、兄弟叔侄鼎甲传胪，父子传胪、叔侄传胪、兄弟传胪，父子解元、祖孙解元、兄弟解元等；三代及三代以上累有高中进士的，以及一家四代进士、五子登科、六子登科乃至七子登科的记录。其中，五子登科中，记载有叶观国、郭阶三家的记录；六子登科，则有陈宝琛兄弟；七子登科，则为浙江、广东同为许姓的人家创造，即"浙江钱塘许学范子乃来（乾隆癸卯举人）、乃大（嘉庆癸酉举人）、乃济（嘉庆己巳进士）、乃谷（道光辛巳举人）、乃普（嘉庆庚辰榜眼）、乃钊（道光乙未进士）、乃恩（道光癸卯举人）。广东番禺许祥光子应骙（道光己酉举人）、应锵（同治甲子举人）、应銮（同治丁卯举人）、应鏶（同治丁卯举人）、应鏦（同治庚午举人）、应错（光绪己卯举人）、应镕（光绪己卯举人）。"②《旧典备征》记载的五子登科、六子登科、七子登科的家庭，计29家。

还有更高的记录。影视剧中的宰相刘罗锅刘墉，让人们关注到山东诸城的"清爱堂"刘棨。康熙四十九年（1710），刘棨擢升天津道副使。一次，康熙皇帝途经天津，诏许当地官员随从。康熙皇帝亲书翰墨赐予群臣，刘棨随上奏其兄刘果任河间知县时曾受到"清廉爱民"的褒奖，乞赐"清爱堂"额，康熙皇帝应允，遂书"清爱堂"相赐，"清爱堂"从此成为刘家的堂号，刘墉有一枚"御赐清爱堂"印章，原因就由于此。③ 真实生活中的刘墉，他的祖父刘棨（1657—1718），清代诸城逄（páng）哥庄（今山东省高密市逄戈庄）人，康熙二十四年（1685）进士，官至四川布政使。刘棨有十子，有八人先后中举，且其中有三人中进士，创下了父子九登科的纪录。第五子

---

① 《闽中会馆志》，李景铭，1943年，"新馆"，第18—19页、第39页。

② 《旧典备征 安乐康平室笔记》，[清]朱彭寿，中华书局1982年2月第1版，第88—101页。

③ 参见《临汾日报》2018年12月5日第6版，陈波轶：《清代平阳知府刘棨》。

刘统勋曾任东阁大学士、军机大臣。刘统勋之子刘墉，乾隆十六年（1751）进士，授翰林院庶吉士，官至体仁阁大学士。刘统勋、刘墉父子宰相，创造了刘氏家族又一个辉煌的历史纪录。

《清稗类钞》"门阀类"记载有"同祖兄弟三十一人应试""兄弟翰林"[1]。《归田琐记》的作者梁章钜（1775—1849），字闳中，又字茝林，号茝邻，嘉庆七年（1802），二十八岁成进士，授翰林院庶吉士，曾任江苏布政使、甘肃布政使、广西巡抚、江苏巡抚等职。他祖籍福建长乐县（今长乐市），清初徙居福州，所以，《归田琐记》侧重记载福建科名记录，诸如福建鼎甲、世进士、兄弟进士、少年科第，以及同榜三及第等[2]。

所有这些，都是会馆里科名题板后面的故事。

北京国子监，树立有元明清三代的进士题名碑198座，其中元代的3座；明代，自永乐十四年（1416）至崇祯十六年（1643）共77座，张居正、徐光启、潘季驯等著名历史人物的名字都镌刻其中；清代，自顺治三年（1646）至光绪三十年（1904）共118座，刘墉、纪昀、林则徐、翁同龢、康有为、曾国藩、李鸿章等历史人物的名字，均在其中。

北京号称千座会馆，每一个都有科名题板，仿佛是国子监国家级题名碑的进一步展开，细化到乡试、会试。

遥想，百余年前，在会馆里，站在那些科名匾的前面，当年的试子、官员，他们在想什么，会是怎样的心境？他们彼此之间又会在说些什么？我们已经很难细致入微地揣摩、体会了。但至少，那是他们的追求、向往，是他们的奋斗目标。从个人，家庭、家族到乡里，再到府郡州县乃至省份、地域，题名匾把这一切都联系起来。什么是会馆的氛围。那氛围就在题名匾上，弥漫于会馆中，穿梭于会馆之间。

距今约160年前，光绪十六年（1890），在《黄陂新馆记》里，有

---

[1] 《清稗类钞》，徐珂编纂，中华书局2010年1月第1版，第2125页。
[2] 《归田琐记》，[清]梁章钜，于亦时点校，中华书局1981年8月第1版，第75—79页。

人写下这样的话："俾邑人士春秋燕衎（kàn，和乐），楚楚衣冠，群然列拜于馨香俎豆之前，而油然生其桑梓枌榆之敬。"[1]那是说在春秋的祭祀聚会上，所有在京的同乡，都衣冠楚楚，严肃、郑重地站立在故乡的神祇、先贤的神位前，在科名题板的环绕中，顶礼膜拜。没有辉煌的奏乐，只有袅袅的馨香蜿蜒升起。他们深深地鞠躬，心底里吟唱古老的歌：

  唯桑与梓，必恭敬止。

  岂伊不虔思于天衢，岂伊不怀归于枌榆。

---

[1] 《北京会馆档案史料》，北京市档案馆编，北京出版社1997年12月第1版，第1352页。

第六章

会馆与北京的故事

一、与会馆相依的日子

终于走到京城了，几个月的长途跋涉，似乎连马匹都疲累到了极点。就像广东新会的人所说："岭南去京师七千余里。士之试京兆及与计偕者，赍粮就道，犹历舟车跋涉之劳几三阅月乃至，则为马瘏（tú）仆痡（pū，疲劳致病），征尘未拂，又皇皇然唯舍馆是图。昔人称，长安居大不易，信矣。……"①

浙江人说："（山阴会稽）两邑公车赴都下者百余乘，彷徨失所止，见他省人牵车归其馆如赴家然，辄慨然以为嗟。"②

福建汀州人说："诸郡邑各有会馆，而吾汀独亡有。士有挟筴至者，每咨咨叹之。"③

有人听到熟悉的乡音，那是来迎接的同乡，他们被自己的会馆接走了，像回家一样。有人却四顾茫然，六街九衢，不知何处落脚，徒然羡慕中，看别人家的车马远去，失落中多少沮丧。

就在这个瞬间，士子们感受到：有会馆在京师，就能"如赴家然"。从此，与会馆相依相伴的日子开始了。

不管是捐宅还是集资建馆，会馆落成的时候，那些"志略"或者"记事"中，总会写道："盖自是，吾邑之客都下者，如归焉。"④"于是邑人之至京师者，皆得欢然相聚于此，无虞乎旅次之漱隘矣"！⑤"今而后无论仕宦公车，携家单骑，望门投止，出者有渭城

---

① 《北京会馆档案史料》，北京市档案馆编，北京出版社1997年12月第1版，第1381页，"新会邑馆记（1853年）"。

② 《北京会馆档案史料》，北京市档案馆编，北京出版社1997年12月第1版，第1322页，"山阴会稽两邑会馆记（1826年）"。

③ 《闽中会馆志》，李景铭，1943年，"汀州会馆"。

④ 《北京会馆档案史料》，北京市档案馆编，北京出版社1997年12月第1版，第1348页，"高安会馆记（1880年）"。

⑤ 《北京会馆档案史料》，北京市档案馆编，北京出版社1997年12月第1版，第1336页，"同安会馆记（1760年）"。

杯酒之欢，而入者无邦畿至止之怅。"[1] "（琼人）万里而来者，息肩投足，至若家居，乡语喧哗，忘其为客，不复有溯隘杂沓之虞，与夫要挟苛索之患矣。……无俾人谓吾琼邸舍不他郡若也。"[2]

（一）宦游岁月中的会馆

曾国藩（1811—1872）、林则徐（1785—1850）的日记里，总有参加会馆各种活动的内容频频出现，只要他们来北京，即便不住在会馆，会馆也是他们必去的地方。

1. 曾国藩日记

在《曾国藩日记》中，道光二十一年（1841）至二十四年（1844）他在北京期间，每个月的初一、十五，几乎都会有这几个字："早起，至会馆敬神"或"早起，走会馆行香"。也有些时候他没去敬香，从日记中能看到，是有别的变故使然。

道光二十一年（1841）二月初三，他为了发文昌帝君书，步行至上湖南馆、湘潭馆、老馆。午饭后又走新馆、宝庆馆，二更（晚9点半）才回到家。会馆里神祇祭祀活动，对他来说，是件大事。

日记中，能看到曾国藩在湖南的会馆宴客，包括与同乡、同年的聚会和年节的团拜，为自己或朋友家的老人祝寿，还有为同人的接风、送行。有时，在会馆他与同乡吟诗酬唱。

他到会馆看望家乡来的试子，为他们辅导和批改文章，送他们去考场等。

不时地，他会连续几天在湖广会馆读书，"爱其清静异常"，就像

---

[1] 《北京会馆档案史料》，北京市档案馆编，北京出版社1997年12月第1版，第1378页，"广州会馆记（1624年）"。

[2] 《北京会馆档案史料》，北京市档案馆编，北京出版社1997年12月第1版，第1376页，"琼州会馆碑记（1782年）"。

那里是他另一个书房。①

道光二十一年（1841），他还担当了长郡会馆的值年，六月二十四的日记中，曾国藩写道："前十二日长郡会馆公事议交余管接。领银钱一切。是日，写明簿数。十五日在会馆敬神。于门上略加整顿。二十三日，带泥瓦匠去会馆，去看收拾房子。"从文字的内容、语气，让人感觉他既是会馆的财务，又是总务，还像是领班。这值年之职，他担任了连续两年。

所有这些，都记载在道光二十一年（1841）至二十四年（1844）的《曾国藩日记》里。

因为是日记，曾先生有不少的省略语。比如说他所言"至会馆敬神"，去的是哪个会馆？没有说。从他道光二十一年（1841）二月三日日记中的"步行至上湖南馆、湘潭馆，后至老馆，发文昌帝君书。饭后走新馆、宝庆馆，二更归"句，可见指的是长郡会馆的老馆。②

需要说明的是，据《长郡会馆志》有关史料，明代曾经有两座长郡会馆，一在内城，一在草厂十条。入清后只剩下草厂十条一处。历经顺、康、雍、乾四次修缮，至乾隆间已形成"修十有六丈三尺，广九丈，为屋大小四十间，堂室中度，门庭宏敞"的格局。乾隆二十五年（1760），又购置会馆对面新馆一所，遂有新旧两馆之称③。道光七年又一次重修，形成了位于草厂十条胡同路东和路西新的南北两院，新建了文昌阁、关帝神座、房舍等，并使南北两院相连。今路东馆舍已于2010年拆除，路西馆舍尚存，已成为民居。

另外，《曾国藩日记》中数次提到湘潭会馆，说明道光时有这个会馆的存在。《湘湘文库：湖南会馆史料九种》中"湖南会馆概述"称："湘潭会馆，位于北京崇文门外南官园路西，创建于康熙五十二

---

① 道光二十三年二月，《曾国藩日记》，[清]曾国藩，贾泓杰、王诚伟整理，九州出版社2014年3月第1版，第82—83页。

② 《曾国藩日记》，[清]曾国藩，贾泓杰、王诚伟整理，九州出版社2014年3月第1版，第6页。

③ 《北京湖南会馆志略》称"长沙新馆"。

年（1713），是湖南士人在北京创办的第一家县级会馆。"①"湘潭会馆自创建以后少有史料记载，但在民国元年编制的《北京地图》仍记载了该会馆。"《中国会馆志》记录湘潭会馆另有两处，一在宣武区保安寺街路北，一在崇文区草厂七条。《北京湖南会馆志略》亦有"湘潭会馆，保安寺街"的记载，据白继增的《北京宣南会馆拾遗》载："湘潭会馆建于光绪二十八年（1902），院内有房24间，并为湖南省派提塘官驻地。"②草厂七条之湘潭会馆，应为"草厂十条"之误。清代湘潭举人赵启霖于光绪九年（1883）进京会试，"寓草厂十条胡同湘潭会馆"。另据《湖南会馆往事》，"湘潭会馆的条件很差，进京的学子们一般不会去往。康熙五十三年（1714）冬，陈鹏年移居湘潭会馆，作诗有题记：'邑舍仅废地一区，破屋数间而已。'……1947年北京市对各省会馆调查时，草厂十条的湘潭会馆，仅存'地皮二亩'。光绪二十八年（1902），旅京湘潭籍官员们又集资在宣武门外的保安寺，即今陶然亭街道保安寺街5号，另外修建了新的湘潭会馆，有房间24间。保安寺湘潭会馆也于2012年前后拆除"。③

文昌馆、财盛馆（才盛馆）、天和馆等称，时见曾先生日记，如：道光二十一年（1841年）日记有："二月八日，饭后，走文昌馆，戊戌同年团拜，申正散；""四月二十六日，旋走才盛馆拜灵芗生之父母寿；""八月三日，旋走天和馆，拜王吉云之母寿"等④。据《北平风俗类征·宴集》："宣武门外大街南行近菜市口有财神会馆，少东铁门有文昌会馆，皆为宴集之所，西城命酒征歌者，多在此，皆戏园也。（《京尘杂录》）。""文昌会馆、财神会馆，在宣武门外，天和会馆、浙绍乡祠在正阳门外，梨园馆在绿寿堂（今日荣寿）之北，燕喜

---

① 《湖湘文库：湖南会馆史料九种》，袁德宣著，岳麓书社2012年11月第1版，"湖南会馆概述"第8、239页"湖南各县会馆一览表"。
② 《北京宣南会馆拾遗》，白继增，中国档案出版社2011年1月第1版，第191页。
③ 《湖南会馆往事》，曾主陶，岳麓书社2015年4月第1版，第6页。
④ 道光二十三年二月，《曾国藩日记》，[清]曾国藩，贾泓杰、王诚伟整理，九州出版社2014年3月第1版，第7、22、34页。

堂在宴汇堂之东，相去约一二里，诸贵人宴集三会馆，二徽班（春台三庆）为盛……（《金台残泪记》）。""京师城南文昌馆，为衣冠宴会之地。"①

晚至20世纪80年代出版的《梨园外史》一书中也说："宅南有座财盛馆。土人叫伪了，都唤作财神馆。这财盛馆对面，是文昌馆的后门。那文昌馆的前门，是条小街。唤作铁门。这两处都是大饭庄子，常有官员商贾聚会。两个馆内，都有戏楼，一年四季，这家做寿，那家宴宾，加有各科团拜，隔不到10天，便见梨园子弟往里面搭他们的箱笼。"②

于此可见，如文昌、财盛、天和等馆，是名为会馆，实为宴集之所。不过，确为会馆的浙绍乡祠，居然也侧身其间了。换言之，会馆的戏楼，也跻身于北京戏园子的行列。

2．林则徐日记

从嘉庆十七年（1812）十月二十五日在福州洪山桥登舟启行，至嘉庆十八年（1813）五月六日到北京广渠门，下午下榻莆阳会馆。林则徐先生舟车八千里，历时半年余，190余天。

一周之后，他出现在福州会馆，与同乡一起，祝关圣诞辰。其后至年底，他参加了会馆七月十五日"鬼节"的"祭野"、八月十五日的奎星诞辰祭祀，以及司馆的年终交代会。此外，还在会馆为同乡接风、饯行及祝贺升迁等。

嘉庆二十一年（1816），林先生除了闰六月至十月期间赴江西任副主考外，在京的8个月中，参加了会馆春节的行香、团拜、元宵烟火聚会，二月三日文昌帝君诞辰祭、十二日的福德正神诞辰祭、三月八日的清明春祭，以及五月十三日的关帝神诞拜祝等。自三月至

---

① 《北平风俗类征》，李家瑞编，李诚、董洁整理，北京出版社2010年9月第1版，第480—482页。
② 《梨园外史》，潘镜芙、陈墨香，张褚、王云鹏校点，宝文堂书店1989年6月北京第1版，第374页。

年底，他又直接操持了福州新馆从动议、筹款、购置、修缮，直至整理，并移奉文昌帝君、武圣、天后神座安供福州新馆，午后设供——大事小情，一应料理。

从《曾国藩日记》看到的是，曾先生的会馆活动，主要在湖南的会馆范围，诸如上湖南馆、湘潭馆、宝庆馆和长郡老馆、新馆。只有"同年团拜"，才跨出湖南省域。林则徐先生就不同了。他的行迹，不但在福建的会馆，如福州会馆、福州新馆、同安会馆（厦门），还跨出了福建省域的范围，及于浙江的浙绍乡祠、海宁会馆，安徽的歙县会馆，山西的洪洞别墅。例如嘉庆二十一年（1816）日记：

> 正月初八日，立春……胡燮卿邀往浙绍乡祠观剧，赴之，傍晚回；
> 正月二十二日，壬寅。晴。郭心田招往浙绍乡祠观剧；
> 二月初六日，丙辰。晴。辛未同年在浙绍乡祠团拜。
> 二月十七日，丁卯。晴。甲子同年在浙绍乡祠团拜；
> 六月初七日，乙卯。晴。早晨在同安会馆公饯郭兰石、廖钰夫行；
> 四月十六日，乙丑。晴。午后赴浙绍乡祠祝吴退占太母寿，
> 四月十八日，丁卯。晴。下午赴浙绍乡祠祝赵兰友年伯母寿；
> 六月初二日，宋寿峰在浙绍乡祠为其年伯寿辰称觞演剧，赴之；并搭席宴客，曾咸池、洪苏如、梁芷邻、郑宪章俱在座；
> 正月二十八日，戊申。晴。午后赴海宁（今浙江嘉兴海宁市）会馆，吊陈受笙（均）尊人之丧；
> 三月二十五日，乙巳。晴。……上午往歙县会馆，吊罗子信年伯之丧；
> 四月初二日，辛亥。晴。早晨往歙县会馆，吊程云芬太

年伯母之丧并为陪吊；

六月初八日，丙辰。又至洪洞别墅，吊杨研芬夫人之丧。[1]

"六月初二日，宋寿峰在浙绍乡祠为其年伯寿辰称觞演剧，赴之；并搭席宴客，曾咸池、洪艻如、梁芷邻、郑宪章俱在座"——可见受邀的不只是林先生一个人，还有其他客人。

"辛未同年在浙绍乡祠团拜""甲子同年在浙绍乡祠团拜"——"同年"总是跨省份跨地域的。同年们的交往，绝不仅只局限在"团拜"，一定还有在诸多方面的联系。同时，正是因由"团拜"，也开启了他们之间交往的拓展或深化。

原来会馆不是封闭的，不只是同乡人们"敬恭桑梓"，还有跨越省地桑梓之情的彼此交流。

这就让我们看到北京会馆文化的另一面，即它带来了各省市地文化在北京文化大背景下的交流与融汇。

日记中提到的"浙绍乡祠"，即浙绍会馆，又称稽山会馆、越中先贤祠，在虎坊桥东，珠市口西大街148号（旧为虎坊桥路南114至116号），后门开在大川胡同（旧称大川路）。据《北京会馆档案史料》载："越中先贤祠旧名稽山会馆，创自明季，清康熙二十四年（1685）乙丑，重建颜曰浙绍乡祠，崇祀先贤先儒，旋于祠之西南拓地筑屋以居乡人。更于嘉庆五年（1800）庚申，辟门于祠东南隅以便居人出入，额曰浙绍会馆，仍属乡祠范围之内，光绪十年（1884）甲申，议改乡祠为越中先贤祠，今仍之。"[2]

---

[1]《林则徐集·日记》（中国近代人物文集丛书），中山大学历史系中国近代现代史教研组、研究室编，中华书局1962年4月第1版，第33、35、36、37、38、41、43、47页。

[2]《北京会馆档案史料》，北京市档案馆编，北京出版社1997年12月第1版，第879页。

（二）乡会试的日子里

《曾国藩日记》道光二十一年（1841）：

"闰三月，三十日，……中饭后，春冈、旋凌九兄弟来"；"四月，初五日，下半天，吴春冈、曾心斋来，久谈。……拟为心斋做策本，无所成"；

"初六日，……又拟为心斋做策，仅改数句，文思迟钝，可恨！""初七日，……饭后走仑仙处，请渠代改心斋策。""初八日，早起，饭，为吴春冈作策头子八道。"

"初十日，……夜为春冈作策首三道。"

"十二日，……为吴春冈作策首，誊十六道。"

"十四日，……为吴春冈改策四道。"

"十五日，……为吴春冈做策头尾样子。"

"十六日走会馆，送吴春冈、心斋考。"①

从闰三月至四月十六，为吴春冈、曾心斋修改策本文章，直至其赴考场，曾先生日记记录下他辅导同乡试子的全过程。

如果说曾先生对同乡试子的考前辅导是一对一，或一对二三，还有在会馆对殿试者的集体考前模拟训练。据民国《闽中会馆志》记载：

> 光绪三十年（1904）甲辰恩科会试，来京殿试者均同聚福州新馆，每日群蹲榕荫堂练大卷。张（贞午）侍御（元奇）、沈爱苍府尹（瑜庆）、郭春榆侍郎（曾炘）、陈玉苍侍郎（璧），皆轮流到馆督视练卷。有读卷大臣希望者，唯陈玉苍侍郎。时两宫驻跸颐和园，殿试之翌日，有读卷大臣资格者须先一夕到园候宣。陈侍郎乃遣力轩举部员（钧）以健马候于福建新馆。各试子殿试出场，即将策之前一行填为诗片，

---

① 《曾国藩日记》，[清]曾国藩，贾泓杰、王诚伟整理，九州出版社2014年3月第1版，第19—21页。

交马差半夜候门而出,天未明已代递而读卷大臣之命下,陈侍郎果承钦派。故其门人多数皆列二甲。所谓门人者,盖前曾受业于凤池书院者也。①

这记载,让我们看到一个栩栩如生的画面:榕荫堂里,试子们"群蹲"着,练习殿试大卷。同乡京官在他们中间慢慢地穿行,不时停下来,点评、校正。由此推想,其他省份的会馆,只要有参加殿试者,也会有类似的试子们的"群蹲"与京官中名家的"督视"。看来,争取状元、榜眼、探花这前三名,不只是试子个人的奋斗,在当时,也是各省地的竞争。

这段记载中文字最多的,是"快马递诗片"。当时,两宫驻跸颐和园,有读卷大臣资格者须先一夕到园候宣。福州京官中,有可能被任命为读卷大臣的,只有时任商部左侍郎的陈璧(陈玉苍)。所以,陈玉苍事先安排部员力钧在福州新馆备快马等候,当福州的试子殿试出场,就将其考卷的第一行填为诗片,叫马差迅速奔往颐和园,赶在殿试之前,送交读卷大臣。次日,果然宣布陈璧任读卷大臣,由此其门人(学生)多列殿试二甲。这种行为,在今天看,绝对是作弊作到了皇上面前,胆大包天。但据《旧京琐记》的一则记载,这种"行径"在当时或可谓"公开的秘密"。

《旧京琐记·卷六·考试》云:"鼎甲妙选,虽糊名,然亦微讲声气。同光以来之殿撰,如徐郙、陈冕、黄思永、吴鲁、张建勋,皆由拔贡小京官,考充军机章京,儤直枢廷,借其声誉故也。次则边省举子,留都过夏者,如刘福姚、夏同龢等,皆俊才。锐意结纳时流,平日师友,早有定评,盖皆非漫然得之者。诗片之日,亦昌言无忌者。大致平时以楷样遍呈师门,或世交当道之有阅卷资格者,暨出场,则书卷中诗之前二句;殿试则策之前一行,驰马遍递,力不足则朋好代为递之,至次日阅卷命下,即不及矣。进士往听胪唱者,恒不

---

① 《闽中会馆志》,李景铭,1943年,"福州新馆"第54—55页。

及百十人,皆夙精书法,或有力之诗片已递到者为有望。自余诸君,自知不能入选,亦不作此梦想矣。"①

《安乐康平室随笔·卷二·第21》也写道:"本朝自乾嘉以来,得鼎甲者,其出身以内阁中书及各部小京官居多,论者谓此二官于登第为最利,此不揣其本之说也。中书除进士授职及举贡捐纳者外,余则为举人考取,或召试特用人员(召用人员,唯乾嘉时有之)。各部小京官,系由各省拔贡朝考一等,始用此职(自乾隆丁酉科始)。膺是选者,大都工于书法,或当时知名之士,既登朝籍,遇事更得风气之先。而殿试读卷诸大臣,或为旧时座师,或为本署长官,或为同乡老辈,赏识有素,故此中遇合,亦非偶然。"②

从这两个记载看,同治、光绪间,殿试虽然"糊名",但对出场的进士,考官多有了解。其中,一类是京官,他们在朝廷各部门,早都有了名声。另一类是"留都过夏"的边省举子,他们锐意结纳时流,其文章、学识,平日的师友早有定评。尤其是"进士往听胪唱者,恒不及百十人,皆夙精书法","业内"先辈赏识有素,即便是"糊名"了,读卷诸大臣看试卷上的字迹,也能辨识二三。何况还有"诗片"提醒。就是这样,考官们也还是有"打眼"的时候:

> 光绪十八年(1892)壬辰,常熟主礼闱,搜张季直謇之卷甚为。某房得苏籍一卷,古雅朴茂,同座传观相嗟异,谓必张卷,拔冠群士,暨唱名,则武进刘可毅也。遍询诸房考,无知此名者,常熟甚懊丧。刘字葆真,亦世家宿学,向在许仙屏河帅幕。初名某,旋梦某科会元为刘可某,下一字模糊,但辨右为殳,临试更名焉。暨中式,谒常熟,询其家世,并省为宿学,亟为延誉,一日而名满都下,遂与馆选。后刘常疑毅字近杀,同辈亦以"可杀"戏呼之,颇有怀刑之

---

① 《枝巢四述·旧京琐记》,夏仁虎,辽宁教育出版社1998年12月第1版,第109页。
② 《安棠康平室随笔》,[清]朱彭寿,中华书局1982年2月第1版,第177—178页。

惧。庚子拳乱，竟被戕焉。①

《旧京琐记》上述文字，讲的是翁同龢先生主持光绪十八年（1892）会试，他最看好同乡的张謇，某房得一苏州籍考生试卷，古雅朴茂，同房考官传看，都认为必是张謇的试卷，而且一定会"拔冠群士"。没想到及唱名，是武进的刘可毅。

光绪三十年（1904）甲辰恩科会试，"快马递诗片"的事情过去了，没有听说酿成舞弊的轰动事件。那年所有的人，谁也没想到，到了第二年，科举就被罢停了。甲辰恩科成了科考的最后一次。

还有给乡试的试子办培训班的。

河间会馆，位于果子巷69号（旧为驴驹胡同路北6号），乾隆二十四年由任丘舒成龙捐建。乾隆三十五年（1770）舒先生再度捐资修缮并建河间客寓。《增修河间会馆内外房屋创建河间客寓碑记》中说道："会馆之右有房一所，房主现议让卖给，或可做任邱客馆书屋，乡试之前有早进京者诵读其间，就教名师寒士，酌给薪水。事成公另为筹办。"②尽管碑记中说这书屋是来年的计划，但也可见当时乡试试子会有提前进京，寻师求教者；也会有寒士设塾，以为试子授课辅导的。这"寒士"，或是以往落第的举子，亦未可知。

---

① 《枝巢四述·旧京琐记》，夏仁虎，辽宁教育出版社1998年12月第1版，第109页。
② 《北京会馆档案史料》，北京市档案馆编，北京出版社1997年12月第1版，第1316页。

二、诗书画里说韶年

福州会馆,在北京,创下了一个会馆两个胡同名的纪录,北京有"福州馆街""福州馆前街",其地在虎坊桥十字路口西南。这纪录可以说是"前无古人后无来者"了。打听北京工人俱乐部在哪儿,如果回答称"福州馆儿",一准是虎坊桥一带的老北京。

福州馆有老馆、新馆之分。

据《闽中会馆志》,"福州会馆坐落南下洼二号,今称福州馆街"。"以虎坊桥有新馆,故俗称福州老馆"。

福州老馆(叶向高故宅):"建于明中期,位于西城区虎坊路7号院内(旧为福州馆街路北二号),占地8.27亩,有房67间。1954年,因建北京市工人俱乐部,福州老馆、福清会馆及福建义地等均被拆占。""初建馆时为砖儿胡同西侧,清朝改砖儿胡同为砖头胡同,民国后砖头胡同延长并改称虎坊路。福州会馆、福清会馆门前形成的巷道,称'福州馆街'。'福州馆前街'的地名,实际也源自福州老馆。因街在馆的右前方故名,为南北向胡同。其与福州馆街的街名皆始称于民国年间。""福州老馆虽为府馆,但在福建省馆未建之前,一直承担着省馆职能。"[①]

福州新馆:"建于清嘉庆二十三年(1818),位于西城区骡马市大街51号(旧为路北三十五号),四进院落,中西结合式样,占地0.74亩,共有房舍58间。原为陈宝琛曾祖陈若霖故宅,'尚书告归,舍室办馆',后由林则徐等出资扩建而形成。现只余最后一进院,为民居。"[②]

福州老馆连同它的近邻福清会馆已经没了60多年,福州馆街、

[①]《北京会馆基础信息研究》,白继增、白杰,中国商业出版社2014年12月第1版,第252—253页。

[②]《北京会馆基础信息研究》,白继增、白杰,中国商业出版社2014年12月第1版,第254页。

福州馆前街的胡同名还在，还在讲述曾经的故事。

（一）深巷集唱击钵吟

大凡会馆附近，总有同乡京官住居。

《闽中会馆志》中郑孝柽所作的序中说，"同治六年（1867）秋，母夫人见背，余年六岁，移居椿树头条龙溪会馆之对门。王氏伯姊亦赁宅东邻。民国十三年（1924）甲子，余有宣南杂诗若干首，相距盖五十有三年矣。诗曰：……龙溪馆里聚乡亲，阿姊南来亦比邻。只有太邱今太傅，能言同治七年春"。

薛肇基在其所作序中也说："光绪十八年（1892）公车，余与郑君稚辛、周君松孙、锺君赞同，共卸装福州新馆。时乡人之官京僚者，裁数十家，大都环宣南坊巷而居，晨夕过从，以新馆为其中区，视南下漥老馆为便。"

这是说福州同乡京官几十家，大都在宣南一带胡同居住，邻近老馆、新馆。

《邴庐日记》说："馆中燕誉堂，为承平宴集之所。京曹散直后，每就此憩息，长班预备茶水接待。每夕阳西下，三五知心相从谈话，或擘笺分韵，作击钵折枝之娱。陈缄斋同年言，少年时犹及见其盛。"[1]福州的京官们，下班后，总是到会馆的燕誉堂休息。他们三五成群地聚在一起，品茶闲谈；或者以击钵、诗钟为乐。

不只是福州京官如此，便是其他地方的会馆，也是如此。湖南宝庆人王麓屏先生，常寄寓会馆。同郡乡人多是依傍会馆而居。每逢假日，王先生的家就成了同乡聚会之地。"国朝嘉道间，麓屏王先生久官选曹，常寄寓会馆，郡人士相依就馆谷于外，偶休沐，一至先生之家，入趋迎，辄喜谓曰：归来，归来。而先生于是出酒肴相对，慰劳蔼然，如骨肉昆弟之欢聚一门。"[2]读至这段文字中的"辄喜谓曰：归

---

[1] 《郭曾炘日记》，窦瑞敏整理，中华书局2019年5月第1版，第93页。
[2] 《湖湘文库：湖南会馆史料九种》，袁德宣，岳麓书社2012年11月第1版，第148页。

来，归来"，透过字里行间，仿佛能看到王老先生站在屋门口，笑着与同乡们打招呼："回来啦！回来啦！快进屋里，快进家来！"就像周末亲人们回家团聚一样。

福州乡人的聚会，最为诸京官津津乐道的，是每月数次的"击钵之集"。为《闽中会馆志》作序的几位先生，大多都提到了会馆里的"吟社"聚会。薛肇基所作序说："于时击钵吟社榕荫堂中，月凡数集，余亦得参其盛。"郭则沄序中说他小的时候，陪父亲去福州新馆，"为击钵之集，月必三至榕荫堂。时两馆新修，庭有稚松，每行吟其下，社诗评甲乙，一蜡炬为标，擢官生子或有家庆者供之，余所得恒多"。这是说他父亲屡屡获奖，奖品是升官、生子或者家里有喜庆的提供的蜡烛，小郭先生得到的最多。另据《闽中会馆志》记载，"榕荫堂旧有击钵吟集……盖自庚寅（光绪十六年，1890）迄甲午（光绪二十年，1894），五年间京宦在都门所吟咏者，月三四会，会三四题，题数十首，与会者有……二十六人"。[①]还有的诗社，与会者达五六十人的。

陈宗藩先生在他为松乔堂律集所作"序"中有一段文字，记述了"折枝击钵"的"现场实况"：

> 吾闽袭晋安风雅之遗，凡所谓折枝击钵，以至律集，皆闽人倡之。每集必评甲乙，评定则发唱，盖取鸿胪唱榜之意。承平时，岁晚务间，竞以麈诗为乐。里巷间吟声相接。其在京朝者，或于寓斋或于郡馆，常集必推主司二人上座，抗声朗唱，抑扬中节。大集则与会者各自评阅，长筵列坐，更迭递唱，谓之大唱，亦曰连环唱。故其计时也。不曰若干集而曰若干唱，以集必有唱也。余登朝晚，不及与榕荫堂钵集律集之盛，然闻先辈言，每郡馆集唱，以烛计筹，恒至夜深乃罢。叶铎人观察、周熙民侍御，皆善唱也。每唱愈高，

---

① 《闽中会馆志》，李景铭，1943年，"福州会馆"第5页。

唱至前茅，兴酣声朗，渊渊如出金石。听者亦为之忘倦。所谓神明之律吕者欤！[1]

陈先生说，所谓折枝击钵，以至律集，都是福建人所创。每当岁末或闲暇时，京官们常常聚会在会馆或同乡家，以吟诗为娱乐赛事。穿行胡同间，能影影绰绰听到会馆或院落传出击钵吟咏之声。大型的诗社集会，与会者沿着长桌围坐，更迭递唱中选的作品，这就是大唱，或者说是连环唱。陈先生说，他来北京晚，没赶上击钵诗会的极盛时候，但听先辈老人讲过，每当郡馆里集唱，点起蜡烛计时，常常到夜深才结束。叶铎人、周熙民两位，善唱，每唱愈高，唱至佳作，来了情绪，声音高朗，真的有金声玉振的味道。让现场的人们为之振奋，忘记了疲倦。就在那个时候，能体会到所谓律吕的魅力所在。可惜当年还没有录音机、摄像机。倘有，今天还能旁听、旁观其吟其唱。

除了击钵诗会，还有"诗钟"之会。所谓"诗钟"，据《北平风俗类征》，"法限二字，作七言诗一联，……构思时以寸香系缕上，缀以钱，下承盂。火焚缕断，钱落盂响，虽佳句亦不录。名曰'诗钟'云。（风月谈余录）"据称"清初闽人，已有此制"，是福建的文人学士所创；道咸之际，作者渐多；同光年间，发展到全国各地。《闽中会馆志》称"同光年间士大夫好为诗钟"[2]，可为佐证。"诗钟"之会，也有集唱如击钵吟集。遇佳作，全场喝彩，欢声雷动。

（二）与君一醉一陶然

陶然亭是见过大世面的。不然，它不会名忝中国的四大历史名亭（滁州的醉翁亭、北京的陶然亭、长沙的爱晚亭、杭州的湖心亭）。清初以来，陶然亭及黑窑厂、黑龙潭一带，便是京城人，特别是士人们

---

[1]《闽中会馆志》，李景铭，1943年，"福州新馆"第10页。
[2]《闽中会馆志》，李景铭，1943年，"汀州会馆"。

宴游之地。

《天咫偶闻·卷七·外城西》有云:"先农坛之西,野水弥漫,荻花萧瑟。四时一致,如在江湖,过之者辄生遐思。""野凫潭,在先农坛西。积水弥然,与东城鱼藻池等。其北为龙泉寺,又称龙树院。有龙爪槐一株,院以此名,久枯,僧人补种一小株。""陶然亭,在潭之南,又名江亭,江郎中藻所建,自来题咏众矣。宣南士夫宴游屡集,宇内无不知有此亭者。其荒率之致,外城不及万柳堂;渺弥之势,内城不及积水潭,徒以地近宣南,举趾可及,故吟啸遂多耳。"①震钧先生说,他那时的陶然亭一带,就荒野、天然的景致而言,比不上万柳堂;从水面的浩渺气势,又不如积水潭。但它与宣南近在咫尺,所以为士人们喜为聚会、吟啸之地。

《燕京岁时记》:"陶然亭在正阳门外西南黑窑厂慈悲庵内,乙亥(康熙三十四年,1695),工部郎中江藻建。"②这个记载,大约是现在诸多介绍陶然亭建亭年月的依据。

及建"江亭"之后,陶然亭就更成了士人们各种聚会的地方。或花朝、清明、端午、重阳等节日,或接风、饯行,或文酒集会,总之,春秋佳日,宴会无虚。甚至还有五位年届七十的老京官,也赴陶然亭举行"五老齿会",并以"人生七十古来稀"为起句赋诗,传为一时佳话③。

乡会试后,也多有在陶然亭宴集的。

《藤阴杂记》中说:"各省公车至京,场后同乡宴集。吾乡向在陶然亭设宴,饮酒论文。……此举四十余年不废。自庚寅以后,余倡议,应京兆试亦循此例。"作者戴璐(1739—1806)说,他的浙江归安(今浙江省湖州市)同乡试子科考试后的陶然亭宴集,已经有40余年的历史了。按《藤阴杂记》初刻于嘉庆丙辰(1796),上溯40年,

---

① 《天咫偶闻》,[清]震钧,北京古籍出版社1982年9月出版,第157—158页。
② 《帝京岁时纪胜·燕京岁时记》,[清]潘荣陛、[清]富察敦崇,北京出版社1961年5月第1版,第76页。
③ 《藤阴杂记》,[清]戴璐,北京古籍出版社1982年10月出版,第98页。

是乾隆二十一年（1756）。这就意味着至少在乾隆十五年（1750）左右，归安的试子们就聚会陶然亭，饮酒论文了。①

《林则徐日记》嘉庆二十一年（1816）六月："二十七日，乙亥。上半日晴。辛未（嘉庆十六年，1811）同年季会，集陶然亭，上午偕兰卿赴之。是日会者三十二人，酉刻散。回途遇大雨，抵寓后则雨雹，至晚庭中积水尺余。"②那会儿的北京，天气很有些高原的味道，说风就是雨。上午还晴云朗日，下午就瓢泼大雨了。

32人的陶然亭聚会，林先生没写具体的内容、情景。《燕京杂记》说到士人们的消寒社时，倒是带了两句："冬月，士大夫约同人围炉饮酒，迭为宾主，谓之消寒社。好事者联以九人，定以九日，取九九消寒之意。余寓都冬月，亦结同志十余人，饮酒赋诗，继以射，继以书画。至十余人，事亦韵矣。主人备纸数十帧，预日约至某所，至期，各携笔砚，或山水，或花卉，或翎毛，或草虫，随意所适。其画即署主人款，写毕，张于四壁，群饮以赏之。如腊月砚冻不能画，留春暖再举。时为东道者，多邀集陶然亭，游人环座观之，至有先藏纸以求者。"③

腊月时天寒地冻，连刚刚研出的墨汁都冻了，消寒社的书画会只好改到春暖花开时节。东道主往往会邀集大家去陶然亭。游人们会环坐四周，看社友们作画。还有人拿出随身带来的宣纸求画作。——看来，这求画的人是多次旁观士大夫的聚会，可能也看见别人求画成功的"案例"，专门跑琉璃厂买下上好的宣纸备下，等待机会的降临。

能想象到当时的情景：游人怯生生地走上前，捧纸求画；士人与游客交谈了两三句，沉吟片刻，挥毫泼墨；所有的人围拢过来，看纸上图画的渐次出现；最后，题款、钤印，画家把画作捧送游客，游客

---

① 《藤阴杂记》，[清]戴璐，北京古籍出版社1982年10月出版，第99页。
② 《林则徐集·日记》（中国近代人物文集丛书），中山大学历史系中国近代现代史教研组、研究室编，中华书局1962年4月第1版，第49页。
③ 《旧京遗事·旧京琐记·燕京杂记》，[明]史玄、[清]夏仁虎、[清]阙名，北京古籍出版社1986年7月出版，第119页。

连连鞠躬道谢,士人们颔首微笑……

此后,"江亭求画"在胡同里,可能就成了有趣的故事,被演绎成多个版本;在会馆里,或也为士人们谈起,特别是又要去陶然亭聚会的时候。

清代二百余年间,陶然亭在士林享誉经久,长盛不衰,成为都中一胜。它是士人们的必游之地,也是平民百姓近距离"旁观"士人之地,甚而,还是他们彼此有所交流的场合之一。

三、皇都烟景，福地人文

快过年了，最早的鞭炮响起，虽然零零星星、远远的，但最让外乡人心头骤紧。查慎行有诗句"谁怜一派萧萧意，我是江南不系舟"。虽然，那是写陶然亭的。但唯其"陶然"，才勾起宦游人们内心思乡念家的苦楚。越近大年，越增凄凉。

（一）下洼烟火

过年去哪儿？去哪儿过年？家在数千里外，何以寄托念家思乡之苦？只有会馆。

《北京湖广会馆志略》记载："两湖旅京人士，自本馆成立始，每年正月举行团拜，并约请名伶演剧三日。上自一、二品大员，下至末秩，同聚一堂，杯酒联欢，诚盛事也。"[1]

《闽中会馆志》："郭筱麓（则沄）提学所著《竹轩摭录》云，承平时，京曹同乡贯，或同举进士举人者，每岁首，必衣冠会饮，谓之团拜，其宴众，恒于各会馆。笙歌选日，车马如云，夜深恒有灯剧，将晓乃散，极觞春之盛焉。是风明以前已然。朝野类要谓诸处士同乡曲并同路者，其在朝相聚作会曰乡会，若同榜及第聚会，则曰同年会，是宋时已通行之矣。其曰团拜者，亦昉于宋。……余来京稍晚，然犹及见团拜之盛，及灯剧之会。"[2]

在为《闽中会馆志》所作序中，郭则沄先生还动情地写道："忆数龄时，每正月十三夕，福州老馆放烟火，十五夕福州新馆放灯，乡人会饮于燕誉、榕荫之堂。先父挈余往，一堂谈笑，皆作乡音，雍雍如也……"[3]

---

[1]《湖湘文库：湖南会馆史料九种》，袁德宣，岳麓书社2012年11月第1版，第262页。

[2]《闽中会馆志》，李景铭，1943年，"府馆·福州会馆（老馆）"。

[3]《闽中会馆志》，李景铭，1943年。

福州馆的纱灯和灯联，是宣南一带新春别致的风景。

据《闽中会馆志》记载，"潘在廷（荣陛）帝京岁时纪胜云：'元宵杂戏，剪彩为灯。悬挂则走马盘香，莲花荷叶，龙凤鳌鱼，花篮盆景；手举则伞扇幡幢，关刀月斧，像生人物，击鼓摇铃。迎风而转者，太极镜光，飞轮八卦；系拽而行者，狮象羚羊，骡车轿辇'，固皆灯节之盛事也。福州老馆遇元宵灯节，虽不及上述之奇巧，而郭筱麓太史云，剪纸为灯，乃吾闽京宦妇女之专长。故一逢上元节近，各家均就乡先辈所撰名句，红笺剪字，粘贴纱灯，为春光点缀。今谈此事，如话天宝。"[①]元宵节，福建京官家属也亮出了独门技艺"剪纸为灯"，红笺剪字，剪出的是本乡先辈撰写的楹联名句。

梁章钜先生所著《楹联丛话》卷五云：

福州会馆，每岁元宵……所制灯联，合前后众手为之，皆流丽可喜，传诵于时。今亦录其佳者如左：

撒荔须分海东树；看花都向日南坊。

百五春归三五月；九重天散万重花。

玉京风月原无价；银阙楼台共此春。

宝烛看龙衔，万户笙歌无禁夜；香尘随马度，九衢烟月太平人。

列树灿银花，璧月珠星，逬作九天丽藻；首时调玉烛，南油西漆，蔚成五夜祥云。

社火忆乡风，海驾鳌山，万盏灯球争买夜；粉团仍密宴，风和鹤焰，三更春箭正传觞。

此地笙歌，恰当韦曲城南，去天尺五；吾侪觞咏，犹是越王台畔，明月三分。

碧海无波，总买来箫鼓千场，鱼龙百戏；金台不夜，看

---

① 《闽中会馆志》，李景铭，1943年，"福州新馆"第55页。

装出琉璃世界，锦绣天街。①

福州老馆的烟火，被称为宣南一景。

《闽中会馆志》云："帝京岁时纪胜又云，'灯（原书为"烟"字）火花炮之制，京师极尽工巧。有锦盒一具，内装成数出故事者，人物像生，翎毛花草，曲尽妆颜之妙。其爆竹有双响震天雷、陛高三级浪等名色。其不响不起盘旋地上者曰地老鼠，水中者曰水老鼠。又有霸王鞭、竹节花、泥筩花、金盆捞月、叠落金钱，种类纷繁，难以悉举'，然统称之烟火。福州老馆以烟火著名，称为宣南之一景，则上述种种，固为应有尽有，而最后一架，则于万珠光闪中，垂下两帘，一曰万里海天臣子，一曰一堂桑梓弟兄，拍手欢呼，漏已将尽，同乡闽眷，各各踏月归矣。此亦郭筱麓太史所传闻者。"②

福州馆的烟花，包揽了京师烟花的所有种类，已经让人看得眼花缭乱，目不暇接。但最后一架，向夜空泼洒万珠光闪中，突然一副对联从高天摇摇飘落，及至能辨识，原来是"万里海天臣子，一堂桑梓弟兄"，福州馆的人们和四周赶来看烟花的人们一起鼓掌、欢呼。闽言京腔一起瞬间响起，又随风散去。在记述这情景的时候，李景铭先生不禁喟叹："故事相传者，将三百年，鼎革后，及吾辈而废止，追仰前徽，能无惭赧（nǎn）。"③

团拜，入民国后式微。

《北京湖广会馆志略》记载："民国以后，此典久废，居处涣散，把晤良难，殊不足以敦乡谊。癸未秋，董事会议规复新年团拜，全体赞同。甲申（1944年）正月，子午井栏工事落成，因定于月之二十日在本馆团拜。两省到者数十人，团拜行礼如仪。开董事会后，在井栏前共摄一影。复假宾宴春会饮。傅治芗、卢星垣、汤颇公、刘壬父、

---

① 《楹联丛话全编》，[清]梁章钜等编著，白化文、李鼎霞点校，北京出版社1996年9月第1版，第58—59页。
② 《闽中会馆志》，李景铭，1943年，"福州新馆"第55—56页。
③ 《闽中会馆志》，李景铭，1943年，"府馆·福州会馆（即福州老馆）"第4页。

石荩年诸君,均即席赋诗,以志盛况。诗载《艺文》。

"乙酉(1945年),新正团拜与春祭同日举行。"[1]

福州会馆,李景铭先生也慨叹:"今则此制废止将三十年矣。"[2] 按照《闽中会馆志》编写于1944年,向上推30年,是1914年,其团拜废弛与湖广会馆大致相当。

(二)晋京春灯

京师的灯谜,又有打灯谜、商灯等称。北京地区的灯谜,历史悠久。远的不说,从明到清,以至民国,一直绵延不断。至今依然是年节中的节目。

明崇祯八年(1635)刊印的《帝京景物略》:"正月八至十八日,集东华门外,曰灯市。……有以诗隐物幌于寺观壁者,曰商灯。立想而漫射之,无灵蠢。"[3]

康熙年间,《大兴岁时志稿》记述北京的元宵风俗时云:"元宵前后,赏灯夜饮,金吾禁弛。民间击太平鼓、跳百索。妇女结伴游行过津梁,曰走百病。以诗词、隐语粘于屋壁,曰商灯谜。"与之同时刊刻的《宛平岁时志稿》则称:"元宵前后,金吾禁弛,赏灯饮、火树饮花星桥铁锁,殆古之遗风云。民间击太平鼓、跳百索、耍月明和尚。男女率于是夕结伴游行,亲邻相过从,至城门下摸钉儿;过津梁,曰走桥儿,又曰走百病。数日中有以诗词、隐语粘于屋壁,令人破其谜,曰商灯。"[4]

刘廷玑《在园杂志》则说到从京师到江南,都有灯谜,还把具体的情景描写出来:"灯谜本游戏小道,不过适兴而成。京师、淮扬于

---

[1] 《湖湘文库:湖南会馆史料九种》,袁德宣,岳麓书社2012年11月第1版,第262页。

[2] 《闽中会馆志》,李景铭,1943年,"府馆·福州会馆(老馆)"。

[3] 《帝京景物略》,[明]刘侗、于奕正,北京古籍出版社1983年12月第1版,第66页。

[4] 《燕京岁时记:外六种》,王碧滢、张勃标点,北京出版社2018年8月第1版,第15页,第21—22页。

上元灯篷用纸条预先写成，悬一纸糊长棚，上粘各种，每格必具，名曰灯社，聚观多人，名曰打灯虎。凡难猜之格，其条下亦书打得者赠某物，如笔墨、息香、白扇之类，今此风已不炽矣。"①其书中另有谈诗谜的"廋词""苏黄格""问答格""增减格""像生格"等十数条。据中华书局该书"点校说明"，"刘廷玑字玉衡，号在园，又号葛庄。镶红旗汉军，或称辽阳人。生卒年无考，知康熙十六年至五十四年在世。"又据其书中孔尚任所作序，所署"康熙乙未"，即康熙五十四年（1715），由此判断，其所著《在园杂志》当晚于《大兴岁时志稿》和《宛平岁时志稿》。

《春明岁时琐记》"上元节"中说："有好事者于灯月之下为藏头诗句，任人猜揣，谓之灯谜，俗曰灯虎。"②

在北京的会馆中，就灯谜而言，最有名的，当数汀州会馆。这好像是罕为人知。

在谈及汀州会馆"文词"方面的成就，《闽中会馆志》中称："汀州南馆，文词有可纪四事，一曰楹联，二曰春灯谜序，三曰春灯谜语，四曰题橐园谜话"。这4项被张日焜（生卒年未详）及其公子张超南（1876—1955）、张起南（1878—1924）包揽了。这父子3人都曾经住过汀州会馆的北馆和南馆。

"同光间张梓钦太守（日焜），号遁庵，来京应顺天乡试不第，肄业国学，即住南馆，谢绝交游，闭门潜修。""其子蟹芦，年十九，应光绪壬辰（1892年）会试，捷南宫"，其后任湖南新宁、湘潭、善化、衡山等县知县。不久，升任大理院推事，特用四川道加布政使衔。由此，人称张蟹芦布政。进入民国时期，曾任湖南省省长、肃政厅肃政史、参议院议员等职。他每来京，常住南馆。蟹芦的弟弟味芦（名起南），来京师，也与其兄同住。

汀州会馆"文词"的首项是楹联，既有张梓钦先生所拟所书；亦

---

① 《在园杂志》，[清]刘廷玑，张守谦点校，中华书局2005年1月第1版，第100页。
② 《燕京岁时记：外六种》，王碧滢、张勃标点，北京出版社2018年8月第1版，第197—198页。

有其长子张超南所撰，次子张起南所书。

"梓钦太守工四体书，十二岁能作寺额，擘窠大字，尤以分隶擅名。与宁化伊墨卿太守秉绶同以隶名，闽人士称三百年中有伊张。"可见张梓钦太守书法的名气。他曾在汀州会馆撰室门一联并自作隶书"所志在事功，宣读文章报国；为士先名节，敢云贫贱骄人。""汀州会馆大门前有一联云'汀州春满，馆宇云连'，款署中华民国九年三月，永定张超南蟹芦，实乃蟹芦撰句，而其仲弟味芦书隶也。"①

张超南（字蟹芦）、张起南（字味芦）兄弟两个都酷爱灯谜，造诣深厚，且各有独步。尤其是张起南，在灯谜研究的成就上，更是被尊为现代"谜圣""谜语大师"。

这两位福建永定人与广东人黎国廉（字季裴）合作撰著了《张黎春灯选录》，民国三十年（1941）在香港出版。其中，蟹芦之集名为《素圃春灯录》，味芦之集为《橐园春灯录》，在当时曾"传诵一时，称为佳构"。②至今，张味芦先生的《橐园春灯录》依然是灯谜界奉为经典的著作。

张起南（味芦），"为诸生时，不乐仕进"。民国初，"曾至京，住汀州北馆，与桂林陈勉安农部（福荫）、江苏顾竹侯孝廉（震福）、广东黎季裴观察（国廉）北平射虎社诸人，为诗钟灯虎之会。其兄蟹芦亦与焉。"且有张超南中进士时的同年、长汀人康步崖内翰（内阁中书）。"康为宝竹坡侍郎高足，工诗词，时与蟹芦同寓汀州北馆，已开吟社，张康主其事""北馆觞咏无虚日。社友固不以汀人为限。"③由《闽中会馆志》的记载可见，张超南、张起南兄弟都是当时北平射虎社的成员。

"……超南昆弟之情素笃，其居汀州南馆也，互为谜语，彼此猜射为乐。"④由于这兄弟二人在北京诗词及灯谜界的活跃，使汀州会馆

---

① 《闽中会馆志》，李景铭，1943年，"汀州会馆"第5页。
② 《闽中会馆志》，李景铭，1943年，"汀州会馆"第8—9页。
③ 《闽中会馆志》，李景铭，1943年，"汀州会馆"第8—9页。
④ 《闽中会馆志》，李景铭，1943年，"汀州会馆"第8—9页。

揽东西南北各地诗人、"谜"人，以至"北馆觞咏无虚日"。长巷二条成了京城一时间灯谜们的热聚之地。

张起南多年随兄宦游长沙、辰州、衡阳等地，张超南移官川东，后至北京，张起南未再跟随，留在衡阳。1924年病逝，年仅46岁。其兄张超南晚年居上海，1955年辞世，享年79岁。张氏兄弟在北京的灯谜文化以至节庆文化的丰富与发展上，他们的贡献却是永远的。

附带提及，在一些近代文学作品中，也能看到灯谜的有关内容。如《二十年目睹之怪现状》第七十四、七十五回，就有设谜赏春灯的详细描述。再如清末民初的笔记，也时见有关灯谜的故事，如况周颐（1859—1926）的《眉庐丛话》，就有"灯谜之绝巧奇拙者"一段。

四、会馆里边唱大戏

"拉大锯,扯大锯,姥姥家唱大戏",早年间北京的儿歌。忽发奇想,姥姥家要是在会馆里,或也可能。

(一)状元归第,名伶演剧

会馆里什么时候唱大戏?

《北京湖广会馆志略》说:"会馆的戏楼,前清乡人团拜时,演剧联欢,为一时盛会。他省喜庆彩觞,亦多假此举行。民国以后,曾演义务戏数次,谭鑫培、余叔岩诸名伶亦楚人也,皆曾经出演。"[①]由此再联系到《林则徐日记》中有关记述,会馆里唱大戏,多为年节团拜;同年聚会;为老人贺寿等。不只是本省本郡的同乡,其他省份的喜庆彩觞,也会在会馆的戏楼举行。

《春明旧事》一书谈及浙绍乡祠时说:"北京的绍兴会馆有二;一处即山会邑馆,另一处在虎坊桥东,一称越中先贤祠,又称浙绍乡祠,内设戏台,民间喜庆事常在此设席,竹枝词有'谨詹帖子印千张,浙绍乡祠禄寿堂'之句。从可容千人来看,其规模大于山会邑馆,自不待言。据前人记载,浙绍乡祠既是旅京绍兴同乡聚会之所,其他地区人士也可在这里活动,似乎很早就已经对外公开了。"[②]

会馆最为热闹到火爆程度的唱大戏,应该说是本省得鼎甲之时。

"凡得鼎甲省分,是日同乡京官开会馆,设宴演戏,遍请以前各科鼎甲,迎新状元,其榜眼探花亦如之,鼎甲传胪用大红长条贴门,

---

① 《湖湘文库:湖南会馆史料九种》,袁德宣,岳麓书社2012年11月第1版,第280—281页。

② 《春明旧事》,石继昌,北京市政协文史资料委员会编,北京出版社1996年12月第1版,第117页。

与得试差同。(南宫旧事)"①

《清稗类钞》写得更细些："进士及第，有胪唱。胪凡五唱：第一甲第一名某，第二名某，第三名某，二甲第一名某等，三甲第一名某等，其声凝劲以长。是日，榜眼、探花送状元归第，探花送榜眼归第，探花自归第，无人送。然名曰归第，实归其本省之会馆，虽有私第，必先至会馆而后归也。其会馆中人，先已召集名伶演剧，张盛筵，待贺客，历科鼎甲之在京者毕至。"②

商衍鎏先生则把自己传胪后的经历记述下来：

> 余甲辰（1904）科传胪后，顺天府尹沈瑜庆（沈瑜庆，字志雨，号蔼苍，又号涛园。福建侯官人。光绪十一年（1885）乙酉科举人，官至贵州巡抚（宣统三年），著《涛园诗集》。为光绪初年两江总督沈葆桢第四子，母林氏为林则徐之女）于东长安门内结彩棚，设长案陈列由礼部颁赐之金花绸缎表里，迎一甲第一、二、三名进士递法酒，簪花披红，备马三匹，三人上马中道出，鼓乐执事彩旗前导，由东北行经东四牌楼至新街口顺天府尹署。府尹迎于阶下，三人下马登堂，乐作开宴。于大堂南向设三席，一甲三人每人一席为客席，北向一席为顺天府尹主席，就座举酒即起，迎送皆于署内外列队举枪致敬排仗奏乐。礼毕，顺天府尹送三人上马，用原鼓乐彩旗经地安门外、西四牌楼出正阳门至南城，榜眼、探花送状元刘春霖至直隶会馆归第③，次探花送榜眼归第，次探花归第，余与朱汝珍皆广东人，遂同至粤东会

---

① 《北平风俗类征》，李家瑞编，李诚、董洁整理，北京出版社2010年9月第1版，第481、498页。
② 《清稗类钞》，徐珂编，中华书局2010年1月第1版，第680页。
③ （校注）直隶会馆在虎坊桥一带。

馆①。所谓归第者,实送归各人本省之会馆,因举子多无住宅在京,是日会馆演戏宴客,请是科主试房考复试殿试之各阅卷官……②

新科状元的"归第","实送归各人本省之会馆",这安排虽然因为"举子多无住宅在京",但还是有其特殊的意味的。尤其是"是日会馆演戏宴客",不但是"历科鼎甲之在京者毕至",尤其要"请是科主试房考复试殿试之各阅卷官"以为称谢。如此说来,这一天的会馆"演戏宴客",实则是新科与历科的鼎甲与恩师的大聚会。

在光绪丙子科(光绪二年,1876),福州出了武状元宋鸿图,第二年,丁丑科(光绪三年,1877)又有王仁堪得中文状元,福州人以此为馆运隆盛之兆,把会馆院子里燕誉堂前的南屋拆了,搭戏台,为两状元称贺。③ 传为"为贺文武两状元,燕誉堂前拆南房"的佳话。

(二)会馆里的戏剧风光

说到老北京的戏剧演出场所,京剧表演艺术家李洪春(1898—1991)在所著《京剧长谈》中谈到有五类,即王府邸宅(王府、贝勒府、权贵之家)、戏院、茶园、会馆及饭庄。他说,王府、贝勒府,"府内有戏台,经常传唤科班和名演员的戏班进内演出",权贵之家,如西安门麻花胡同的内务府总管继家"府内也有戏台,经常演戏";戏院、茶园19处,其中7处分布在前门大栅栏,即天乐园(鲜鱼口内,今大众剧场)、广和楼(前门外肉市内,今广和剧场)、广德楼(大栅栏内,今称前门小剧场)、庆乐园(大栅栏内)、三庆园(大栅

---

① (校注)粤东会馆时在南横街旧怡园处。又据陈宗蕃《燕都丛考》依光绪(顺天府志)考证:在城南之宣武门大街亦有一处直隶会馆,在正阳门大街之南有打磨厂街,亦有一处粤东会馆,《甲辰同年录》记朱汝珍为翰林时,住"打磨厂中间路南粤东会馆"。

② 《清代科举考试述录及有关著作》,商衍鎏,百花文艺出版社2004年7月第1版,第150页。

③ 《闽中会馆志》,李景铭,1943年,"福州会馆"第35页。

栏内）、同乐园（大栅栏门框胡同，后来的同乐影院）、中和园（前门外粮食店，今中和戏院）；饭庄，除个别有戏楼外，大都临时搭台演戏。天桥一带的戏院，李先生说："由于当时封建行帮习气极盛，以珠市口为界，'南北互不过境'，所以我没去过，只知道主要戏院有歌舞台、燕舞台……万胜轩、小桃园、葵花舞台、吉祥戏园等，不过规模都较小，属于戏棚形式。"至于会馆，李先生说很多会馆有戏台，经常唱行会戏。但他只提到平介会馆（前门外西河沿正乙祠）、奉天会馆（后改哈尔飞戏院，即西单剧场）、浙慈会馆（崇文门外东大地）等三家，这是民国后晚近的事了。[1]

更早些时候，据《庚子纪事》记载："庚子年（1900）九月二日，今日德兵又进永定门数百八，扎于城内前三门外，除德界之外，英美二界所管各街巷，生意买卖暂多开市。彰仪门大街河东会馆演福寿班，洪洞会馆演宝胜和班，虎坊桥浙绍乡祠演四喜班，鹞儿胡同平介会馆演太平和班，东晓市精忠庙演义顺和班，均每日开觞卖戏，并卖堂客。"[2]

李先生著作中称"平介会馆"是西河沿的正乙祠，从《庚子记事》这个记载可见，其说是有误的。平介会馆，石继昌先生"会馆演戏卖女座"一文中说："近人著作说平介会馆在西河沿正乙祠内。不确。平介会馆应在珠市口鹞儿胡同。"[3]又，《北京会馆档案史料》载，该馆是由"平遥、介休两地旅京商人等，于清乾隆年间（1736—1795）集资筹建，当时建馆的日的是为了便于同乡聚会及年节祭祀。凡进京应试之同乡举子，均可寄居于此，并免纳租金"。这个会馆，位于西城区鹞儿胡同30号（旧为路南30号），占地4.02亩，有房140

---

[1] 《京剧长谈》，李洪春，中国戏剧出版社1982年10月，第23—25页。
[2] 《庚子记事》，中国社会科学院近代史研究所近代史资料编辑室编，中华书局1978年10月第1版，第54页。
[3] 《春明旧事》，石继昌，北京市政协文史资料委员会编，北京出版社1996年12月第1版，第190页。

余间。①另据《北京会馆基础信息研究》"1993年《北京晚报》'谈北京'专栏一篇文章中述及此馆：'清朝晚期，太平和班与三晋戏院已常驻演于此，馆中的66间房舍专供戏班使用。'"②一个会馆，140间房，就拿出66间给来自家乡的戏班子常驻，这已经说明，"太平和班"和"三晋戏院"能在北京站得住脚，且有相当的影响。它是山西戏剧在京师的一面大旗。

又，夏仁虎《旧京琐记·卷十·坊曲》："堂会演戏，多在宣外之财神馆、铁门之文昌馆。其大饭庄如福寿堂等，亦各有戏台。人家喜庆，往往召集。至光绪甲午（1894）后，则湖广馆、广州新馆、全浙会馆继起，而江西馆尤为后进，率为士大夫团拜宴集之所。"③

如果再上溯，在《林则徐日记》中，还可见浙绍乡祠在当时有频繁的戏剧演出的记载。

据《燕都梨园》，"所谓'堂会'多半在节日或婚丧嫁娶、寿诞佳庆的日子里举行。辛亥革命以前，堂会戏多半是同乡、同年（同一期登科及第者）、行业公会等团拜唱戏。地点多在饭庄、会馆。至于一般富商宅第的堂会还不多，因为那时还讲身份，有钱的怕招摇。辛亥后，团拜戏没有了，不存在身份问题，只要有钱就能办堂会。"④这是说清末京师的"堂会"，主要是士林中年节团拜及寿诞喜庆之时举办，多在会馆及饭庄。即如林则徐先生日记中多次记述的赴浙绍乡祠看演剧。

还要看到，堂会戏不是一般的演出，它对戏剧演员及戏班演艺水平有着更高的要求，甚至有时是考究到了挑剔的程度。因为观众多为饱学之士。他们不但熟悉戏出的历史背景、故事由来，便是道白、唱

---

① 《北京会馆档案史料》，北京市档案馆编，北京出版社1997年12月第1版，第1120页。

② 《北京会馆基础信息研究》，白继增、白杰，中国商业出版社2014年12月第1版，第106页。

③ 《旧京遗事　旧京琐记　燕京杂记》，夏仁虎，北京古籍出版社1986年7月出版，第103—104页。

④ 《燕都梨园》，赵惠蓉，北京出版社2000年1月第1版，第82页。

段的词句、音韵,也是行家里手,甚至,对戏曲流派及演变,也多有研究。"外行看热闹,内行看门道",面对这样的观众,演员、戏班,无疑是遇到堪称严峻的挑战了。所以,他们得拿出看家的本领。

《燕都梨园》书中说:

> "堂会"不仅使演员获得额外丰厚收入,也是磨炼技艺的重要形式。因为"堂会戏"虽然只供亲友观赏,不对外,演出者有时是几个戏班联合,名角荟萃一堂,又可点戏,所以演出质量很高。每次"堂会"的提调(协助主家约角儿及安排戏码)总想别出心裁,或以剧目新见长,或是动了轻易不露的好戏,或是让各路名角儿"反串"或不寻常的搭档。所以,京剧界一些别具一格的演出,常常是在"堂会"中出现的。
>
> 堂会戏演出的都是久演不衰的好戏,是在剧场里不容易看到的,有的是新排戏(如梅兰芳的《洛神》、尚小云新排的《玉堂春》等)。有的名角在戏院里已不常演了,但在堂会中表演。由于上述种种原因,一些戏迷为了听出好戏,常有给本家出个份子混入观赏的。至于托亲朋,找关系,更是不乏其人。[①]

京剧之名始见于清光绪二年(1876)的《申报》,乾隆五十五年(1790),四大徽班(三庆、四喜、春台、和春)先后进京,清嘉庆、道光年间,汉调艺人进京,徽汉合流,与昆曲(北昆)、弋阳、乱弹等剧种经过融汇、衍变,于同治、光绪年间形成京剧。

说到京剧的形成和发展,在不少关于北京前门和大栅栏的著述中都会说到前门大栅栏一带的戏院功不可没。但没有提到会馆的作用。《话说前门》一书中说,"清朝初年,政府就下令内城不准建戏

[①] 《燕都梨园》,赵惠蓉,北京出版社2000年1月第1版,第82页、第88—89页。

园。所以,北京的戏园建在前门外一带。除明朝时就有的肉市查楼外,清朝中后期建戏园有:大栅栏里的庆乐戏园、庆和戏园、广德戏园、三庆戏园,门框胡同里的同乐轩戏园,粮食店里的中和戏园,鲜鱼口小桥的天乐戏园,抄手胡同里的裕兴戏园等十几个。"当时最负盛名的"三庆、四喜、和春、春台"的"四大徽班""轮换在前门大栅栏一带的广乐、三庆、广德、广和、天乐等戏园中演出。"道光年间,湖北的楚戏也来到北京。楚戏唱的是西皮凋,徽戏唱的是二黄调,虽然他们的唱腔不同,但其唱词、戏路基本相同,他们经常搭班同台演出。两个戏种融汇出了"皮黄"戏。在徽戏、楚戏的基础上,吸收梆子腔及其他兄弟戏种的精华,形成了京剧,"前门外各戏园是京戏这枝祖国瑰丽之花形成、发展的主要舞台"。[1]

  从有关史料看,会馆的戏剧演出,实际上也对京剧的形成与发展,发挥了推动、推广、提高的重要作用!按照会馆的建立及每年年节的团拜及其他庆典的需要,很可能还会有地方戏在会馆率先演出。而后,走出会馆,登上北京戏院的舞台。平介会馆里的太平和班和三晋戏院,就给我们以这样的启发。

---

[1] 《话说前门》,王永斌,北京燕山出版社1996年6月第2版,第31—34页。

五、家园鱼笋评乡味

中国是一个餐饮文化大国。由于地理环境、气候物产、文化传统以及民族习俗等的不同，长久以来，形成了各地独特的菜式。

明末，中国饮食分为京式（鲁菜）、苏式和广式。京式偏咸，苏式、广式偏甜。清末有了鲁、苏（淮扬）、粤、川四大菜系之说。民国时期，苏菜系分为苏菜、浙菜和徽菜。广菜系分为粤菜、闽菜。川菜系分为川菜和湘菜。这就有了"八大菜系"之说，即所谓鲁菜、川菜、粤菜、苏菜、湘菜、闽菜、浙菜和徽州菜等八种。近些年来，菜系的说法更为多种多样。

北京菜，俗称"京菜"，也有称"京朝菜"的。它因悠久的都城历史得以集天下菜肴之大成，形成了典雅、精致和别具一格、自成体系的北京滋味，不但在中国众多菜系中取得了突出的位置，在世界上，也获得了广泛的赞赏。

（一）北京菜

周口店"北京人"遗址发现后，著名考古学家贾兰坡先生曾说："北京人"已经保存火种，……并且已经知道吃熟食。这是迄今为止全世界已知人类最早用火熟食的事例之一。国际上，有学者说："烧煮至少是40万年以前现代人类的祖先发明的。证据来自于中国北京附近的一个远古洞穴（周口店）烧焦的骨头。遗迹表明，居住在那里的北京人早已发明了一种有史以来最伟大的技能。"[1]这个最伟大的技能，就是"烹饪"。

距今1万年前的新石器时代，随着原始农业、畜牧业的出现，掌握了石器工具和陶器的制作，北京人的烹饪，有了烧、烤、蒸、煮等技艺。平谷发现的上宅文化和北捻头文化遗址，出土了磨盘、石刀等石

---

[1] 引自《宣南饮食文化》，朱锡彭、陈连生，华龄出版社2006年9月第1版，第1页。

器工具，还发现了罐、碗等陶器和鬲、甑、甗等陶制炊具，就是明证。

公元前11世纪西周时期，饮食已经成为燕国礼仪的重要内容。被称为北京城源头的"琉璃河燕都遗址"，1974年出土的伯矩鬲曾引起世界轰动。鬲原是炊粥的器具。但伯矩鬲已不是一般的炊器，而是一件珍贵的礼器。它以浮雕式的牛头作纹饰，突起的牛鼻，如铃的巨眼，粗壮的牛角，构成一幅生动形象的画面。

后来的古燕都蓟城，又一直是北方重镇，自秦至唐历千年而未改。多地多民族饮食文化在这里汇聚、交融，无疑为北京菜的形成奠定了丰厚的基础。

辽宋时期，契丹族、女真族与汉族的饮食交流频繁。汉族的节令食品，如年糕、煎饼、粽子、花糕等传入契丹，契丹每年到北京为宋朝皇帝祝寿，派遣辽国厨师到宋宫廷烹调契丹民族食品，还进献契丹美食作贺礼。

自金代建都以来，历元、明、清，北京一直是全国的政治、经济、文化中心。长达千年的帝都历史中，天下人才精英汇聚北京的同时，各地饮食文化汇聚京城，促成了北京菜的形成与发展。

金中都时，据记载城市内外有诸多酒楼，市场中还有专门的"蒸饼市"。

元代的大都城里，餐饮业相当发达。元朝太医忽思慧14世纪30年代编撰的《饮膳正要》，就记载了当时宫廷饮食的门类和内容，其中有如"汉儿茶饭""回回食品""女直（真）食品""河西茶饭""畏兀尔茶饭""西天茶饭"等，反映出当时的元大都荟萃了多民族（蒙古族、汉族、回族、女真族、色目人等）、多地区（特别是我国西部地区），以及多国家与地区（中亚细亚、阿富汗、伊朗、印度诸国以及小亚细亚半岛、阿拉伯半岛）的饮食文化。[1]

明迁都北京，带来大批南方官员、军士。江南饮食文化随之进

---

[1] 参见"《饮膳正要》注释"，[元]忽思慧，尚衍斌、孙立慧、林欢注释，中央民族大学出版社2009年10月第1版。

京。曾有"京师庖厨多苏州人",宴席以苏州人包办成为京城时尚。永乐十四年（1416）,南京来的烧鸭铺"便宜坊"在米市胡同开业,京菜中的名吃北京烤鸭由此发端。清真菜的烹饪技艺的北上中,今牛街的"大顺堂梁"是从南京迁来的。而"爆肚满"是由山东来的。

清代,满族饮食风俗进入北京,满人嗜食的猪肉,以及"满菜多烧烤""满人嗜面"流传京城,出现了"砂锅白肉"、烤乳猪及下水烹制的多种名菜。北京的各地士人云集,又引来不同风味的饮食文化,特别是山东、淮扬（扬州、淮安一带）、江浙（苏南、浙西一带）等地方菜的北上,使北京的肴馔吸收和综合了各地烹调技术与文化,形成了北京餐饮业的名家荟萃、风味多样、档次齐全、格调高雅的特点。北京菜也在这一时期发展成为一个体系完整、内容多元,兼收并蓄且京味文化特色突出的菜系。

民国时期,随着封建王朝历史的终结,宫廷菜、官府菜流入民间,京菜以完整的菜系呈现在世人面前。例如,著名的仿膳饭庄,便是1925年北海作为公园正式开放后,由清宫御膳房的厨师在其北岸创办的。它最初是茶社,取名"仿膳",意为仿照御膳房的制作方法烹制菜点,经营的品种主要是清宫糕点小吃及风味菜肴。1955年,仿膳茶社由私营改国营。1956年,仿膳茶社更名为"仿膳饭庄"。仿膳让平民百姓识得宫廷菜的"庐山真面目"。

总的说来,北京菜一如北京在中国的地位一样,是万流归宗之地,它以海纳百川、兼收并蓄的胸怀,包容并汇聚着来自五湖四海的饮食文化,于丰富中学习,于借鉴中提炼,成就自己独具特色的"北京滋味"。它不是以一两种肴馔闻名于世,而是能推出上百成千种饶有风味特色的肴馔。从小吃到大餐乃至高端筵席,京菜都有其他菜系不能企及之处。特别是它善于把平凡普通的食物原料烹制成美味、雅致的菜肴,口味也易于为广泛的人们所接受。北京菜是中国最有代表性的菜系。

北京菜所包容的类别,有宫廷菜、官府菜、地方菜、清真菜等。可是,没有会馆菜!

（二）曾经的会馆菜

一方水土养一方人。对于会馆里的人们而言，远离家乡，在京城生活，一个无法回避的考验，就在一日三餐。口味无疑是最重要的，不在于饭菜的好坏。

道光六年春，当着山阴、会稽两邑的京官率先捐资的带动下，故老时俊出资，很快购置下百楹之室以为会馆，《山阴会稽两邑会馆记》中描述新建成的会馆是："门墙崇闳，榱椽坚缴、庖淳孔洁、庭除不器，其绸缪也至矣。"[①]其中特别提到"庖淳孔洁"。"庖淳"二字凸显出厨房的重要。

乾隆四十七年（1782），当琼州会馆落成，其碑记中也欣喜地写道："于是乎基广而势完，升堂内寝，绕以杂室，庖湢厩楲，纡曲有容。"又是突出地讲述到厨房、浴室和马厩的齐备和宽绰豁亮。[②]

安徽的休宁县，位于安徽省最南端，与浙、赣两省交界，古徽州"一府六县"之一，自宋嘉定十年（1217）至清光绪六年（1880），休宁出了19名文武状元，是中国第一状元县。清乾隆十年（1745）集资购建的会馆竣工，碑记中也欣慰地写道："堂庭廊庑，庖湢厩库之次，与几榻箕帚，锜斧筐筥之需，无不次第完具。"[③]不但有了厨房、浴室、马厩，各种家具、用具都一应俱全，真得勒石刻碑，以为纪念！

碑记中说的是厨房，实际讲的是会馆的饮食。远到京师，住宿可以不花钱，吃的花销更不可小觑，何况还有北地的饮食，难能适应。

让来京的试子们，以及京官外官，有地方住，还不为吃饭操心，是每个会馆的大事。会馆的饭食不一定多好，但一定要是家乡的口味。这是起码的，第一位的。由此，可以说所谓"会馆菜"，就是那

[①]《北京会馆档案史料》，北京市档案馆编，北京出版社1997年12月第1版，第1322—1323页。

[②]《北京会馆档案史料》，北京市档案馆编，北京出版社1997年12月第1版，第1376—1377页。

[③]《北京会馆档案史料》，北京市档案馆编，北京出版社1997年12月第1版，第1327页。

会馆所在省份的地方家常菜。就像北京人到了广东、福建、云南、贵州、四川去住上几个月，能在驻地吃上地道的炸酱面一样。

《林则徐集·日记》嘉庆二十一年（1816）：

> 三月八日，戊子。晴。清明。祖先前设供。午饭赴福州会馆春祭，晚饭后回。
> 十一月二十七日，壬申。晴。下午福州会馆交代，赴彼晚饭回。
> 十二月二十八日，壬寅。晴。早晨赴福州旧馆，移奉文昌帝君、武圣、天后神座安供福州新馆，午后设供，在馆中晚饭罢回寓。[1]

《曾国藩日记》道光二十一年（1841）辛丑岁：

> 五月七日，早起，为九弟点书。出门拜客，饭新馆，至申正归。

道光二十四年（1844）甲辰岁：

> 三月十八日，在新馆晚饭。
> 四月廿三日，晏起。拜客，至会馆早饭。[2]

无论有事还是没有事，两位先生都在日记里记录下去会馆吃饭的事，早、中、晚都有。会馆就是他们在北京的另一个"家"。街头会有早点摊儿或饭馆，但他们不去，一则可能因为身份所限，再则，更

---

[1] 《林则徐集·日记》（中国近代人物文集丛书），中山大学历史系中国近代现代史教研组、研究室编，中华书局1962年4月第1版，第40页、第66页、第68页。
[2] 《曾国藩日记》，[清]曾国藩，贾泓杰、王诚伟整理，九州出版社2014年3月第1版，第24页、第109页、第115页。

重要的，是口味。仅从早点而言，烧饼油条老豆腐，大约对不上福州、湖南的胃口。

但二位不时地在会馆宴客。说明林先生的福州会馆、曾先生的湖广会馆，还是摆得出席面，撑得起场面的。也就是说，其闽菜、湘菜的特色，是能够与北京名家饭庄一较高下。大约，其特点，就在有本乡本土醇正、浓郁的"原味儿"，没有经北京餐饮市场的淘洗而"串味儿"。正是因为如此，诸多会馆的"会馆菜"，很能让当年京城的人们，让来自全国各地的同人一饱口福，还大开眼界，恍然有所领悟。所以，迟至1944年湖广会馆的团拜会上，宣统己酉（1909）举人刘文嘉在"甲申（1944）雨水前七日，湖广会馆团拜即席"诗中还写道："正会迟开合尽欢，新年展拜聚成团。饮无醇酒仍同醉，食有粗肴且劝餐。"①"粗肴劝餐"四字，很有场景画面的动感。

也有"会馆菜"一时间的特殊"火爆"。

《邴庐日记》二·丁卯（1927）六月廿九日："在虎坊桥街西者，称福州新馆，为陈望坡尚书故宅。尚书告归，舍宅为馆。光绪中叶，陈玉苍复于东偏拓地，用洋式添建南北厅事，是时平斋方提倡荔香吟社，每数日必就此作吟局。初仅粗具盘餐，而庖人善烹调，乡人亦时就此宴客，外省京僚因亦假座福州馆，名厨遂藉藉一时，宴会几无虚日，直至辛亥国变后方止。"②

又是福州新馆的故事。光绪中叶时，何刚德〔号平斋，1855—1936，福建侯官县人，光绪三年（1877）进士〕组建的荔香吟社，时常在新馆作吟局。最初只是"粗具盘餐"。但雇到个厨师烹饪技艺了得，同乡人多在馆宴客，渐渐地名声传出去，连外省的京官也都来福州馆品味闽菜美食。厨师名声大噪，福州馆居然也成了京师餐饮界名家，几乎每天都有宴会，一直到辛亥年国变后才消歇。何以说福州馆的会馆菜是闽菜，因为厨师是福州人。据《闽中会馆志》称，"其厨

---

① 《湖湘文库：湖南会馆史料九种》，袁德宣，岳麓书社2012年11月第1版，第341页。

② 《郭曾炘日记》，窦瑞敏整理，中华书局2019年5月第1版，第93—94页。

师王姓，与长班同宗。"[1]

这倒应了福州新馆那副楹联所说："家园鱼笋评乡味，人海莺花洽古春"。不但是福州的同乡们在会馆里能吃到家乡的鱼笋乡味，连各省的京官们，也闻香而至，大快朵颐。但这只是在一段不长时间的故事。

还有想吃家乡新鲜蔬菜的，怎么办？这就要说到北京的芥蓝的来源了。

还是《闽中会馆志》记载，"闽杂记云：闽中芥蓝，四五月下种，初生叶如莴苣而平扁，淡青色蓝，高数寸。秋杪春初，茎中复生新梗，抽叶上尖下圆，碧色光润，闽人皆以为蔬，俗呼橄榄菜，声之误也。京师故无此菜，轩举携种北来，传播四郊，近北人亦嗜此。轩举多才艺，晚年既以医隐。故世之人亦以医隐称之。"[2]

北京原来是没有芥蓝这个蔬菜品种的。一百余年前，有位力钧先生（字轩举），从福州带来芥蓝的种子，传播给北京郊区的菜农。现在，北京人吃芥蓝习以为常，恐怕很少有人能知道这种蔬菜的由来。

看到《闽中会馆志》的这段记载，我用手机拍了照片，发给30年前的在福州的学生陈光华先生，没想到他很快就发来福州芥蓝的照片，并告诉我，现在的福州仍然有这种菜，俗称本地芥蓝，或叫橄榄菜，样子比广东芥蓝细嫩，味道微苦，与《闽中会馆志》中的记载完全相同。他说晚饭他家就吃炒芥蓝，用的是老福州人的做法，加糖和料酒。很可能，当年福州馆里的人们吃的就是这一口儿。

带芥蓝菜籽到北京的人，是力钧，字轩举，号医隐，时任商部郎中。力钧先生（1855—1925），福州市永泰县人，光绪十五年（1889）中举人。清末民初著名学者、医学家、文献学家、藏书家、教育家，尤以中西医兼通而闻名。曾任宫廷御医，为慈禧太后、光绪帝治病，后隐退。2016年国家图书馆出版社出版了《清代御医力钧文集》，其

---

[1]《闽中会馆志》，李景铭，1943年，"福州新馆"。
[2]《闽中会馆志》，李景铭，1943年，"福州新馆"。

中收集有他的"皇上病案""崇陵病案""难经古注校补""槟榔屿志略"等著述。

虽说是一个蔬菜的品种,但让我们看到的是,会馆居然成了南北农艺技术交流的中介。

在福州新馆曾经的中小字题板中,据《闽中会馆志》记载:"列同治四年(1865)补行甲子科(同治三年,1864)乡试中式之潘炳年、邵积诚,后皆成进士,入词林。潘号耀如,为京官时余郭文安(曾炘)曾同住南半截胡同……去北半截胡同不远。北半截胡同旧有广和居酒肆,所称潘鱼者,即因潘得名也。夏蔚如孝廉仁虎所著《旧京琐记》云:"士大夫好集于半截胡同之广和居,张文襄在京提倡最力,其著名者为蒸山药。曰潘鱼者,出自潘炳年。曰曾鱼,创自曾侯。曰吴鱼片,始自吴润生,是皆物以人传者也。"

"物以人传",不只是福州的会馆独领风骚,夏仁虎先生在《旧京琐记》中称:"南人固嗜饮食,打磨厂之口内有三胜馆者以吴菜著名。云有苏人吴润生阁读,善烹调,恒自执爨,于是所作之肴曰吴菜。余尝试,殊可口。庚子后,遂收歇矣。"[1]

会馆菜在为同乡口味服务中,把各地最为朴实的饮食文化,带到了京师。同时,"菜以人传",士人们又在不同的交际中,把各地风味传入饭庄字号,甚至,民间人家。来自他乡异地的"家园鱼笋",再加上"粗肴劝餐",就为京城的餐饮文化,开展出新鲜的境地。

---

[1] 《枝巢四述·旧京琐记》,夏仁虎,辽宁教育出版社1998年12月第1版,第127页。

参考书目

古籍

《礼记今注今译》，王梦鸥注释，新世界出版社2011年8月第1版

《吕氏春秋》，陆玖译注，中华书局2011年10月第1版

《庄子集释》，（清）郭庆藩撰，王孝鱼点校，中华书局2013年3月第1版

《明会典》

《清高宗实录》

《大清会典则例》

《大清会典则例》（光绪）

《钦定科场条例》（光绪）

《饮膳正要》（注释），（元）忽思慧著，尚衍斌、孙立慧、林欢注释，中央民族大学出版社2009年10月第1版

《食宪鸿秋》，（清）朱彝尊著，中华书局2013年10月第1版

史论

《中国会馆志》，中国会馆史编纂委员会编，方志出版社2002年11月第1版

《中国会馆史》，王日根著，东方出版中心2007年7月第1版

《中国会馆史论》，何炳棣著，中华书局2017年7月第1版

《地方在中央（晚期帝都内的同乡会馆空间和权力）》，白思奇

著，中国社会科学出版社2019年3月第1版

《北京：公共空间和城市生活（1400—1900）》（美）韩书瑞（Susan Naquin）著，孔祥文译，孙昉审校，中国人民大学出版社2019年3月第1版

科举
《清代科举考试述录及有关著作》，商衍鎏，百花文艺出版社2004年7月第1版

《清代之回避制度》，魏秀梅，台北"中央研究院"近代史研究所1992年5月版

《中国考试制度史》，沈兼士著，中国和平出版社2014年5月第1版

《中国科举制度通史·清代卷》，张希清、毛佩琦、李世愉主编，李世愉、胡平著，上海人民出版社2017年4月第1版

《清代考试制度资料》，章中如著，山西人民出版社2014年12月第1版

《清代科举宾兴史》，毛晓阳著，华中师范大学出版社2014年1月第1版

《陈独秀文章选编》（下册），陈独秀著，生活·读书·新知三联书店1984年6月第1版

《中国乡约制度》（中华现代学术名著丛书），杨开道著，商务印书馆2015年12月第1版

图集
《北京历史地图集·人文社会卷》，侯仁之主编，文津出版社2013年9月第1版

会馆史料
《北京会馆档案史料》，北京市档案馆编，北京出版社1997年12

月第 1 版

《北京宣南会馆拾遗》，白继增著，中国档案出版社 2011 年 1 月第 1 版

《北京会馆基础信息研究》，白继增、白杰著，中国商业出版社 2014 年 12 月第 1 版

《中国工商行会史料集》，彭泽益主编，中华书局 1995 年 1 月第 1 版

《明清以来北京工商会馆碑刻选编》，李华编，文物出版社 1980 年 6 月第 1 版

《明清苏州工商业碑刻集》，苏州博物馆、江苏师范学院历史系、南京大学明清史研究室合编，江苏人民出版社 1981 年 2 月第 1 版

《北京会馆碑刻文录》，王汝丰点校，北京燕山出版社 2017 年 12 月第 1 版

《北平泾县会馆录汇辑》，周向华、张翔点校，安徽师范大学出版社 2014 年 12 月第 1 版

《北京安徽会馆志稿》，北京市宣武区档案馆编，王灿炽纂，北京燕山出版社 2001 年 3 月北京第 1 版

《芜湖县志》（1919 年版，安徽历代方志丛书），余谊密主修，鲍实总纂，芜湖县旧志整理办公室点校，黄山书社 2008 年 12 月第 1 版

《北京湖广会馆志稿》，王灿炽主编，北京市对外文化交流协会、北京市宣武区地方志编纂委员会编，北京燕山出版社 1994 年 5 月第 1 版

《湖湘文库：湖南会馆史料九种》，袁德宣著，曾主陶校点，岳麓书社 2012 年 11 月第 1 版

《湖湘文库·湖南文征》，（清）罗汝怀编著，岳麓书社 2008 年 9 月第 1 版

《林则徐集·日记》（中国近代人物文集丛书），中山大学历史系中国近代现代史教研组、研究室编，中华书局 1962 年 4 月第 1 版

《曾国藩日记》，（清）曾国藩著，贾泓杰、王诚伟整理，九州出

273

版社2014年3月第1版

《郭曾炘日记》，窦瑞敏整理，中华书局2019年5月第1版

《湖南会馆往事》，曾主陶著，岳麓书社2015年4月第1版

《广东会馆论稿》，刘正刚著，上海古籍出版社2006年6月第1版

《长汀文史资料》（第八辑），中国人民政治协商会议福建省长汀县委员会文史资料编辑室编，1985年6月1日

《宣南——清代京师士人聚居区研究》，岳升阳、黄宗汉、魏泉著，北京燕山出版社2012年3月第1版

《北京的会馆》，汤锦程著，中国轻工业出版社1994年4月第1版

《北京的会馆》，胡春焕、白鹤群著，中国经济出版社1994年5月第1版

《会馆》，王熹、杨帆著，北京出版社2006年4月第1版

北京古籍

《帝京景物略》，（明）刘侗、于奕正著，北京古籍出版社1983年12月第1版

《京师五城坊巷胡同集 京师坊巷志稿》，（明）张爵、（清）朱一新，北京古籍出版社1982年1月出版

《帝京岁时纪胜 燕京岁时记》，（清）潘荣陛、（清）富察敦崇，北京出版社1961年5月第1版

《燕京岁时记：外六种》，王碧滢、张勃标点，北京出版社2018年8月第1版

《日下旧闻考》，（清）于敏中等编纂，北京古籍出版社1981年10月出版

《光绪顺天府志》，（清）周家楣、缪荃孙编纂，北京古籍出版社1987年12月版

《天咫偶闻》，（清）震钧，北京古籍出版社1982年9月版

《藤荫杂记》，（清）戴璐，北京古籍出版社1982年10月版

《琉璃厂小志》，孙殿起辑，北京古籍出版社1982年9月第1版

《旧京遗事·旧京琐记·燕京杂记》，（明）史玄、（清）夏仁虎、（清）阙名，北京古籍出版社1986年7月版

《宸垣识略》，（清）吴长元辑，北京古籍出版社1983年12月第1版

《天府广记》，（清）孙承泽纂，北京古籍出版社1984年9月第1版

《朝市丛载》，（清）李虹若著，杨华整理点校，北京古籍出版社1995年7月第1版

《水曹清暇录》，汪启淑著，杨辉君点校，北京古籍出版社1998年6月第1版

《枝巢四述·旧京琐记》，夏仁虎著，辽宁教育出版社1998年12月第1版

《春明梦余录》，（清）孙承泽撰，吉林林出版集团有限责任公司，2005年5月第1版

《北平风俗类徵》，李家瑞编，李诚、董洁整理，北京出版社2010年9月第1版

《庚子记事》，中国社会科学院近代史研究所近代史资料编辑室编，中华书局1978年10月第1版

《清末北京志资料》，张宗平、吕永和译，吕永和、汤重南校，王国华审定，北京燕山出版社1994年2月北京第1版

《北京的社会调查》，［美］西德尼·D.甘博著，陈愉秉、袁熹、齐大芝、李作钦、鞠万安、赵漫译，邢文军、柯·马凯译审，中国书店2010年1月第1版

《老北京实用指南》，徐珂编纂，社会科学文献出版社2017年2月第1版

《老北京实用指南》，徐珂编纂，社会科学文献出版社2017年2月第1版

相关著述

《北京史苑》第四辑，北京市社会科学院《北京史苑》编辑部编，北京出版社1988年5月第1版

《北京市宣武区地名志》，宣武区地名志编辑委员会编，北京出版社1993年5月第1版

《春明旧事》，石继昌著，北京市政协文史资料委员会编，北京出版社出版1996年12月第1版

《话说前门》，王永斌著，北京燕山出版社1996年6月第2版

《北京地名典》，王彬、徐秀珊编，中国文联出版社2001年3月第1版

《北京四合院》，邓云乡著，河北教育出版社2004年1月第1版，第86页

《北京文史资料精选·西城卷》，北京市政协文史资料委员会编，北京出版社2006年9月第1版

《宣南饮食文化》，朱锡彭、陈连生著，华龄出版社2006年9月第1版

《西长安街记忆》，西长安街街道工委、西长安街街道办事处、西城区档案局编，2016年12月印制

《北京同仁堂史》，中国北京同仁堂集团公司北京同仁堂史编委会编，人民日报出版社1993年4月出版

《三百年国药世家》，乐民成著，中国中医药出版社2012年4月第1版

《古建筑勘查与探究》，张驭寰，江苏古籍出版社1988年6月第1版

《京剧长谈》，李洪春著，中国戏剧出版社1982年10月版

《梨园外史》，潘镜芙、陈墨香著，张褚、王云鹏点校，宝文堂书店1989年6月北京第1版

《梨园轶闻》，刘嵩昆著，北京燕山出版社1998年12月第1版

《燕都梨园》，赵惠蓉著，北京出版社2000年1月第1版

《二十年目睹之怪现状》，吴趼人著，大众文艺出版社1999年5月北京第1版

笔记

《归田琐记》，（清）梁章钜撰，于亦时点校，中华书局1981年8月第1版

《旧典备征　安乐康平室笔记》，（清）朱彭寿撰，中华书局1982年2月第1版

《客窗闲话》，（清）吴炽昌著，石继昌点校，时代文艺出版社1987年12月第1版

《蕉廊脞录》，（清）吴庆坻撰，张文其、刘德麟点校，中华书局1990年3月第1版

《清代名人轶事》，葛虚存原编，琴石山人校订，马蓉点校，书目文献出版社1994年9月北京第1版

《眉庐丛话》，况周颐著，山西古籍出版社1995年1月第1版

《楹联丛话全编》，（清）梁章钜等编著，白化文、李鼎霞点校，北京出版社1996年9月第1版

《在园杂志》，（清）刘廷玑撰，张守谦点校，中华书局2005年1月第1版

《清稗类钞》，徐珂编纂，中华书局2010年1月第1版

《万历野获编》（历代笔记小说大观），（明）沈德符撰，杨万里校点，上海古籍出版社2012年11月第1版

《云自在龛随笔》，缪荃孙著，翟金明点校，人民出版社2013年3月第1版

未出版

《都门纪略　旧京秋词　燕都杂咏》，同治三年（1864）荣禄堂重镌

《重续歙县会馆录》，道光十四年（1834）歙县会馆藏版

《闽中会馆志》，李景铭，1943年

后　记

每个人的人生中，都有自己的历史时刻。2019年7月30日晚11时10分，我把《会馆——桑梓之情》的书稿传出，历时4个半月日夜兼程的日子终是告一段落。

瞬间，脑子里一片空白。慢慢地，复盘，从头到尾，回想在书中自己写了什么。

在"北京文化书系·古都文化丛书"（以下简称"丛书"）写作组织过程中，我大约是最晚接到任务，因而也是最晚交稿的。想起2019年春节刚过，"丛书"编委会把撰写《会馆——桑梓之情》的任务交给我，话不多，两三句，却有很重的委托和期待。

"受人之托，当忠人之事"，我更多的考虑，还是在文稿能否得到相关专家们的认可？这本书面世后，会为各界方家认可？尤其是在书中，我提出了一系列"新"说法。只有经读者的检验、通过，我才能真的说没有辜负"丛书"编委会和各方面的老师。

感谢北京出版集团在本书写作从始至终所有的关心、帮助和支持。

感谢北京社科院历史所刘仲华所长、王建伟副所长、高福美老师等。他们在接到书稿后次日，即将打印件送到外审专家朱祖希先生的家中。随后，又在收到朱先生的编审意见后，迅即将意见书的照片和电子版传给我，以供我修订文稿时参据。迅速、明确的工作风格，让人感动。本书付梓前，从终校稿上，我看到他们所做的实在、细致和大量的作工。

朱祖希先生早就跟我说，我要做你写的《会馆——桑梓之情》的第一个读者。感谢朱老师直截了当的审读意见，特别是他提出要我"适当选用会馆的楹联，并略叙其间故事，以为本书增色"的意见，我在本书的第五章、第六章，都有对朱先生意见的落实。还要感谢朱祖希老师在本书写作过程中，曾经无数次地打电话，听我的写作进度、内容，并与我交换意见。

感谢北京工商大学金启凤教授的关心和支持。他不但在本书写作过程中，更是从其后至今，都不断打电话和我谈北京会馆的历史文化，希望我在本书的编辑过程，在内容上能有所增加，在研究的深度上有所推进。

感谢首都经贸大学孙明春博士、中国社科院张玲玉博士。他们在邀我为他们主持婚礼的时候，居然用3个多小时，放下婚礼的话题，和我探讨"'乡约'与北京的会馆"；婚后，又专门来我家，与我讨论"乡约"。此外，还推荐参考书和有关资料。

感谢首都经贸大学1984级校友，我36年前的福州学生、执教福建省工商行政管理学校的陈光华先生。在读及北京芥蓝的有关史料时，我曾经发微信向他请教。转眼间他就发来福建芥蓝的照片，还告诉我传统福州家常芥蓝炒制方法，对史料做出印证。他还为我收集了福建一些民间神祇崇拜的历史资料。

曾任北京西城区委宣传部副部长、西城区社科联副会长，我的中学同学戴时焱先生，无论我做什么课题，他总是帮我收集书籍资料，和我讨论、切磋。从文章或书籍的初稿到定稿，他都从观点、内容乃至标点符号，一丝不苟审核。50多年的交往中，他的给予，总是最慷慨，但又最严格的。

我的大学同班同学富康先生，是得特别感谢的。他家世居前门外。8月初，他带我在前门长巷、草场胡同一带，走了9小时，专访那里的会馆旧址。这次"田野课"，给我诸多教益。只要我去做会馆的调研，他说他都与我同行，为我做引导。

囿于学识、阅历、能力有限，书中会有错处和缺陷。诚望各界方家"横挑鼻子竖挑眼",不吝赐教。

本书参考、引用了诸多学者的著述及资料、图件等,在此致以由衷的感谢。

袁家方

2019年8月9日